高等学校语言文学教材系列

公文写作与常见病例分析
（修订版）
Document Writing

孙彧　编著

暨南大学出版社
JINAN UNIVERSITY PRESS

中国·广州

图书在版编目（CIP）数据

公文写作与常见病例分析/孙彧编著. —修订版. —广州：暨南大学出版社，2014.7
（高等学校语言文学教材系列）
ISBN 978 - 7 - 5668 - 0951 - 3

Ⅰ.①公… Ⅱ.①孙… Ⅲ.①公文—写作 Ⅳ.①H152.3

中国版本图书馆 CIP 数据核字（2014）第 048285 号

出版发行：暨南大学出版社

地　　址：	中国广州暨南大学
电　　话：	总编室（8620）85221601
	营销部（8620）85225284　85228291　85228292（邮购）
传　　真：	（8620）85221583（办公室）　85223774（营销部）
邮　　编：	510630
网　　址：	http：//www.jnupress.com　http：//press.jnu.edu.cn

排　　版：	广州良弓广告有限公司
印　　刷：	佛山市浩文彩色印刷有限公司

开　　本：	787mm×1092mm　1/16
印　　张：	18.5
字　　数：	361 千
版　　次：	2009 年 4 月第 1 版　2014 年 7 月修订版
印　　次：	2014 年 7 月第 4 次
印　　数：	7001—10000 册

定　　价：	38.00 元

（暨大版图书如有印装质量问题，请与出版社总编室联系调换）

修订版前言

2012 年 4 月 16 日，中共中央办公厅、国务院办公厅联合发布了《党政机关公文处理工作条例》，2012 年 6 月 29 日，国家质量监督检验检疫总局、国家标准化管理委员会联合发布了配合《党政机关公文处理工作条例》实施的文件——《党政机关公文格式》。这两个规范和指导党政机关公文处理文件的相继发布，意味着中央办公厅 1996 年 5 月 3 日印发的《中国共产党机关公文处理条例》，国务院 2000 年 8 月 24 日发布的《国家行政机关公文处理办法》及其配套标准《国家行政机关公文格式》（GB/T 9704—1999）三个文件使命的终止，同时也结束了长期以来党政系统各自使用不同公文处理办法和格式标准处理公文的局面，为提升公文品质和管理效益提供了保障。

党政机关公文处理工作和格式标准的统一，对文秘工作来说不啻为一个福音。因为党政系统两个标准的并行，确实给公文处理工作带来了诸多不便，不论是在形式上还是在效果上都难尽如人意。《公文写作与常见病例分析》自 2009 年 4 月出版后，又于 2010 年和 2011 年分别加印。2012 年上述两文件相继发布后，编辑就与我商量《公文写作与常见病例分析》的修订事宜，到现在才着手此事，有负编辑和广大读者的厚爱，实感惭愧。

此次修订，是在第一版的基础上根据《党政机关公文处理工作条例》和《党政机关公文格式》的规范和要求进行的。考虑到编著本书的目的和读者的反映，修订时保留了第一版的基本架构。在此，感谢黄建新先生在编著第一版时所做的努力，也感谢与公文写作相关的各类研究成果对我提供的借鉴与启示。

由于书本的排版需要和公文的格式标准存在差异，因此书中所列举例文的排版不能按公文本身的格式去实践，只起参照作用。时间匆匆，加之我自身的认识和理解的局限，修订后难免仍有不足之处，期待读者不吝指正。

孙 彧
2013 年 11 月于广州

前　言

公文是指法定的机关和单位在进行公务管理活动过程中经一定处理程序形成的具有法规效力和规范体式的书面文字材料。公文应用于社会各个领域的公务活动中，尤其在党政机关中使用得最为频繁。党政公文作为公文体系中的最重要组成部分，在党政机关行使政治权力和实施行政管理过程中扮演着重要角色。

本书侧重于对党政机关日常工作中出现的公文常见病例进行分析和解读，进而告知人们如何正确地理解和运用公文，更凸显实用性、工具性。本书主要分三部分，第一部分阐述公文的基本理论，第二部分介绍公文的写作方法和要求，最后一部分就公文写作中存在的不规范现象进行剖析。本书针对不规范的公文写作现象，不仅指出其错误所在，还提出相应的解决方案；选用实例时，统筹兼顾，考虑一定层面的代表性；语言简洁明了，直陈其事。全书力求体系完善，有破有立，内容全面，逻辑连贯。

本书是编者集多年秘书工作之心血总结出来的思想结晶，也是从实战工作者的角度对公文写作领域的一次理论初探。本书旨在为党政机关、大专院校、社会团体等单位的秘书工作者提供公文写作参考，并期望成为文秘工作者和大专院校在校生、成人教育学生的学习资料。

公文学科是一门综合性较强的理论学科，它随着时代变迁而不断向前发展和完善，对公文写作的探索也将永无止境。固然，本书是编者倾全力研究的结果，但由于编者自身学识和经验有限，亦存在诸多不当之处。这也将成为编者鞭策自己不断前进的动力。

学术探索是建构在前人研究成果的基础之上的，是人类集体智慧的结晶。本书亦参考了诸多前辈的研究成果和部分公文方面的期刊、杂志，在此一并致谢。

编　者

2009 年 1 月

目　录

上编　公文写作概述

中编　常用公文写作

下编　公文常见病例分析

上编　公文写作概述

第一章　公文概述

一、公文的含义

公文是对党政机关公务文书的简称。中共中央办公厅、国务院办公厅于 2012 年 4 月联合发布的《党政机关公文处理工作条例》（以下简称《条例》）规定，党政机关公文是党政机关实施领导、履行职能、处理公务的具有特定效力和规范体式的文书，是传达贯彻党和国家方针政策，公布法规和规章，指导、布置和商洽工作，请示和答复问题，报告、通报和交流情况等的重要工具。

由此可见，公文是指法定的机关和单位在进行公务管理活动过程中经一定处理程序形成的具有特定效力和规范体式的书面文字材料。公文有广义与狭义之分。从广义上讲，公文涵盖党政机关、社会团体、企事业单位及其他组织在公务活动中形成的文字材料。从狭义上讲，公文主要指党政机关处理公务时所使用的文字材料。党政机关的公文是党和国家机关实施管理的重要工具，体现了党和国家的政治意志，并在国家党政机关的实际运行中承担着组织领导、沟通协调和商洽交流的任务，具有法定的效力。

二、公文的特征

与其他文体相比，公文是相对比较特殊的一种文体，它既有一般文体的共性，又有区别于其他各类文体的特点。

1. 作用的策令性

公文有传达贯彻党和国家方针政策、公布法规和规章、处理党政机关公务的重要功能，它的内容与党和国家的政治、政策密切相关。公文的政治性质决定于政党和国家机关的政治性质。我国是人民民主专政的社会主义国家，各级党政机关和单位形成和使用的公文，在政治、政策上要代表和维护党和国家的根本利益，要为巩固与发展社会主义事业，实现社会主义现代化的目标服务。因此，公文具有鲜明的阶级性、政策性，并且服务于政治需要。

2. 效用的权威性

公文的权威性来自公文制发机关的权威性和合法地位。党政机关、社会团体和企事业单位的建立及其职责和权限，都是经过一定的领导机关正式批准，按照一定的章程、条例、法律、法规等建立并合法存在的。制作公文机关本身具备的法定性，使得公文在产生、发布等环节都具有一定的程序性和法规性。另外，公文本身在文字、格式上具有严密的规范，体现着严肃和庄重。

3. 作者的法定性

只有依法成立并能以自己的名义行使权力和承担责任的单位或其法定代表人，才能成为公文的作者。在机关单位内部，有专门拟制公文的机构和个人（主管本机关公文处理工作的部门和文秘人员），但公文的作者并不等于专任制文者。公文作者就是专门制文者所在的单位或法定代表人，公文只能以单位的名义或法定代表人的名义发布，专任制文者只是单位公文拟制的执笔人，并非真正意义上的作者。公文内容与执笔者个人的立场、观点没有直接联系，公文的执笔者要按照单位或法定代表人的意图起草公文，准确地把单位或法定代表人的意图表达出来。

4. 体式的规范性

公文的体式，一般包括公文的结构样式和公文格式两个部分。撰写公文必须根据发文机关的意图和目的，选用适合文种内容需要的体式，这样才能收到应有的效果，才能充分发挥公文在党政管理工作中的作用。公文的产生必须经过一定的程序，公文文种、写作模式和格式都要遵照相应的规范。

5. 处理的程序性

公文的形成过程具体包括起草、审核、签发、复核、用印、登记、分发等程序。

公文必须授权拟制，必须经办公厅（室）审核，必须经本机关负责人审批签发。有的公文，如行政法规、规章等，还必须经法定的会议（如人民代表大会、人大常委会或政府常务会议）讨论通过才能发布施行。公文的形成，具有严格的程序规定，这也是其区别于其他文体的重要特点。

6. 效力的时间性

公文的时效性是指公文在特定的时间期限内具有效力，如果过了特定的时间期限或被新的公文取代就会失去效力。公文是为了解决党政机关现实中的问题和矛盾而形成和使用的法定书面工具，它具有很强的针对性和时效性。一旦现实中的问题和矛盾解决了，公文的作用也就随之结束了；或者经过实践的检验，需要发布新的文件，就意味着原有文件的使命已经完成，不再发挥现实作用。

三、公文的功能

在党政机关实施管理的过程中，公文在决策、协调、组织以及贯彻政治意志等方面发挥了重要的辅助作用。

1. 法规和约束作用

公文，尤其是法规性公文，其规范和约束作用十分明显。公文虽然不同于法律法规，但都是宪法和法律在特定范围内的延伸和补充，是重要的行为规范，是一定范围内的单位和个人行为的规范和法则。法规性公文一经制定和公布生效，就必须坚决执行和遵循。领导机关制发的命令、决定、通知、批复等，虽不属严格的法规性公文，但都要求下级机关和有关人员遵守执行，有一定的强制性和行政约束力，可起到法规的依据作用。

2. 指导和协调作用

我国的党政机关、企事业单位、社会团体都存在体制上的上下级和领导与被领导关系。日常公务活动中，公文可作为上级机关对下级机关实行领导和指导的重要工具。上级机关通过下发公文对下级机关传达指示、安排计划、布置任务，要求下级机关贯彻执行；对下级机关的请示给予批复，对下级机关出现的偏差进行纠正或提出原则性要求。下行文尤其体现了这一点。此外，不相隶属或平行的单位之间，为着共同的目标，也常常通过公文来商洽事情、推进工作。

3. 沟通和知照作用

公文是加强不同机关之间双向和多向联系的桥梁。党政机关无论是传达贯彻方针政策、公布法规和规章、请示或答复问题、指导或商洽工作，还是报告情况、交流经验，常常选择使用公文来实现意图。因此，公文都具有沟通作用。如上所述，不同种类的公文，其功能各不相同，因此各类公文又各有不同的具体作用。在沟通情况的同时，公文还具有相应的知照作用，如公告、通告、通知、通报等知照性公文，主要是为了把有关事项知照对方，使其了解情况，从而实现管理目标。

4. 宣传和教育作用

党和国家各项方针政策的贯彻落实，政治、经济、科技、文化诸方面工作任务的顺利完成，都离不开广大干部群众思想认识水平的提高和执行政策自觉性的增强，而这就有赖于相应的宣传和教育。对广大干部群众开展宣传教育工作，可供选择的形式和方法非常多，内容也非常丰富。一般来说，有些下行文特别是党和国家领导机关制发的重要公文本身就是最好的宣传教育材料。党和国家领导机关制发的许多重要公文，常常不仅透露出最新的政策动向，作出最新的工作部署，明确告知广大干部群众应该怎么做，而且往往会对为什么要出台这样的政策、提出这样的工作任务做出具体的分析和说明，具有极大的说服力和感召力。因此说，这样的公文既是广大干部群众工作的指南，同时也是他们学习理论、掌握政策、提高认识水平的首选教材。

5. 依据和凭证作用

每一份公文都反映了制发机关的意图，具有法定的效力，收文机关依此作为贯彻、执行或处理问题的依据，处理完毕后也就成为机关开展某项工作的历史记录，因而又具有凭证的作用。上级机关所发的公文，对下级机关来说，无疑都是工作依据，不管是传达方针政策的决定、决议，还是发布法规的命令，或是指导工作的指示、批复，都是如此。而下级机关所发的公文，对上级机关来说，也同样具有依据作用，如汇报工作情况的报告、开展工作的意见等，都是上级机关制定有关决策或指导具体工作时用作参考的重要依据。

6. 档案和史料作用

公文除了它的现实执行的效用之外，还具有档案和史料的作用。公文是党政机关、社会团体和企事业单位公务活动的历史记录。一方面，它记录了党和国家各个历史时期的政治、经济、军事、文化、体育、科技等方面的真实情况；另一方面，它又记录了各地区、各行业、各单位的真实工作情况，反映了真实的社会面貌。当它失去现实执行效用后，经过整理、立卷，归入档案，就成为有价值的档案材料，是历史发展的真实记录，具有可供查考的重要价值。如政府制定一项新的政策时，为保持政策的连续性，就需要参考过去的有关公文；史学专家撰写某一地区的地方志时，手中就需要掌握许多相关档案材料。这时，公文的档案和史料作用就显得极为重要。

四、公文的分类

公文是服务于党政机关管理工作的，工作关系不同，联系工作时所使用的公文文种就不同。因此，公文的种类很多，用途各异，并且各有特定的行文规范。为了有利于公文的制发和处理，有必要对公文的类别加以划分。

1. 按使用范围划分

按公文的基本使用范围来划分，可以分为通用公文和专用公文两大类。

（1）通用公文。通用公文是各类党政机关、社会团体、企事业单位普遍使用的公文，用来颁布法规、传达命令、布置工作、请示问题、报告情况、商洽工作等。《党政机关公文处理工作条例》中规定的 15 种公文都属于此类。它们都有特定的格式、写作要求和行文关系，集中体现了公务文书的本质特征。

（2）专用公文。所谓专用公文，是指在一定业务范围内，按照特定需要而专门使用的公文，包括法规公文、司法公文、外交公文、军事公文、经济公文、公关公文等。这类公文要求有特定的制发主体，其授文也是针对特定对象和特定范围而发的，其格式统一并相对固定，有严格的审签制发程序。其中，司法公文是公安、司法、检察、法院等机关按法定程序处理各种案件的过程中形成和使用的具有法律效力的公务文书，如起诉书、抗诉书、判决书、调解书、公证书、批准逮捕书和通缉令等。外交公文是外交、外事机关在涉外活动中依照法律、法规和国际惯例形成和使用的公务文书，如国书、白皮书、照会、备忘录、外交声明、最后通牒、护照等。

2. 按公文效力划分

按公文的效力分类，可分为规范性公文和非规范性公文两种。

（1）规范性公文。规范性公文是指具有法定效力和规范体式的文书。这类公文在形成的颁发程序、执行落实上比较规范，约束力强，下级机关必须贯彻执行。《党政机关公文处理工作条例》中规定的公文就属于规范性公文。除此之外，与之处于同一层次的规范性公文，还有法律法规性公文和专用公文，如司法文书、外交文书等。

（2）非规范性公文。非规范性公文是指制发程序、行文格式无严格规定，约束力相对较小的文书。它一般不具有规范性和专用公文的法定权威性与效力，形式灵活多样，内容比较具体，语言比较通俗、质朴，如计划、总结、调查报告等就属于此类文书。

3. 按行文的方向划分

按公文的行文方向分，可分为上行文、下行文、平行文以及通行文四类。

（1）上行文。上行文是指下级机关向对其具有领导或指导关系的上级机关报送的公文，如请示、报告等。党政机关向同级的权力机关报批的议案等也属于上行文。

（2）下行文。下行文是指上级机关向所属的下级机关和虽无隶属关系却有指导关系的下级机关下发的公文，如命令、决定、决议、批复以及带有指示性质的通知、通报等。

（3）平行文。平行文是指平级机关或没有隶属关系的机关之间，为协商或知照有关事项而制发的公文，如通知函等。

（4）通行文。通行文是指既可以用于上报上级机关，又可以用于下发下级机关，还可以平级送达的公文，如纪要、意见等。

4. 按公文的性质和用途划分

按公文的性质和用途分，可分为法规性公文、指示性公文、知照性公文、公布性公文、商洽性公文、报请性公文、记录性公文七类。

（1）法规性公文。所谓法规性公文，是指国家权力机关、国家党政机关依据宪法规定的权限制定的法律、法令、行政法规和规章，具有明显的强制性。法规性公文一般包括命令（令）、条例等。

（2）指示性公文。所谓指示性公文，是指向下级单位传达、贯彻党和国家机关的有关方针政策，体现领导意图，指导开展工作的公文。指示性公文一般包括命令（令）、决定、决议、批复、意见等。

（3）知照性公文。所谓知照性公文，是指向受文机关通报情况，知照事项，要求遵守或办理的公文。知照性公文一般包括公告、通告、通知、通报、函等。

（4）公布性公文。所谓公布性公文，是指向一定的范围告知情况和事项的公文，相对于知照性公文，具有更大的广泛性，包括公告、通告等。

（5）商洽性公文。所谓商洽性公文，是指不相隶属的机关、团体、组织之间用来商讨问题、接洽事项、沟通情况、谋求支持与合作的公文，如函。

（6）报请性公文。所谓报请性公文，是指下级机关、团体向其上级机关、团体汇报情况、反映问题、请求指导的公文，包括报告、请示等。

（7）记录性公文。记录性公文是以对实际情况的记录为基础而形成的公文，包括纪要、大事记等。

5. 按单位性质划分

按制定公文的单位性质划分，可分为党的公文、行政公文、群众团体公文、联合行文和领导者个人公文五类。

（1）党的公文。党的公文是指从中央到地方各级党组织在公务活动中形成的公文。例如中共中央文件、中共中央办公厅文件、中共××省委文件、中共××市委文件、中共××县委文件等。

（2）行政公文。行政公文是指国家各级行政机关、企事业单位制发的公文。例如国务院文件、国务院办公厅文件、××部文件、××省人民政府文件等。

（3）群众团体公文。群众团体公文是指群众团体组织如工会、共青团、各民主党派以及各类学会、协会、研究会等制发的公文。

（4）联合行文。联合行文是指同级党政机关、党政机关与其他同级机关联合制发的公文。

（5）领导者个人公文。领导者个人公文是指以领导者个人名义制发的公文材料。例如署领导者职务和姓名的报告、讲话、意见等公文材料。其显著的特点是在公务活动中形成的。

6. **按紧急程度划分**

按公文的紧急程度划分，可分为特急公文、加急公文和常规公文三类。

（1）特急公文。特急公文是指事关重大而又十分紧急，要求以最快的速度制发和处理，不容许有半点拖延和懈怠的公文。特急公文需在首页的左上角标注"特急"。

（2）加急公文。加急公文是指也涉及重要工作，需要从快制发和处理，但较之特急公文可以稍缓一些的公文。紧急公文需在首页的左上角标注"加急"。

（3）常规公文。常规公文是指可以按正常的速度、程序制发和处理的公文。

7. **按秘密等级划分**

按公文的秘密等级分，可分为绝密公文、机密公文、秘密公文和普通公文四类。

（1）绝密公文。绝密公文是指内容涉及党和国家最高一级的核心机密，或者在一定时间内必须绝对将知情人限定在极小范围内的公文。绝密公文的密级最高，如有泄露，将会给党和国家、人民的根本利益造成巨大损害。绝密公文需在首页的左上角标注"绝密"和保密期限。

（2）机密公文。机密公文是指也涉及党和国家的重要机密，对知情人和知情时间的限定仅次于绝密公文的公文。一旦泄露，将会给党和国家、人民的根本利益造成较大的损害。机密公文需在首页的左上角标注"机密"和保密期限。

（3）秘密公文。秘密公文是指涉及党和国家的一般秘密，对知情人和知情时间有一定限制的公文。一旦泄露，将会给党和国家、人民的根本利益造成一定的损害。秘密公文需在首页的左上角标注"秘密"和保密期限。

（4）普通公文。普通公文是指可以在机关、团体、单位内广泛传阅，一般不能向社会公布，也不能对国外传播的公文。但某些公文譬如公报、公告等因为需要社会周知有关事项，则可向社会甚至海内外发布。

8. 按办理方式划分

按公文的办理方式划分，可分为收文和发文两类。

（1）收文。所谓收文，是指本单位收到的其他单位（包括上级、下级和平级单位）送达的公文。

（2）发文。发文即由本单位发出的公文。一是对外发出的公文，包括对上级、平级、下级单位发出的所有公文；二是本单位制定的在内部分发使用的公文，如本单位的工作计划、规章制度、会议记录、情况通报等。

9. 按载体划分

按公文的载体划分，可分为纸质公文和电子公文两种。

（1）纸质公文。所谓纸质公文，是指外在形式以各种纸张、纸板为载体的文书，是沿用时间最长、使用最普通的文书。现行的公文大多是纸质公文。

（2）电子公文。所谓电子公文，是指运用计算机在网络系统中形成、处理、传输和存储的电子文书。目前，随着电子政务的推广和普及，通过网络发送文件已成为一种新的公务活动方式。《党政机关公文处理工作条例》第三十八条对电子公文做了如下表述："党政机关公文含电子公文。电子公文处理工作的具体办法另行制定。"

五、公文的种类

公文是一种独立的文体，其由若干种具体的公文组成，而各具体的公文又因为性质、用途不同而使用的名称也不同，这些具体的公文名称则被称为文种。不同的文种体现了文件的性质特征，反映出文件的行文方向，表达了制文的目的和要求。

1. 文种的确定和使用

文种的确定，是文件形成的基本环节，是一份公文行文是否恰当的关键步骤。一般而言，做到正确使用文种要注意以下几个方面：

（1）单独使用名称。公文的名称，按规定只能单独使用，不能合并在一起使用。譬如，有些单位在公文使用中随意给公文起名，出现了"请示报告"、"意见报告"等名称，这种用法是不合乎规范的。因此，必须按照公文的行文意图恰当地使用公文名称，不能随心所欲，胡乱拼凑。

（2）严格使用权限。不同文种的适用范围是有所不同的，譬如公告一般是党和国家的高级领导机关才有资格使用，其他单位一般不能使用此文种。但目前，一些单位在发布某些事项时，都采用公告这一文种。严格来讲，这是一种滥用现象，不符合公文文种的使用规定。

（3）弄清行文关系。行文时，要考虑到机关之间的组织关系，依据隶属关系选择文种。譬如，向上级机关行文的，一般用"请示"、"报告"等；向下级机关行文时，一般用"通知"、"决定"、"决议"、"通报"等；向平级或不相隶属机关行文时，主要使用"函"。

（4）区分文种差别。公文中的文种有些看起来十分相似，但实际上却存在着一定的区别，很容易混淆。在实际工作中，要厘清各种关系，搞清文种的使用范围。譬如，公报与公告、公告与通告、决定与决议、通告与通知、通报与通知等。这些文种无论是从字面上，还是从功能上都存在着一定的相似性，因而需要严格区分，以提高文种使用的准确性。

2. 文种种类

随着时代的变迁，党和国家也根据党政机关管理工作的需要对公文的种类不断进行调整和完善。

（1）行政公文文种。新中国成立以来，我国对行政公文的名称作过六次调整。

1951年9月中央人民政府政务院颁布的《公文处理暂行办法》规定了7类12种：①报告、签报；②命令；③指示；④批复；⑤通报、通知；⑥布告、公告、通告；⑦公函、便函。

1957年10月3日，国务院秘书厅印发《关于对公文名称和体式问题的几点意见（稿）》，规定公文种类为7类12种，较之1951年的规定，12个文种中增加了"令"、"请示"、"批示"3个文种，去掉了"签报"、"公告"、"便函"3个文种。

1981年2月，国务院办公厅在《国家行政机关公文处理暂行办法》中，对公文文种不仅在名称上有较大变动，而且重新进行了归类，规定了9类15种：①命令、令、指令；②决定、决议；③指示；④布告、公告、通告；⑤通知；⑥通报；⑦报告、请示；⑧批复；⑨函。

1987年2月，国务院办公厅再次修改了公文处理办法，在《国家行政机关公文处理办法》中，把"会议纪要"作为公文文种，把"命令"和"令"合并为一个文种，使公文由9类15种变为10类15种：①命令（令）、指令；②决定、决议；③指示；④布告、公告、通告；⑤通知；⑥通报；⑦报告、请示；⑧批复；⑨函；⑩会议纪要。

1993年12月，国务院办公厅在《国家行政机关公文处理办法》中，新增了"议案"文种，去掉了"指令"、"决议"、"布告"3个文种，使公文的种类由原来的10

类 15 种变为 12 类 13 种：①命令（令）；②议案；③决定；④指示；⑤公告、通告；⑥通知；⑦通报；⑧报告；⑨请示；⑩批复；⑪函；⑫会议纪要。

2000 年 8 月 24 日，国务院正式发布《国家行政机关公文处理办法》，规定公文种类为 13 类 13 种，较之 1993 年的规定，增加了"意见"类文种，原"公告、通告"类分为"公告"、"通告"两类两个文种，去掉了"指示"类文种，从而第一次形成一类一种的分类方法，实现公文类别与文种的统一。

（2）党的公文文种。党的公文文种也进行过两次调整。

1989 年 4 月 25 日，中共中央办公厅发布了《中国共产党各级领导机关文件处理条例（试行）》，规定公文种类有公报、决议、决定、指示、条例、规定、通知、通报、请示、报告、批复、会议纪要、函共 13 类 13 种。

1996 年 5 月 3 日，经中共中央批准，中共中央办公厅印发《中国共产党机关公文处理条例》，规定党的机关公文种类为 14 类 14 种，较之 1989 年的规定，增加了"意见"类文种。

（3）党政机关使用统一的公文文种。

2012 年 4 月 16 日，中共中央办公厅、国务院办公厅联合印发《党政机关公文处理工作条例》，首次在党的机关和国家行政机关中使用同一标准的公文处理工作指导性文件。《条例》规定党政机关公文种类有决议、决定、命令（令）、公报、公告、通告、意见、通知、通报、报告、请示、批复、议案、函、纪要 15 类 15 种。

第二章 公文格式

一、什么是公文的格式

公文格式是指组成公文各部分的文字符号在载体（纸张等）上排列的规定，由国家有关机关以法规、规章、标准等形式对其加以规范。公文格式主要是对载体的规格尺寸、载体区域划分、公文各组成部分的排列次序与编排式样、文字符号的形体及尺寸等予以规范。规范的公文格式有利于维护公文的严肃性，方便公文处理；有利于应用现代化信息技术进行公文处理及公文管理。《条例》和国家质量监督检验检疫总局、国家标准化管理委员会于 2012 年 6 月 29 日发布的《党政机关公文格式》（GB/T 9704—2012）（以下简称《格式》）都对公文格式作了详细的规定。

二、公文格式的要素

《条例》规定："公文一般由份号、密级和保密期限、紧急程度、发文机关标志、发文字号、签发人、标题、主送机关、正文、附件说明、发文机关署名、成文日期、印章、附注、附件、抄送机关、印发机关和印发日期、页码等组成。"

《格式》规定，公文用纸采用 GB/T 148 中规定的 A4 型纸，其成品幅面尺寸为：210mm×297mm。公文用纸天头（上白边）为 37 mm±1 mm，公文用纸订口（左白边）为 28mm±1mm。天头底线以下，订口右限以右的 156 mm×225 mm 区域即为版心。《格式》将版心内的公文格式各要素划分为版头、主体和版记三部分。公文首页红色分隔线以上的部分称为版头，包括公文份号、密级和保密期限、紧急程度、发文机关标志、发文字号、签发人等；公文首页红色分隔线（不含）以下、公文末页首条分隔线（不含）以上的部分称为主体，包括标题、主送机关、正文、附件说明、发文机关署名、成文日期、印章、附注、附件等；公文末页首条分隔线以下、末条分隔线以上的部分称为版记，包括抄送机关、印发机关、印发日期等。页码位于版心外。

1. 公文份号

公文份号，是指公文印制份数的顺序号。涉密的公文都应当标注份号，以便管理。标注公文份号时，一般用 6 位 3 号阿拉伯数字，顶格编排在版心左上角第一行。

2. 密级和保密期限

公文的秘密等级分为"绝密"、"机密"、"秘密"三种，由发文机关依据《中华人民共和国保守国家秘密法》以及中央和国家各部、委、办、局制定的国家秘密及其密级具体范围的规定等确定。其具体标志为"★"，"★"前标密级，后标保密期限。没有标上保密期限的，绝密、机密、秘密可分别按 30 年、20 年、10 年认定。

标注密级和保密期限时，一般用 3 号黑体字，顶格编排在版心左上角第二行；保密期限中的数字用阿拉伯数字标注。

3. 紧急程度

紧急程度是指对公文送达和办理的时限要求。根据紧急程度，紧急公文可分为"特急"、"加急"两种，紧急电报可分为"特提"、"特急"、"加急"、"平急"。标注紧急程度时，一般用 3 号黑体字，顶格编排在版心左上角。

如需同时标注份号、密级和保密期限、紧急程度，按照份号、密级和保密期限、紧急程度的顺序自上而下分行排列。

4. 发文机关标志

发文机关即公文的作者。发文机关标志由发文机关全称或者规范化简称加"文件"二字组成，也可以使用发文机关全称或者规范化简称。联合行文时，发文机关标志可以并用联合发文机关名称，也可以单独用主办机关名称。

目前，常见的发文机关标志主要有以下三种：

（1）由发义机关全称或规范化简称加"文件"二字组成。例如，"××省人民政府文件"、"××省人事厅文件"。

（2）使用发文机关全称或者规范化简称。例如，"××省人民政府"、"××市人大常委会"。

（3）联合行文时并用联合发文机关名称。例如，"中共××省委员会　××省人民政府（文件）"，分行排列。

发文机关标志居中排布，上边缘至版心上边缘为 35mm，推荐使用小标宋体字，颜色为红色，以醒目、美观、庄重为原则。

联合行文时，如需同时标注联署发文机关名称，一般应当将主办机关名称排列在前；如有"文件"二字，应当置于发文机关名称右侧，以联署发文机关名称为准，上下居中排布。

5. 发文字号

发文字号是指由发文机关代字、年份、发文顺序号共同组成的公文代号，简称文号，如"粤府〔2013〕26 号"。联合行文时，使用主办机关的发文字号。

发文字号编排在发文机关标志下空二行的位置，居中排布。年份、发文顺序号用阿拉伯数字标注；年份应标全称，用六角括号"〔〕"括入；发文顺序号不加"第"字，不编虚位（即 1 不编为 01），在阿拉伯数字后加"号"字。上行文的发文字号居左空一字编排，与最后一个签发人姓名处在同一行。

6. 签发人

签发人只用于上行文。公文中的签发人通常在以下两种情况下出现：一是指机关负责人在审定文稿后签上姓名表示同意印发；二是报送上级机关的请示、报告，必须标注签发人。这里指的是后一种情况。重要的或涉及面广的公文，必须由正职或主持日常工作的副职领导人签发。

标注签发人，是在"签发人"三字后加全角冒号和签发人姓名，居右空一字，编排在发文机关标志下空二行位置。"签发人"三字用 3 号仿宋体字，签发人姓名用 3 号楷体字。

如有多个签发人，签发人姓名按照发文机关的排列顺序从左到右、自上而下依次均匀编排，一般每行排两个姓名，回行时与上一行第一个签发人姓名对齐。

7. 标题

公文标题由发文机关名称、事由（公文主题）、文种三部分组成。例如，《国务院关于加强卫生防疫工作的决定》，这里"国务院"是发文机关，"关于加强卫生防疫工作"是事由，"决定"是文种。事由一般都用介词"关于"和表达主要内容的动宾词组组成。

标注公文标题，一般用 2 号小标宋体字，编排于红色分隔线下空二行位置，分一行或多行居中排布；回行时，要做到词意完整，排列对称，长短适宜，间距恰当，标题排列应当使用梯形或菱形。

拟制和标注公文标题时，应特别注意以下几点：

（1）批转或转发公文的标题，一般由批转或转发机关名称、被批转或转发的公文标题、文种三部分组成。如《国务院批转×××的通知》。批转和转发公文的标题，应杜绝出现介词和文种的重叠，如"关于"的"关于"，"通知"的"通知"。同时应注意，除批转法规性文件加书名号外，均不得对原标题加书名号。

（2）事由应简明确切地概括公文的主要内容。例如，某市人民政府对历年来制定的规范性文件进行清理，应予废止的共有几十件，发文时如将这些废止的规范性文件的标题全部列为事由，显然不可能。即使仅写一个，后加"等"字，也嫌过长，但概括为"废止部分规范性文件"，就显得既明确又简洁。

（3）在拟写标题时，一定要准确选定和使用文种，不能自造文种。

（4）标题排列要对称、美观，除字数较少的一行字标题外，两行以上的可排成梯形或菱形。在转行时，不要把人名、地名、机关名称等专用名词拆开。

（5）公文标题中除书名号的使用有明确规定外，一般不加标点符号。标题过长或中间需停顿的，可用空格或换行的方式处理。

8. 主送机关

主送机关是指公文的主要受理机关。标注主送机关时，应当使用机关全称、规范化简称或者同类型机关统称。如"广东省人民政府"、"北京市人大常委会"、"各省、自治区、直辖市党委"等。普发性公文，主送机关一般用规范化统称。

除了直接面向社会发布的公文之外，主送机关一般用3号仿宋体字编排于标题下空一行位置，居左顶格，回行时仍顶格，最后一个机关名称后标全角冒号。如主送机关名称过多导致公文首页不能显示正文时，应当将主送机关名称移至版记，一般用4号仿宋体字，在印发机关和印发日期之上一行、左右各空一字编排。"主送"二字后加全角冒号和主送机关名称，回行时与冒号后的首字对齐，最后一个主送机关名称后标句号。既有主送机关又有抄送机关时，应当将主送机关置于抄送机关之上一行，之间不加分隔线。

9. 正文

正文是公文的主体，是表述公文具体内容的部分。

正文紧接主送机关之后，提行空两格书写。公文首页必须显示正文。一般用3号仿宋体字，编排于主送机关名称下一行，每个自然段左空二字，回行顶格。文中结构层次序数依次可以用"一、"、"（一）"、"1."、"（1）"标注，一般第一层用黑体字、第二层用楷体字、第三层和第四层用仿宋体字标注。

10. 附件说明

附件说明指的是公文附件的顺序号和名称。公文附件是根据正文的需要附加的公文或相关材料，用以对正文作补充说明或提供参考。

公文如有附件，在正文下空一行左空二字编排"附件"二字，后标全角冒号和附件名称。如有多个附件，使用阿拉伯数字标注附件顺序号（如"附件：1. ×××××"）；附件名称后不加标点符号。附件名称较长需回行时，应当与上一行附件名称的首字对齐。

11. 发文机关署名、成文日期和印章

在标注公文的成文时间前，需先进行发文机关署名。署名时用发文机关全称或者规范化简称。

成文日期是指会议通过或者发文机关负责人签发公文的日期。联合行文时，署最后签发机关负责人签发的日期。标注成文日期时，应当用阿拉伯数字将年、月、日标全，年份应标全称，月、日不编虚位（即1不编为01）。

公文中有发文机关署名的，应当加盖发文机关印章，并与署名机关相符。有特定发文机关标志的普发性公文和电报，可以不加盖印章。

（1）加盖印章的公文。

成文日期一般右空四字编排，印章用红色，不得出现空白印章。

单一机关行文时，一般在成文日期之上、以成文日期为准居中编排发文机关署名，印章端正、居中下压发文机关署名和成文日期，使发文机关署名和成文日期居印章中心偏下位置，印章顶端应当上距正文（或附件说明）一行之内。

联合行文时，一般将各发文机关署名按照发文机关顺序整齐排列在相应位置，并将印章一一对应、端正、居中下压发文机关署名，最后一个印章端正、居中下压发文机关署名和成文日期，印章之间排列整齐、互不相交或相切，每排印章两端不得超出版心，首排印章顶端应当上距正文（或附件说明）一行之内。

（2）不加盖印章的公文。

单一机关行文时，在正文（或附件说明）下空一行右空二字编排发文机关署名，在发文机关署名下一行编排成文日期，首字比发文机关署名首字右移二字，如果成文日期长于发文机关署名，应当使成文日期右空二字编排，并相应增加发文机关署名右空字数。

联合行文时，应当先编排主办机关署名，其余发文机关署名依次向下编排。

（3）加盖签发人签名章的公文。

单一机关制发的公文加盖签发人签名章时，在正文（或附件说明）下空二行右空四字加盖签发人签名章，签名章左空二字标注签发人职务，以签名章为准上下居中排布。在签发人签名章下空一行右空四字编排成文日期。

联合行文时，应当先编排主办机关签发人职务、签名章，其余机关签发人职务、签名章依次向下编排，与主办机关签发人职务、签名章上下对齐；每行只编排一个机关的签发人职务、签名章；签发人职务应当标注全称。签名章一般用红色。

（4）特殊情况说明。

当公文排版后所剩空白处不能容下印章或签发人签名章、成文日期时，可以采取调整行距、字距的措施解决。

12. 附注

附注是指公文印发传达范围等需要说明的事项，如"发至县团级"。

如有附注，居左空二字加圆括号编排在成文日期下一行。

13. 附件

公文附件是指正文的说明、补充或者参考资料。

附件应当另面编排，并在版记之前，与公文正文一起装订。"附件"二字及附件顺序号用 3 号黑体字顶格编排在版心左上角第一行。附件标题居中编排在版心第三行。附件顺序号和附件标题应当与附件说明的表述一致。附件格式要求同正文。

如附件与正文不能一起装订，应当在附件左上角第一行顶格编排公文的发文字号，并在其后标注"附件"二字及附件顺序号。

14. 抄送机关

抄送机关是指除主送机关外需要执行或者知晓公文内容的其他机关，应当使用机关全称、规范化简称或者同类型机关统称。

公文如有抄送机关，一般用 4 号仿宋体字，在印发机关和印发日期之上一行、左右各空一字编排。"抄送"二字后加全角冒号和抄送机关名称，回行时与冒号后的首字对齐，最后一个抄送机关名称后标句号。

如需把主送机关移至版记，除将"抄送"二字改为"主送"外，编排方法同抄送机关。既有主送机关又有抄送机关时，应当将主送机关置于抄送机关之上一行，之间不加分隔线。

15. 印发机关和印发日期

印发机关和印发日期分别指公文的送印机关和送印日期。

印发机关和印发日期一般用 4 号仿宋体字，编排在末条分隔线之上，印发机关左空一字，印发日期右空一字，用阿拉伯数字将年、月、日标全，年份应标全称，月、日不编虚位（即 1 不编为 01），后加"印发"二字。

版记中如有其他要素，应当将其与印发机关和印发日期用一条细分隔线隔开。

16. 页码

公文应当标注页码，即公文页数的顺序号。

公文页码一般用 4 号半角宋体阿拉伯数字，编排在公文版心下边缘之下，数字左右各放一条一字线；一字线上距版心下边缘 7 mm。单页码居右空一字，双页码居左空一字。公文的版记页前有空白页的，空白页和版记页均不编排页码。公文的附件与正文一起装订时，页码应当连续编排。

A4 纸型的表格横排时，页码位置与公文其他页码保持一致，单页码表头在订口一边，双页码表头在切口一边。

17. 文字、计量单位和标点符号等

公文使用的汉字、数字、外文字符、计量单位和标点符号等，按照有关国家标准和规定执行。民族自治地方的公文，可以并用汉字和当地通用的少数民族文字。

公文中计量单位的用法应当符合 GB 3100、GB 3101 和 GB 3102（所有部分），标点符号用法应当符合 GB/T 15834，数字用法应当符合 GB/T 15835。

公文用纸幅面采用国际标准 A4 型。特殊形式的公文用纸幅面，根据实际需要确定。

三、公文的特定格式

除了前述的各种公文格式外，《格式》还规定了三种特定的公文格式，它们分别是信函式格式、命令（令）格式和纪要格式。将这三种格式定义为特定格式，主要是由于它们在党政机关公文处理工作中应用相对广泛。虽然说公告、通告、公报等公文的格式与一般公文的格式也不完全一样，但公告、通告、公报等公文主要向国内外或社会公开发布重要决定或事项，一般借助于报纸、电视、广播、网络等渠道发布或传播，因此，《格式》没有对其做具体规定。

（一）信函格式

《格式》规定，发文机关标志使用发文机关全称或者规范化简称，居中排布，上边缘至上页边 30mm，推荐使用红色小标宋体字。联合行文时，使用主办机关标志。

发文机关标志下 4 mm 处印一条红色双线（上粗下细），距下页边 20 mm 处印一条红色双线（上细下粗），线长均为 170 mm，居中排布。

如需标注份号、密级和保密期限、紧急程度，应当顶格居版心左边缘编排在第一条红色双线下，按照份号、密级和保密期限、紧急程度的顺序自上而下分行排列，第一个要素与该线的距离为 3 号汉字高度的 7/8。

发文字号顶格居版心右边缘编排在第一条红色双线下，与该线的距离为 3 号汉字高度的 7/8。

标题居中编排，与其上最后一个要素相距二行。

第二条红色双线上一行如有文字，与该线的距离为 3 号汉字高度的 7/8。

首页不显示页码。

版记不加印发机关和印发日期、分隔线，位于公文最后一面版心内最下方。

在党政管理和制发公文的实践中，经常使用信函格式的公文，用于处理与平行机关、下级机关或不相隶属机关的事务。这种信函的格式与常用公文的格式主要有以下不同：

（1）发文机关标志只用发文机关全称或者规范化简称，不加"文件"二字。发文机关名称上边缘距上页边 30mm，用红色小标宋体字，字号由发文机关酌定。

（2）发文机关标志下 4mm 处为一条上粗下细的红色双线，距下页边 20mm 处为一条上细下粗的红色双线，两条线长均为 170mm。

（3）份号、密级和保密期限、紧急程度顶格居版心左边缘编排在第一条红色双线下按顺序自上而下分行排列（实际上一般很少同时出现这三项）；发文字号顶格居版心右边缘编排在第一条红色双线下。公文首页不显示页码。

（4）版记不加印发机关和印发日期、分隔线，位于公文最后一面版心内最下方。

（二）命令格式

发文机关标志由发文机关全称加"命令"或"令"字组成，居中排布，上边缘至版心上边缘为 20 mm，推荐使用红色小标宋体字，字号由发文机关酌定。

发文机关标志下空二行居中编排令号，令号下空二行编排正文。

签发人职务、签名章和成文日期的编排与"加盖签发人签名章的公文"相同。

命令（令）可以说是国家党政机关发文的最高级形式。《条例》规定，命令（令）适用于公布行政法规和规章、宣布施行重大强制性措施、批准授予和晋升衔级、嘉奖有关单位和人员。从命令（令）适用的内容也可以看出其权威性、重要性。因此，这个格式应严格遵照执行，以从表现形式上维护国家政令的权威性和统一性。

（1）发文机关名称应用全称，不能用简称（包括规范化简称）。如国务院令的发文机关名称就是"中华人民共和国国务院令"。因此，命令（令）的发文机关应以批准本机关成立文件核定的全称为准。发文机关名称后加"命令"或"令"字。发文机关标志用红色小标宋体字；字号由发文机关酌定，但要掌握在不超过上级机关的字号的程度，即可以同等大小，但不能超过。标注的位置按本格式的规定应为上白边 37mm ±1 mm +20mm 即 57mm ±1 mm 之下。如果是联合发布命令（令），在首位的发文机关也要在此处标示，其余机关下移，"命令（令）"在右侧上下居中。

（2）在发文机关标志之下空二行居中标注令号，令号前加"第"字，不编虚位（即 1 不编为 01），如"第×号"。令号的编制自发第 1 号令开始，不受年度限制，这与发文字号不同，发文字号序号以年度为限。

（3）令号之下空二行编排正文，中间没有红色分隔线，也没有主送机关。正文编排格式执行《格式》的相关规定。正文的内容一般都比较简短，大多是一个自然段。

（4）正文之下空二行右空四字加盖签发人签名章，签名章左空二字标注签发人职务全称，以签名章为准上下居中排布。签名章一般用红色。

（5）签名章之下空一行右空四字编排成文日期。

（三）纪要格式

《条例》规定，纪要适用于记载会议主要情况和议定事项。在实际工作中，各级党政机关例行会议、专题会议等讨论议定的事项和会议主要情况，可通过会议纪要的形式印发，作为指导机关开展工作的依据。由于纪要格式有别于公文的通用格式，因此，《格式》也特别对纪要格式的编排作了说明。纪要格式只适用于纪要文种，纪要格式与纪要文种也是严格绑定的。

纪要标志由"×××××纪要"组成，居中排布，上边缘至版心上边缘为 35 mm，推荐使用红色小标宋体字。

纪要应当标注出席会议的人员名单，一般用 3 号黑体字，在正文或附件说明下，空一行左空二字编排"出席"二字，后标全角冒号，冒号后用 3 号仿宋体字标注出席人单位、姓名，回行时与冒号后的首字对齐。同时，还要标注请假和列席人员名单，除依次另起一行并将"出席"二字改为"请假"或"列席"外，编排方法同出席人员名单。

纪要格式可以根据实际制定。

纪要是建立在会议记录基础上的会议文件，适用于记载会议主要情况和议定事项。其格式具体规定如下：

（1）纪要标志由"××××××纪要"组成，不加"文件"二字，上边缘距版心上边缘 35mm，采用红色小标宋体字，字号由发文机关酌定，但一般以不大于上级机关标志字号为原则。

（2）纪要标志下空二行用 3 号仿宋体字居中标示纪要编号（等同于发文字号），可以采用"第××号"的形式，不编虚位。下空一行用 3 号仿宋体字标示发文机关和成文日期，发文机关和成文日期之下 4mm 处印一条与版心等宽的红色分隔线。发文机关放在横线之上左侧空一字，成文日期放在横线之上右侧空一字。标注成文日期时，应当用阿拉伯数字将年、月、日标全，年份应标全称，月、日不编虚位。

（3）红色分隔线下空二行，用 2 号小标宋体字居中编排纪要标题。标题下空一行为纪要正文，用 3 号仿宋体字，每自然段左空二字，回行顶格。

（4）纪要不加盖印章。受文单位放在公文末尾的版记，编排方法如通用格式的"抄送"，将"抄送"改成"分送"即可。其他要素的编排与通用格式相同。

四、公文用纸格式

公文的用纸格式，包括公文用纸的主要技术指标和公文用纸的幅面尺寸以及版面要求两个方面。

公文用纸的主要技术指标要求是：公文用纸一般使用纸张定量为 $60 \text{ g/m}^2 \sim 80 \text{ g/m}^2$ 的胶版印刷纸或复印纸。纸张白度 $80\% \sim 90\%$，横向耐折度 ≥ 15 次，不透明度 $\geq 85\%$，pH 值为 $7.5 \sim 9.5$。

公文用纸的幅面尺寸要求是：公文用纸采用 GB/T 148 中规定的 A4 型纸，其成品幅面尺寸为：$210 \text{ mm} \times 297 \text{ mm}$。对公文用纸的页边和版心尺寸要求是：公文用纸天头（上白边）为 $37 \text{ mm} \pm 1 \text{ mm}$，公文用纸订口（左白边）为 $28 \text{mm} \pm 1 \text{mm}$，版心尺寸为 $156 \text{ mm} \times 225 \text{ mm}$。

公文的版面要求是：如无特殊说明，公文格式各要素一般用 3 号仿宋体字。特定情况可以作适当调整。一般每面排 22 行（一个汉字的高度加 3 号汉字高度的 7/8 的距离为一行），每行排 28 个字，并撑满版心。特定情况可以作适当调整。如无特殊说明，公文中文字的颜色均为黑色。

五、公文印装格式

公文一律采用从左至右横写、横排的格式。在少数民族自治地方，可以并用汉字和通用的少数民族文字，少数民族文字版的公文应按其习惯书写和排版。

公文的制版要求是：版面干净无底灰，字迹清楚无断划，尺寸标准，版心不斜，误差不超过 1mm。

公文的印刷要求是：双面印刷；页码套正，两面误差不超过 2 mm。黑色油墨应当达到色谱所标 BL100%，红色油墨应当达到色谱所标 Y80%、M80%。印品着墨实、均匀；字面不花、不白、无断划。

公文的装订要求是：公文应当左侧装订，不掉页，两页页码之间误差不超过 4mm，裁切后的成品尺寸允许误差 $\pm 2\text{mm}$，四角成 $90°$，无毛茬或缺损。

骑马订或平订的公文应当：

（1）订位为两钉外订眼距版面上下边缘各 70 mm 处，允许误差 $\pm 4\text{mm}$；

（2）无坏钉、漏钉、重钉，钉脚平伏牢固；

（3）骑马订钉锯均订在折缝线上，平订钉锯与书脊间的距离为 $3 \sim 5\text{mm}$。

包本装订公文的封皮（封面、书脊、封底）与书芯应吻合，包紧，包平，不脱落。

第三章　行文规则

一、什么是行文规则

行文规则，是公文制发和传送的规范性准则，是关于公文制发的基本原则、基本方法和基本规范的概括和总结。机关行文规则集中反映了机关公文特殊的运行规律。严格执行行文规则，是机关管理规范化、科学化以及提高效率的重要保证。理解行文规则，首先要明确与行文相关联的几个概念，一是行文关系，二是行文方向，三是行文方式。

1. 行文关系

行文关系，是指根据机关之间隶属关系和职权范围而确定的一种关系。包括三种情况：一是同一组织系统内的上下级机关之间属于领导与被领导关系，如国务院与其所属各部委和各省、自治区、直辖市政府；二是同一组织系统内的上级主管业务部门和下级机关的主管业务部门之间属于业务指导与被指导的关系，如教育部与各省、自治区、直辖市的教育厅；三是同一组织系统的同级机关、非同一组织系统的任何机关之间，均属不相隶属关系。

上述三种组织关系体现出来的行文关系是：上级机关可以向其有直接领导关系的下级机关或业务指导关系的下级机关行文；下级机关则应向上级领导、指导机关报送公文；不相隶属机关之间相互传送平行文。

2. 行文方向

行文方向，是指以行文机关为基准，同公文受文机关之间的公文运转方向。可分为三个方向：上行、下行和平行。顾名思义，上行是向上级机关报送公文，下行是向下级机关行文，平行文是向同级机关行文。

事实上，在实际工作中，还存在一类比较广泛的行文方向。譬如公告、某些事项性通知，它们所针对的受文机关往往既有上级机关，也有下级机关，还有平级机关，甚至面向世界各国人民，这些都没有确定的方向，我们把它称为"泛向行文"。

3. 行文方式

行文方式，是指确定公文受文机关或发文机关的具体方法。行文方式一般分为两大类：一是确立受文机关的行文方式；二是确立发文机关的行文方式。

（1）确立受文机关的行文方式。对于受文机关来说，有纵向行文方式和横向行文方式。纵向行文包括逐级行文、越级行文、多级行文、普发行文、通行行文。横向行文一般直接用函联系来协调工作，还可用主送和抄送。

（2）确立发文机关的行文方式。发文可分为单独发文和联合发文。单独发文是只有一个署名机关的行文，联合发文是由两个或两个以上平级机关联署行文。

二、行文的基本规则

1. 确有必要，注重效用

《条例》规定，行文应当确有必要，讲求实效，注重针对性和可操作性。行文要坚持少而精的原则，可发可不发的公文不发，可长可短的公文要短而精。切不可认为文件一发就万事大吉，关键是要看文件的执行情况和执行效果，要跟踪分析，收集反馈意见，看受文机关是不是贯彻了行文的意图，推进了相关工作。同时，公文制发机关还要从工作实际需要出发来确定是否发文，严防假大空，要联系实际，增强决策和措施的针对性，以便受文机关能够顺利贯彻落实文件精神。

2. 遵循党政分工的原则

一般来说，党的机关不宜就具体的行政方面的问题通过制发公文的方式直接对行政机关和社会发号施令，当然重大问题、原则性问题除外；行政机关也不得向党的组织作指示、派任务。行政机关要主动把涉及路线、方针、政策的原则性政务问题交同级党委审核，甚至可以向上级党委行文请示和报告工作，但不能单独向下级机关的党组织行文，如有必要，可与同级党委联合行文。党政分开行文是要求党的机关和行政机关应按各自的系统行文，但并不是说不能联合行文，只要合乎规则，党政机关就可以通过联合行文来布置工作。

3. 按隶属关系行文

隶属关系是一种管辖关系，是确定行文方向和选择文种的重要依据。机关之间可分为具有隶属关系的机关和不具有隶属关系的机关。按隶属关系行文，一般应当逐级行文，没有特殊情况时，不得越级行文，以免上下脱节，扰乱正常的行文秩序。确因特殊情况需要越级行文的，应同时将文件以抄送的方式报给被越过的机关。

4. 联合行文须必要

同级党政机关、党政机关与其他同级机关必要时可以联合行文。属于党委、政府各自职权范围内的工作，不得联合行文。党委、政府的部门依据职权可以相互行文。

5. 不以机关名义向上级机关负责人报送公文

《条例》规定，除上级机关负责人直接交办事项外，不得以本机关名义向上级机关负责人报送公文。这一规定一方面是基于规范公文处理程序、提高公文处理效率的考虑，另一方面也与克服人治、倡导法治，建设社会主义法治国家的基本国策密切相关。

三、上行文规则

（一）主送唯一

向上级机关行文，原则上只能主送一个上级机关，但可以根据工作需要同时将文件抄送给相关的上级机关和同级机关。主送给上级机关的公文不抄送给下级机关。

（二）上行报批

如果党委、政府的部门要向上级主管部门请示、报告重大事项，事前应先取得本级党委、政府同意或者授权，否则不得擅自行文。重大事项以外的、属于部门职权范围内的事项可以直接报送上级主管部门，而不必先经本级党委、政府同意或授权。

（三）先批再报

对于下级机关报来的请示事项，如需以本机关名义向上级机关进行请示，本机关负责人应先进行审阅，并就请示事项提出倾向性意见后方可向上级机关上报，而不是将下级机关的文件原封不动地转报上级机关。

（四）一文一事

如需向上级机关请示事项，必须是一份公文请示一个事项，不得将多个事项放在一份公文里。"请示"与"报告"两个文种的作用和功能各不相同，请示适用于向上级机关请求指示、批准；而报告适用于向上级机关汇报工作、反映情况、回复上级机关的询问，因此，不得在报告等非请示性公文中夹带请示事项。

（五）不得以机关负责人名义行文

除上级机关负责人直接交办事项外，各级机关不得以本机关名义向上级机关负责人报送公文，也不得以本机关负责人名义向上级机关报送公文。

（六）双重领导要抄送

受双重领导的机关向一个上级机关行文，必要时以抄送的形式将公文报给另一个上级机关。

四、下行文规则

（一）重要行文要抄送

对下级机关行文，除将公文主送给一个受理机关外，也可根据工作需要将公文抄送至相关的机关，如下级机关的其他领导机关。如果是涉及重大事项的行文，应当同时将公文抄送至本机关（发文机关）的直接上级机关。

（二）获得授权可行文

党委、政府的办公厅（室）是本部门的重要行文机构，可根据本级党委、政府授权向下级党委、政府行文，与办公厅（室）同级的党委、政府的其他部门和单位不得向下级党委、政府发布指令性公文或者在公文中向下级党委、政府提出指令性要求。需经政府审批的具体事项，经政府同意后可以由政府职能部门行文，但文中须注明"已经政府同意"。部门内设机构除办公厅（室）外不得对外正式行文。

（三）同类部门可行文

党委、政府的部门在各自职权范围内可以向下级党委、政府的相关部门行文。这主要是因工作内容相类似而进行的对口行文。

（四）协商一致才行文

涉及多个部门职权范围内的事务，如果事先部门之间未协商一致的，不得向下行文；擅自行文的，上级机关应当责令其纠正或者撤销。

（五）双重领导要抄送

上级机关向受双重领导的下级机关行文，必要时抄送该下级机关的另一个上级机关。

第四章　公文写作程序

公文写作是公文处理中的重要环节，它既是实现党政机关管理意图的重要手段，也是保证公文效力和质量的前提和关键。与其他文体相比，公文写作程序有其自身的特点，概括起来，可分为以下四个步骤来实施。

一、确定公文的主旨

写文章首先要确立主旨，即贯穿全文的基本观点与中心思想。公文的主旨也叫"立意"、"观点"、"思想"，说法有多种，但意思相同。它在公文中发挥着统帅的作用，是文章的灵魂。公文的主旨包括中心思想要素、背景要素、写作目的要素等，这些要素体现出公文的核心。写作公文首先要确定主旨，明确发文的主要根据是什么，需要解决什么问题，采取什么样的措施解决这些问题，等等。

确立公文主旨，第一应做到精心思考、深入分析，正确领会领导的意图；第二要遵循党和国家的方针政策，做到观点明确，符合原则；第三要一文一旨，即一篇公文要集中表达一个意思，提出和解决一个问题，避免主旨分散；第四要态度明确，即赞成什么，反对什么，必须交代清楚，不能含糊其辞；第五是公文提出的意见、建议要切实可行，从实际出发，不可夸夸其谈。

公文不同于文学作品，它的主旨需要直陈文中，力求做到明白显露。一般有下列四种显示主旨的方式：一是起句立意，开门见山，即公文的第一句就直接阐述意义、主张和基本观点；二是引出主旨，这类公文是先陈述制发文件的背景、缘由，然后引出公文的中心思想、行文的目的等；三是提纲挈领，分层展开，如有些文件在开端处就使用一句结论性的话，然后划层点题、分段设题，先总后分，全面展示公文的中心内容；四是标题揭旨，即在标题中就写明了公文的中心思想，如《国务院办公厅关于加强粮食市场管理保持市场稳定的通知》，该标题本身就点出了公文的中心观点。

二、搜集和选择材料

公文的思想观点是通过有关材料提炼出来的。公文材料主要包括政策依据和事实情况两个方面。政策依据是指党的方针政策、国家的法律法规、上级领导机关所颁布的文件规定。事实情况包括直接发生的和间接引用的。公文中所反映的情况主要指直接发生的、发现的，总结概括的事实情况。它在公文中表现为具体事例、现象概括、数字统计等形式，是第一手材料。此外，公文的事实情况里也包括间接引用的事例、概述、数字、经验、成果等。

在实际公文写作中，该如何获取材料呢？笔者认为，一是要通过观察了解来获取，即通过观察形成感性认识和理性认识，并得出相关结论，形成公文起草的原始材料。二是要采用阅读的方式，按公文涉及的范围查阅各种资料。如要草拟本部门的年度工作计划，首先需要查阅有关的方针政策和指示精神、上级机关布置的任务、本部门上年的工作计划和工作总结，以及参考兄弟单位的有关工作计划等。还要认真研究本部门今年面临的形势，今年的中心任务、上级的要求。此外，还需要分析本部门当前的工作状况、存在的有利条件和不利因素、有什么潜力，研究针对实际情况应当提出哪些具体指标、需要采取什么保证措施等。三是开展调查，按公文的写作设想，有针对性地进行调查研究。如请有关部门的同志开座谈会，了解各部门的工作情况和工作体会；或召集有关人员进行讨论，广泛征求意见；或进行普查、抽样调查等。四是日常的积累，分为一般的积累（在日常工作中随时进行积累）和专题性积累（按专门题目有选择性地进行积累）。积累的方式多种多样，有提纲、摘要、复印等。

材料搜集完成后，下一步的工作就是选择材料。面对庞杂的材料，如何抽取符合公文写作要求的具体观点和事实依据呢？这就需要去伪存真，去粗取精。在筛选、分析材料时要掌握以下四个原则：一是要真实，只有保证材料的真实性才能保证公文的真实有效性；二是切题，材料和观点要符合、切合公文的主旨，否则也是无用之才；三是客观，不能根据个人的喜好、意愿来选择材料，而要尊重材料的客观性；四是典型，典型材料能更好地反映事物的本质，对于公文的主旨更有说服力。

三、确定公文的结构

结构是整篇公文的框架，是将公文连接成整体的关键，也就是所谓的谋篇布局。清代文学理论家李渔认为，写作如同"工师之建宅"，造房子前须有个全面的设计安排，"何处建厅，何方开户，栋需何木，梁用何材，必俟成局了然，始可挥斥运斧"。

（李渔《闲情偶记》）。公文写作也一样，动笔写作前要安排好结构。

公文与其他文体的区别，决定了其结构也有所不同。公文结构的确立，要注意三个原则：一是公文结构必须反映公务活动的本质规律。公文实际上是在公务活动中产生的，也是为公务活动服务的，这一特点也决定了在写作公文时要以公务活动的本质规律为出发点，通过抽象、逻辑思维，形成公文的形式。二是结构要符合公文的主旨。公文的主旨是公文的中心思想，是核心和灵魂，结构要紧密围绕这一核心来谋划，不可偏离，而应更好地反映这一中心思想。三是根据文种特征安排结构。不同的文种承载的作用和强调的内容也会不同，因此，在确定公文的结构时要围绕内容要素和文种特征，做到内容与形式的统一。

公文的结构分为形式结构和内在结构。形式结构即公文的开头、主体、结尾。内在结构则是提出问题、分析问题、解决问题。

四、起草公文

起草公文，是根据行文需要，用规范、简明、恰当的语句准确地表达既定主旨，把精心构思的布局转化为实际文字篇章的工作。

起草公文一般有两种组织形式：一是独自完成；二是集体分工负责。独自完成要求公文起草者独自一人完成材料收集和分析、提炼观点、草拟到最后形成公文。其优点是风格一致，不受其他因素的制约；缺点是受个人的思想素质、认识水平、文字功底等因素影响，公文的写作效果难以保证。分工负责可以克服个人写作的弊端，是集体智慧的结晶。分工负责中必须由一人主笔，其他人各司其职，分工负责调查了解、搜集资料、校对等工作。撰写草稿要做到观点鲜明、材料得当、文句简练、表述清楚。

公文的草稿形成后，要进行认真修改。任何公文起草者不论经验如何丰富、才思如何敏捷，总难免有思考不周的地方，因此有必要对草拟的公文进行反复修改。修改可分为内容修改、结构修改和表述修改三方面；修改方式有调整、删除、增加、替换；修改方法有综核全篇、理清线索、咏读全文、找出错误、征询他人意见等；修改顺序方面一般而言是先内容后形式，先总体后局部，先内部后公开。

第五章 公文的语言

一、什么是公文的语言

公文是借助于语言沟通公务活动信息、进行公务和社会管理的一种工具。语言是组成公文的最小单位，掌握公文语言的特点以及运用规则与技巧，是进行公文写作的必备条件和基础。

相比其他类文体的语言，公文的语言有自身的特点。在形式上，一是公文语言具有实用性。公文使用的是实用语言，只传达词语的词典意义。二是规范性。公文语言可以说是一种循规蹈矩的语言，旨在真实、准确地表达事物。三是模式性。公文写作中，沿用一些固定的模式化语句和词语的现象比较常见，而在其他文体中则会产生不好的效果。在使用方面，也具有以下六个特点：一是词义的解释比较严密。对词语含义所作的解释是公认的，主观理解的成分少，理解的角度比较单一，不会因个人感情的变化或意念的转移而产生另外一种或多种解释，并进而造成对公文内容的误解或曲解。二是词语的限制比较周密。公文中经常用较多的定语、状语对中心词进行限制修饰，其目的就在于使公文的内容更明确、更突出。再次是多用专用语。公文有其悠久的历史，再加上它特有的严肃性，因而在长期的实际运用过程中，很自然地逐步形成了一套比较常用的专用语。最后是多用概括性词语。为了使公文写得简洁、严谨，经常使用具有高度概括性的词语。五是多用介词结构。为了说明原因，讲清道理，公文中经常较多地使用介词结构，以便使内容表达得更清楚，意义更突出，范围更精确。六是多用联合词组作句子成分。这是基于公文要符合简洁、明确的写作要求的需要。

与公文语言在形式上和具体使用上的特点相联系，公文写作对语言的风格要求也与一般文体有所不同。准确是公文语言的第一要素、基本特点和本质要求，公文语言的其他特点都是以它为前提的；其次是简洁明快、可读性强；再次是语言平易、朴素、实在，说明要浅显、议论求精当；最后是语言要端庄、郑重、严肃、认真，要求不用戏谑语，不追求诙谐与幽默，一般不用口语和方言土语。

公文对句子的基本要求：一是文从字顺，结构完整；二是语义明确，无歧义；三是句子成分搭配得当；四是句子词序排列得当；五是掌握并遵循句式结构的规律。

二、公文语言的运用

在公文写作中，常用的表达方式主要有三种，即叙述、议论和说明。这三种方式并不是不相融合的，在很多情况下，这三种方式是综合起来运用的。

叙述就是把人物的经历或者事件发展变化的过程进行交代的一种表达方式，它在公文写作中适用范围很广，运用也相当频繁。叙述可以分为顺叙、倒叙、插叙、分叙四种类型。顺叙就是完全按照人物的行为过程或事件发展变化的时间顺序来叙述。此外，按照提出问题、分析问题、解决问题和按照事物发展的因果关系等逻辑顺序来叙述，也属于顺叙。倒叙并不是将时间或逻辑顺序完全颠倒过来叙述，而只是顺叙的局部变动或调整。具体说来，倒叙就是把事件的结局或事件发展变化的某一个阶段提到前面先行叙述，然后再按时间或顺序叙述事件的全过程。插叙就是在叙述过程中，为了某种表达的需要，暂时中断原来的叙述，插入另一段有关的叙述。分叙，就是对同一时间内发生在不同地方或单位的事件，采用"花开两朵，各表一枝"的方法，分别进行叙述。分叙在公文中使用得并不多。叙述要做到头绪清楚、要素完备和详略得当。

议论是一种通过对事物和问题进行分析评论来表明态度、做出判断的表达方式。议论的主要特点是运用概念、判断、推理等逻辑手段来议事论理。在许多情况下，议论与叙述常结合起来使用，即所谓的夹叙夹议。议论的要素有三个，即论点、论据和论证。这三个要素一般而言都是不可缺少的。论点就是作者对所论的问题提出的观点、看法、主张，是论据所要证明的对象。论据就是用来证明论点的理由和依据，也就是议论中所使用的材料。论证就是运用论据来证实论点的正确性的过程，换言之，就是揭示论点与论据之间的逻辑关系的过程。议论的方法有例证法、引证法、对比法、类比法、分析法。

说明是一种借助于简练明白的语言对事物的状态、性质、特征、成因、关系、结构等进行解释的表达方式。与其他表达方式相比较，说明的显著特点是讲述客观事物或情况，表露的是客观的立场或态度。说明的方法非常多，主要包括定义说明、举例说明、比较说明、分类说明、数字说明等。定义说明就是用简明扼要的语言揭示事物的本质属性，从而给人以一个明确的概念。举例说明就是通过列举典型事例来揭示诸种事物的共同特征。比较说明就是通过对不同事物的相互比较来揭示诸种事物的内在联系与区别。比较可以是同类事物之间的比较，也可以是异类事物之间的比较，还可以是同一事物自身不同时期情况的比较。分类说明就是把被说明的事物按照一个统一的标准划分为若干类别，然后逐类加以说明。数字说明，就是运用数字和数据，从数量上对事物的情况和特征加以说明。

中编　常用公文写作

第六章　决　议

一、决议的含义和类型

1. 含义

决议是用于经会议讨论通过的重大决策事项而形成的公文。内容一般都属于全局性、原则性的重大问题或重大事件。

相对于决定而言，决议在使用范围上要窄一些，内容多是全局性、原则性的重大问题、重大事件，是会议对重要事项所做出的原则性、纲领性、指导性的意见和要求，其政策性、决策性较突出。而决定的内容，则一般是工作中遇到的重要具体事项，或采取的具体实施措施，其指令性比较强。决议必须通过重要的会议讨论通过才能成文，而决定则可由机关直接制发，也可通过会议方式形成。

2. 类型

决议根据内容大致可分为审批性决议、方针政策性决议、专题性决议、公布性决议。审批性决议即为审议批准法律、法规、文件组织等发布的决议。方针政策性决议着眼于从宏观，特别是路线、方针、政策上统一人们的思想认识，以确定大政方针。专题性决议即就某一有关专门问题作出决策后发布的决议。公布性决议主要用来宣布某一重要会议的精神及所取得的成果，号召人们认真贯彻会议要求，循此前进。

二、决议的特点

（1）严肃性。决议是针对某些重大事项或若干重大问题而做出的，并且必须经过有关会议讨论通过，然后形成文件下发，要求下级机关和有关人员贯彻执行。因此，某些领导人的讲话，或机关内某些"议而未决"的事项，或虽经有关会议通过，但属一般性的问题和事项等，就不宜形成"决议"下发。

（2）说理性。决议是针对事项或问题来写的，要求摆事实、讲道理，在理论与实际的结合上加以论证，以此达到提高认识，统一思想，统一行动的目的。

（3）准确性。决议针对性强，并要求下级机关贯彻执行，因而要求准确使用语言文字，而带有感情色彩的一些词语，使用上要注意恰如其分。

（4）决策性。决议是针对重大问题和重大事项所做出的决策，一经形成，就会在较大范围内造成重大影响。

（5）权威性。决议作为用于重要决策事项的公文，是经过会议研究、讨论后形成的，代表着发文机关的意志，一经发布，其下属机构和有关人员必须严格遵守，认真落实，不得违背，具有很强的权威性。

（6）程序性。决议必须经会议讨论，并经表决通过之后才能形成，有严格的程序性。

三、写作格式和方法

决议的结构一般由标题、日期和正文组成。具体内容如下：

1. 标题

一般要求三要素齐全，由发文机关、事由和文种组成。标题还应写明发文机关，以表明其权威性。

2. 日期

决议的日期是指公布此项决议的年、月、日，其位置在标题下的小括号内。除日期外，同时还要写明通过决议的具体会议名称，如"××年××月××日×××××会议通过"。

3. 正文

决议的正文一般包括决议缘由、决议事项和结语三部分。决议缘由一般要简要说明有关会议审议决议涉及事项的情况，陈述做出决议的原因、根据、背景、目的或意义。

决议事项写明会议通过的议决事项，对有关文件、事项做出的论断，对有关问题、事件做出的评价、决定，或对有关工作做出的部署安排和要求、措施等。

结语一般紧扣决议事项有针对性地提出希望、号召和执行要求。有的决议也可不单列这部分。

决议正文可根据内容多少，分别采用篇段合一式、多段式、总分条文式、分部式等结构形式。决议只能写经会议通过的决议事项，未经会议决定的事项或分歧意见一律不能写入。遣词用句要准确而无歧义，不能有含糊不清、模棱两可的提法。原则性规定和灵活性处置的表述要有分寸感，要恰如其分。

四、写作的基本要求

（1）要深刻理解会议的主题。决议是对会议中心思想及结论性意见的体现。拟稿人要先把会议的精神理解透彻，即了解会议的背景、形势及目的，理解会议所要解决的基本问题，掌握会议的主旨。

（2）要注意成文的时效性。有的决议时限性极强，即使有些大型会议事先可以拟出提交会议进行讨论的决议稿，但也要在会议期间不断进行修改、补充和调整，以便按时提交会议讨论和通过。要求撰拟者要思维敏捷、快速成文。

（3）要明确决议行文的主体。这是由"决议"形成的主体的特殊性所决定的。一般文件的行文主体基本上是"制文机关"，而决议的行文主体基本上是以"会议"的名义进行阐述。

（4）文字要简明扼要，写法上要注意做到叙议结合、定性准确、评价恰当，切记纠缠细节。要富于逻辑力量，激发人们执行决议的积极性和自觉性。

五、范例

审批性决议

关于 2012 年国民经济和社会发展计划执行情况
与 2013 年国民经济和社会发展计划的决议

(2013 年 3 月 17 日第十二届全国人民代表大会第一次会议通过)

第十二届全国人民代表大会第一次会议审查了国务院提出的《关于 2012 年国民经济和社会发展计划执行情况与 2013 年国民经济和社会发展计划草案的报告》及 2013 年国民经济和社会发展计划草案，同意全国人民代表大会财政经济委员会的审查结果报告。会议决定，批准《关于 2012 年国民经济和社会发展计划执行情况与 2013 年国民经济和社会发展计划草案的报告》，批准 2013 年国民经济和社会发展计划。

方针政策性决议

中国共产党第十八次全国代表大会
关于《中国共产党章程（修正案）》的决议

(2012 年 11 月 14 日中国共产党第十八次全国代表大会通过)

中国共产党第十八次全国代表大会审议并一致通过十七届中央委员会提出的《中国共产党章程（修正案）》，决定这一修正案自通过之日起生效。

大会认为，十六大以来，以胡锦涛同志为主要代表的中国共产党人，坚持以邓小平理论和"三个代表"重要思想为指导，根据新的发展要求，深刻认识和回答了新形势下实现什么样的发展、怎样发展等重大问题，形成了以人为本、全面协调可持续发展的科学发展观。科学发展观，是同马克思列宁主义、毛泽东思想、邓小平理论、"三个代表"重要思想既一脉相承又与时俱进的科学理论，是马克思主义关于发展的世界观和方法论的集中体现，是马克思主义中国化最新成果，是中国共产党集体智慧的结晶，是党必须长期坚持的指导思想。大会一致同意在党章中把科学发展观同马克思列宁主义、毛泽东思想、邓小平理论、"三个代表"重要思想一道确立为党的行动指南。大会要求全党同志更加深入地学习科学发展观，进一步增强贯彻落实科学发展观的自觉性和坚定性，不断完善贯彻落实科学发展观的体制机制，把科学发展观贯彻到我国现代化建设全过程、体现到党的建设各方面。

大会认为，中国特色社会主义道路，中国特色社会主义理论体系，中国特色社会主义制度，是党和人民长期奋斗、创造、积累的根本成就。全面建成小康社会，加快推进社会主义现代化，实现中华民族伟大复兴，必须坚定不移走中国特色社会主义道路。把中国特色社会主义制度同中国特色社会主义道路、中国特色社会主义理论体系一道写入党章，有利于全党深化对中国特色社会主义的认识、全面把握中国特色社会主义的内涵。大会强调，全党同志要倍加珍惜、长期坚持和不断发展党历经艰辛开创的这条道路、这个理论体系、这个制度，坚定道路自信、理论自信、制度自信，奋力夺取中国特色社会主义新胜利。

大会认为，建设生态文明，是关系人民福祉、关乎民族未来的长远大计。必须把生态文明建设放在突出地位，融入经济建设、政治建设、文化建设、社会建设各方面和全过程，坚持生产发展、生活富裕、生态良好的文明发展道路，努力建设美丽中国，实现中华民族永续发展。大会同意将生态文明建设写入党章并作出阐述，使中国特色社会主义事业总体布局更加完善，使生态文明建设的战略地位更加明确，有利于全面推进中国特色社会主义事业。促进工业化、信息化、城镇化、农业现代化同步发展，是我国经济社会发展面临的重大课题，是全面建成小康社会的一项重大战略举措；发展更加广泛、更加充分、更加健全的人民民主，完善中国特色社会主义法律体系，是坚持走中国特色社会主义政治发展道路、积极稳妥推进政治体制改革、加强社会主义法治国家建设的客观需要；建设社会主义文化强国，加强社会主义核心价值体系建设，是推动社会主义文化大发展大繁荣、提高国家文化软实力的必然要求；构建社会主义和谐社会，必须保障和改善民生，使发展成果更多更公平惠及全体人民，加强和创新社会管理。将这些内容写入党章，丰富了社会主义经济建设、政治建设、文化建设、社会建设的内容，对全党同志更加自觉、更加坚定地贯彻党的基本理论、基本路线、基本纲领、基本经验、基本要求，全面推进社会主义市场经济、社会主义民主政治、社会主义先进文化、社会主义和谐社会、社会主义生态文明建设，团结带领全国各族人民不断夺取中国特色社会主义新胜利具有十分重要的作用。

大会认为，改革开放是强国之路，是新时期最鲜明的特点。我国过去30多年的快速发展靠的是改革开放，未来发展也必须坚定不移依靠改革开放。只有改革开放，才能发展中国、发展社会主义、发展马克思主义。把这方面内容写入党章，有利于全党更加深刻地认识坚持改革开放的重大意义，更加自觉、更加坚定地推进改革开放。

大会认为，十七大以来，随着党的建设实践发展，我们党对马克思主义执政党建设规律的认识不断深化，正视党面临的考验和风险，重视加强党的执政能力建设、先进性和纯洁性建设，整体推进党的思想建设、组织建设、作风建设、反腐倡廉建设、制度建设，全面提高党的建设科学化水平。根据实践发展，党的十八大提出建设学习型、服务型、创新型的马克思主义执政党的新要求。适应新的形势，全党要用邓小平理论、"三个代表"重要思想、科学发展观和党的基本路线统一思想、统一行动，切实做到求真务实，尊重党员主体地位，加强对主要领导干部的监督。大会同意把这些新成果、新认识、新要求充实到党章关于党的建设总体要求中，使党的建设的主线、总体布局、总体目标更加完善，有利于全面推进党的建设新的伟大工程。

大会认为，总结吸收近年来党的建设的成功经验，并与总纲部分的修改相衔接，对党章部分条文作适当修改十分必要。认真学习马克思列宁主义、毛泽东思想、邓小平理论、"三个代表"重要思想和科学发展观，是广大党员应尽的义务；积极创先争优，组织党员认真学习马克思列宁主义、毛泽东思想、邓小平理论、"三个代表"重要思想和科学发展观，是党的基层组织的基本任务；选拔干部要按照德才兼备、以德为先的原则，坚持五湖四海、任人唯贤；党要更加重视监督干部；党的各级领导干部要坚持原则，讲党性、重品行、作表率。把这些内容写入党章，有利于全党同志坚持党的指导思想、增强学习贯彻科学发展观的自觉性和坚定性；有利于更好坚持公道正派的用人作风、树立正确用人导向、提高选人用人公信度，促进干部健康成长；有利于推动干部队伍特别是主要领导干部进一步提高各方面素质，更好发挥表率作用。

大会要求，党的各级组织和全党同志高举中国特色社会主义伟大旗帜，以马克思列宁主义、毛泽东思想、邓小平理论、"三个代表"重要思想和科学发展观为指导，更好学习党章、遵守党章、贯彻党章、维护党章，坚持党要管党、从严治党，进一步加强党的执政能力建设、先进性和纯洁性建设，以改革创新精神全面推进党的建设新的伟大工程，全面提高党的建设科学化水平，坚定不移沿着中国特色社会主义道路前进，为全面建成小康社会而奋斗。

专题性决议

第十二届全国人民代表大会
第一次会议关于最高人民法院工作报告的决议

（2013 年 3 月 17 日第十二届全国人民代表大会第一次会议通过）

第十二届全国人民代表大会第一次会议听取和审议了王胜俊院长所作的最高人民法院工作报告。会议充分肯定最高人民法院过去五年的工作，同意报告提出的 2013 年工作安排，决定批准这个报告。

会议要求，最高人民法院要全面贯彻落实党的十八大精神，高举中国特色社会主义伟大旗帜，以邓小平理论、"三个代表"重要思想、科学发展观为指导，牢固树立社会主义法治理念，忠实履行宪法和法律赋予的职责，依法独立公正行使审判权，深化司法改革，规范司法行为，加强人民法院队伍建设，提升司法能力，充分发挥审判机关的职能作用，为维护社会公平正义、促进经济持续健康发展和社会和谐稳定提供有力的司法保障。

公布性决议

中国共产党第十八次全国代表大会
关于十七届中央委员会报告的决议

（2012 年 11 月 14 日中国共产党第十八次全国代表大会通过）

中国共产党第十八次全国代表大会批准胡锦涛同志代表十七届中央委员会所作的报告。报告高举中国特色社会主义伟大旗帜，以马克思列宁主义、毛泽东思想、邓小平理论、"三个代表"重要思想、科学发展观为指导，分析了国际国内形势的发展变化，回顾总结了过去五年的工作和党的十六大以来的奋斗历程及取得的历史性成就，确立了科学发展观的历史地位，提出了夺取中国特色社会主义新胜利的基本要求，确定了全面建成小康社会和全面深化改革开放的目标，对新的时代条件下推进中国特色社会主义事业作出了全面部署，对全面提高党的建设科学化水平提出了明确要求。报告描绘了全面建成小康社会、加快推进社会主义现代化的宏伟蓝图，为党和国家事业进一步发展指明了方向，是全党全国各族人民智慧的结晶，是我们党团结带领全国各族人民夺取中国特色社会主义新胜利的政治宣言和行动纲领，是马克思主义的纲领性文献。

大会认为，报告阐明的大会主题对我们党带领人民继往开来、奋勇前进具有十分重大的意义。全党要高举中国特色社会主义伟大旗帜，以邓小平理论、"三个代表"重要思想、科学发展观为指导，解放思想，改革开放，凝聚力量，攻坚克难，坚定不移沿着中国特色社会主义道路前进，为全面建成小康社会而奋斗。

大会强调，当前，世情、国情、党情继续发生深刻变化，我们面临的发展机遇和风险挑战前所未有。全党一定要牢记人民信任和重托，更加奋发有为、兢兢业业地工作，继续推动科学发展、促进社会和谐，继续改善人民生活、增进人民福祉，完成时代赋予的光荣而艰巨的任务。

......

大会同意报告关于我国社会主义经济建设、政治建设、文化建设、社会建设、生态文明建设的部署......

大会强调，党的集中统一是党的力量所在，是实现经济社会发展、民族团结进步、国家长治久安的根本保证。党面临的形势越复杂，肩负的任务越艰巨，就越要加强党的纪律建设，越要维护党的集中统一，形成全党上下步调一致、奋发进取的强大力量。

大会强调，面对人民的信任和重托，面对新的历史条件和考验，全党必须增强忧患意识，谦虚谨慎，戒骄戒躁，始终保持清醒头脑；必须增强创新意识，坚持真理，修正错误，始终保持奋发有为的精神状态；必须增强宗旨意识，相信群众，依靠群众，始终把人民放在心中最高位置；必须增强使命意识，求真务实，艰苦奋斗，始终保持共产党人的政治本色。

大会号召，全党全国各族人民高举中国特色社会主义伟大旗帜，更加紧密地团结在党中央周围，为全面建成小康社会而奋斗，不断夺取中国特色社会主义新胜利，共同创造中国人民和中华民族更加幸福美好的未来！

第七章　决 定

一、决定的含义和类型

1. 含义

决定是党和国家机关对于某些重要事项或重大行动做出决策和部署，并且经常使用的具有规定性和领导性的公文文种。《党政机关公文处理工作条例》规定，决定是"适用于对重要事项作出决策和部署、奖惩有关单位和人员，变更或者撤销下级机关不适当的决定事项"。由此可见，决定属于比较严肃、庄重的文种。决定属于下行文，其适用范围比较广，使用方式比较灵活，但都具有较强的约束力。决定一旦形成，就要求有关的组织和人员必须严格遵照执行。

2. 类型

根据内容和性质，决定可以分为法规和规章性决定、部署性决定、公布和知照性决定、奖惩性决定。

法规和规章性决定一般由重要会议通过发布，由国家立法机关或权力机关作出，用于制定、修订、补充法律法规。这类决定一般通过"命令（令）"的方式发布。部署性决定是对某些重要事项或重大行动做出决策部署，提出要求措施，要求下级认真贯彻执行。公布和知照性决定是将重要事情、重要工作和安排意见告知有关单位有关人员，内容主要有安排人事、设置机构以及处理、布置有关事项等。奖惩性决定即奖励（表彰）先进、惩罚（批评）错误的决定。

二、决定的特点

（1）权威性、强制性。决定是领导机关针对重要事项和重大行动，经重要会议或领导班子研究通过后，对所辖范围内的工作所做的安排。决定一经发布，就对受文单位具有很强的约束力，必须无条件遵照执行。

（2）政策法规性。决定往往涉及对重要事项的研究决策，对下级机关和群众具有指引和导向作用，涉及面广，影响深远，因此必须符合党和国家政策。

（3）全局性。决定的行文对象一般不局限于一个部门，具有一定的普遍性。决定所涉及的事项和解决的问题，具有全局性的意义，即使有时涉及的事件比较具体，其影响力也必然是全局性和重大的。

（4）稳定性、长远性。决定是对于重要事项作出的决策，一般要在相当长的时间内发挥作用，是各级部门工作的指导方针，不能朝令夕改，让人无所适从。

（5）指导性。决定是领导机关对重要事项和重大行动作出的决策、部署，具有一定的理论性、政策性、指导性，是下级单位开展工作的指针。在安排重大行动的决定中，都会对行动的意义、原则、措施、方法、要求等做出明确的阐述，这也是体现指导性原则的要求。

三、写作格式和方法

决定一般由标题、正文、署名和成文日期组成。

1. 标题

一般来讲，决定的标题有两种写法：一是由发文机关、事由和文种构成；二是由事由和文种构成。

2. 正文

正文一般由决定依据、决定事项、结语三部分构成，但类型不同，结构也有所区别，具体内容分述如下：

（1）法规和规章性决定。法规和规章性决定的正文，一般由决定缘由、决定事项组成。决定缘由是简略地阐述作出此决定的目的或重要性，决定事项则是一条一条具体的法规性条项。

（2）部署性决定。部署性决定的正文，一般由决定缘由、决定事项、执行要求三部分组成。决定缘由是正文的开头，交代决定的原因、根据或目的。决定事项是正文的主体，针对缘由部分所提出和分析的问题，作出解决问题的部署。执行要求是正文的结尾，提出执行的要求与希望，也可对决定事项内容加以补充或强调。

（3）公布和知照性决定。一般由决定缘由、决定事项组成。此类决定一般不提出执行要求。

（4）奖惩性决定。一般由决定缘由、决定事项组成，只是在结尾中提出希望和号召。

3. 署名和成文日期

决定的发文机关名称署在正文之后右下方。决定的成文日期编排在发文机关下一行。

四、写作的基本要求

（1）要有法律、法规和政策依据。由于决定是对重大行动或重要事项作出安排和决策，因此在制发时，相关事项必须依据国家的有关政策法令，同时结合本地区、本系统、本行业、本部门、本单位的实际情况，并且是下级机关切实可行的。

（2）行文要庄重决断。决定大多具有指令性、规范性和约束性。决定一旦形成，有关机关单位和人员必须遵照执行。因此，决定提出的观点要鲜明，决定事项要明确、决断，用语要坚决肯定，不能模棱两可、拖泥带水，更不能存在任何歧义。

（3）要注意详略得当。公布和知照性决定一般用较多的笔墨去写缘由，而决定事项部分文字所占的比重较少。反之，法规和规章性、部署性决定却用较少的文字去写缘由，而用较多文字去说明决定事项的内容。

（4）要注意连续性。对同一单位来说，主要是保持历史的衔接和政策的连续，新作出的决定要注意与本机关原有的规定紧密衔接，以免相互抵触或前后矛盾。

五、范例

法规和规章性决定

中华人民共和国国务院令

第 638 号

《国务院关于废止和修改部分行政法规的决定》已经 2013 年 5 月 31 日国务院第 10 次常务会议通过，现予公布，自公布之日起施行。

总　理　李克强

2013 年 7 月 18 日

国务院关于废止和修改部分
行政法规的决定

　　为了依法推进行政审批制度改革和政府职能转变，进一步激发市场、社会的创造活力，发挥好地方政府贴近基层的优势，促进和保障政府管理由事前审批更多地转为事中事后监管，国务院对有关的行政法规进行了清理。经过清理，现决定：

　　一、废止《煤炭生产许可证管理办法》（1994 年 12 月 20 日国务院公布）。

　　二、对 25 件行政法规的部分条款予以修改。

　　本决定自公布之日起施行。

　　附件：国务院决定修改的行政法规（略）

全国人民代表大会常务委员会关于修改
《中华人民共和国消费者权益保护法》的决定

（2013 年 10 月 25 日第十二届全国人民代表大会常务委员会第五次会议通过）

　　第十二届全国人民代表大会常务委员会第五次会议决定对《中华人民共和国消费者权益保护法》作如下修改：

　　一、第五条增加一款，作为第三款："国家倡导文明、健康、节约资源和保护环境的消费方式，反对浪费。"

　　二、将第十四条修改为："消费者在购买、使用商品和接受服务时，享有人格尊严、民族风俗习惯得到尊重的权利，享有个人信息依法得到保护的权利。"

　　三、将第十六条第一款修改为："经营者向消费者提供商品或者服务，应当依照本法和其他有关法律、法规的规定履行义务。"

　　增加一款，作为第三款："经营者向消费者提供商品或者服务，应当恪守社会公德，诚信经营，保障消费者的合法权益；不得设定不公平、不合理的交易条件，不得强制交易。"

　　四、第十八条增加一款，作为第二款："宾馆、商场、餐馆、银行、机场、车站、港口、影剧院等经营场所的经营者，应当对消费者尽到安全保障义务。"

　　将第二款改为第十九条，修改为："经营者发现其提供的商品或者服务存在缺陷，有危及人身、财产安全危险的，应当立即向有关行政部门报告和告知消费者，并采取停止销售、警示、召回、无害化处理、销毁、停止生产或者服务等措施。采取召回措施的，经营者应当承担消费者因商品被召回支出的必要费用。"

五、将第十九条改为第二十条，第一款修改为："经营者向消费者提供有关商品或者服务的质量、性能、用途、有效期限等信息，应当真实、全面，不得作虚假或者引人误解的宣传。"

第三款修改为："经营者提供商品或者服务应当明码标价。"

六、将第二十一条改为第二十二条，其中的"购货凭证或者服务单据"修改为"发票等购货凭证或者服务单据"。

七、将第二十二条改为第二十三条，第一款中的"但消费者在购买该商品或者接受该服务前已经知道其存在瑕疵的除外"修改为"但消费者在购买该商品或者接受该服务前已经知道其存在瑕疵，且存在该瑕疵不违反法律强制性规定的除外"。

增加一款，作为第三款："经营者提供的机动车、计算机、电视机、电冰箱、空调器、洗衣机等耐用商品或者装饰装修等服务，消费者自接受商品或者服务之日起六个月内发现瑕疵，发生争议的，由经营者承担有关瑕疵的举证责任。"

八、将第二十三条、第四十五条合并，作为第二十四条，修改为："经营者提供的商品或者服务不符合质量要求的，消费者可以依照国家规定、当事人约定退货，或者要求经营者履行更换、修理等义务。没有国家规定和当事人约定的，消费者可以自收到商品之日起七日内退货；七日后符合法定解除合同条件的，消费者可以及时退货，不符合法定解除合同条件的，可以要求经营者履行更换、修理等义务。"

......

部署性决定

粤府〔2013〕96号

广东省人民政府关于建设质量强省的决定

各地级以上市人民政府，各县（市、区）人民政府，省政府各部门、各直属机构：

为深入贯彻落实党的十八大精神和《国务院关于印发质量发展纲要（2011—2020年）的通知》（国发〔2012〕9号），切实提高质量发展总体水平和人民群众生活品质，充分发挥质量工作在我省实现"三个定位、两个率先"总目标中的保障和支撑作用，现就建设质量强省作出以下决定。

一、重要意义和总体要求

（一）重要意义。

（二）指导思想。

（三）主要目标。

……

到 2020 年，质量总体水平显著提升，质量创新能力达到世界先进水平，质量发展成果惠及全体人民，建成一批拥有国际知名品牌的企业集团，产品、工程、服务质量保持国内领先，基本建成质量强省。

二、主要任务

（一）加强标准化工作。

（二）加强知识产权工作。

（三）加强品牌培育。

……

三、主要措施

……

四、组织实施

广东省人民政府
2013 年 10 月 10 日

公布和知照性决定

国发〔2013〕19 号

国务院关于取消和下放一批行政审批项目等事项的决定

各省、自治区、直辖市人民政府，国务院各部委、各直属机构：

第十二届全国人民代表大会第一次会议批准的《国务院机构改革和职能转变方

案》明确提出，要减少和下放投资审批事项，减少和下放生产经营活动审批事项，减少资质资格许可和认定，取消不合法不合理的行政事业性收费和政府性基金项目。经研究论证，国务院决定，取消和下放一批行政审批项目等事项，共计117项。其中，取消行政审批项目71项，下放管理层级行政审批项目20项，取消评比达标表彰项目10项，取消行政事业性收费项目3项；取消或下放管理层级的机关内部事项和涉密事项13项（按规定另行通知）。另有16项拟取消或下放的行政审批项目是依据有关法律设立的，国务院将依照法定程序提请全国人民代表大会常务委员会修订相关法律规定。

各地区、各部门要认真做好取消和下放管理层级行政审批项目等事项的落实和衔接工作，切实加强后续监管。要按照深化行政体制改革、加快转变政府职能的要求，继续坚定不移推进行政审批制度改革，清理行政审批等事项，加大简政放权力度。要健全监督制约机制，加强对行政审批权运行的监督，不断提高政府管理科学化、规范化水平。

附件：1. 国务院决定取消和下放管理层级的行政审批项目目录（共计91项）
　　　2. 国务院决定取消的评比、达标、表彰项目目录（共计10项）
　　　3. 国务院决定取消的行政事业性收费项目目录（共计3项）

国务院
2013 年 5 月 15 日
（此件公开发布）

奖惩性决定

教师〔2013〕2 号

教育部关于追授杨建一同志
全国优秀教师荣誉称号的决定

2013 年 1 月 15 日下午，在湖南省新化县上梅镇北渡小学，一名男子翻过围墙进入校园，手持凶器将正在操场上体育课的一名三年级学生刺倒在血泊中。校长杨建一听到师生呼救声，立即奔赴操场，安排人员把受伤学生送往医院抢救，随后奋不顾身追赶行凶歹徒，与其展开殊死搏斗，不幸以身殉职。

杨建一同志1980年参加教育工作。从教30多年来，他爱岗敬业，教书育人，勤奋工作，无私奉献，得到了师生和家长的高度评价，多次被评为优秀党员、优秀教师。2006年担任校长后，他更是爱校如家、爱生如子，视教育为自己事业的全部、学生为自己生命的全部。他生死关头保护学生、勇斗歹徒，用鲜血和生命谱写了一曲壮丽的赞歌，塑造了新时期人民教师的光辉形象，诠释了高尚师德和社会主义核心价值观。为表彰杨建一同志的英雄模范事迹，进一步推动教师队伍建设，我部决定追授杨建一同志"全国优秀教师"荣誉称号。

全国广大教师和教育工作者要向杨建一同志学习，忠诚于党的教育事业，爱岗敬业，关爱学生，为人师表，无私奉献，进一步增强教书育人的荣誉感和责任感，积极培育和践行社会主义核心价值观，为努力办好人民满意的教育、实现中华民族的伟大复兴做出新的贡献。

中华人民共和国教育部

2013 年 1 月 18 日

第八章　命　令（令）

一、命令（令）的含义和类型

1. 含义

命令（令）是用于公布行政法规和规章、宣布施行重大强制性措施、批准授予和晋升衔级、嘉奖有关单位及人员时使用的文种。

在 1987 年 2 月 18 日《国家行政机关公文处理办法》发布之前，命令与令是一类当中的两个文种。1987 年以后，国务院将命令与令合并为一个文种。但两者的区别在于：发布重大军事活动与行政措施等较多使用命令，其他情况则较多使用令，如公布令、任免令、嘉奖令、赦免令、通缉令等。

2. 类型

按用途，命令可分为发布令、任免令、授勋令、嘉奖令、指挥令、否决令、通缉令、特赦令、戒严令、动员令。其中，特赦令、戒严令、动员令为国家主席或政府首脑发布。通常所说"通令嘉奖"的通令，意指普发所属单位。"手令"指国家高级领导人亲笔写下的命令。

二、命令（令）的特点

（1）强制性。命令是以法律、法规为依据制发的，具有高度权威性和指挥性，表现为执行上的不可动摇性，没有商榷的余地。俗话说"军令如山"，即表明了命令的强制性。

（2）权威性。根据宪法规定，国家主席、全国人大委员会委员长、国务院总理、国务院各部部长、各委员会主任、县级以上地方各级人民政府以及其他法定机关及其负责人才有权发布命令，其他单位以及其他法定机关及其负责人均不得发布命令，体现出命令的制发机关级别高、权力大，表明了它的权威性。

（3）载体性。命令除了单体行文（如动员令、行政令）外，在多数情况下又可充当法规性文件公布的载体，实行复体行文。

（4）严肃性。古人云："慎乃令出，令出维行。"令表现了至高无上的权威，对令的使用一般比较审慎，不可轻发，所谓"令行禁止"。

（5）专用性。当代对命令的使用，主要是国家机关、行政机关和军事机关。

（6）写作格式简洁庄重。命令写作格式比较单纯，主旨单一，文字简单明了，语气庄重。

三、写作格式和方法

命令（令）一般由标题、编号、正文、署名和成文日期等五部分构成。

1. 标题

命令（令）一般无标题，只有发文机关标志。发文机关标志一般有两种形式：第一种由发布机关和文种构成，如"中华人民共和国国务院令"；第二种由发布人的职务和文种构成，如"中华人民共和国主席令"。

2. 编号

命令的编号与其他公文有所不同。命令的编号不按年度排列，不是由机关代字、年号、顺序组成，而是从机关领导人任职或者任期内的发令机关开始依次编排的流水号，直到本届领导人任职届满。若下届领导人上任，则重新编号。应当注意的是，凡是由发布者加文种组成标题，由政府机关领导人名义发布的命令，必须标注出命令的顺序号，它是该负责人自任职起列编的累计流水号。这与以机关名义制发公文的"发文字号"是不同的。

3. 正文

命令绝大多数没有严格的受文行政机关界限，如公布令、动员令、宣布令等。但也有少数命令，由于特定的内容，而明确标出主送行政机关。如《国务院对胜利粉碎劫机事件的民航杨继海机组的嘉奖令》，主送行政机关即为民航总局。命令的正文是命令的主体部分，一般命令的种类不同，其写作格式也相同。

（1）公布令。公布令用于国家公布法律和国家行政机关发布根据法律制定的行政法规和规章。公布令所公布的重要法规的具体条文作为附件附在命令的正文之后，而不需要出现在正文中。它的正文只要简单地写明发布的大致内容，如何时通过，自何时起生效等。

（2）行政令。行政令是国家行政机关发布施行重大强制性行政措施时所使用的命令。行政令不带附件，由标题和正文组成。正文一般分为三个部分：命令缘由、命令内容、执行要求。最后的签署要写出发令机关领导人的职务名称和姓名。地方行政机关极少使用行政令。

（3）奖惩令。奖惩令即嘉奖令和惩戒令，是用于嘉奖或惩戒有关人员（或集体）时所使用的一种命令。在这类命令中，嘉奖令较常见，惩罚性的命令很少见，常以"通报"的形式代替。奖惩令的正文基本由三个部分组成：概括叙述事件经过并简要分析议论；拟定奖惩决定；提出号召或希望或勉励。落款不签署发令机关领导人的职务名称和姓名，也不写发令时间。

（4）任免令。任免令是行政机关或领导人对下级人员任命或免去职位时使用的一种公文。任免令的标题、令号、落款等与发布令相同，其写法简单，一般写出任免依据、时间、任免人姓名、任免人职务即可，是命令行文中最简洁的一种类型。

（5）戒严令。戒严令是国家遇到战争或特殊情况，需要在全国或者某一地区采取非常措施时使用的一种公文。正文写明戒严的缘由、依据、日期、要求等。

（6）通缉令。通缉令是公安机关通报缉拿在逃罪犯所制作的公文。正文写明通缉令的事由，简要说明案情，被通缉对象的基本情况和姓名、性别、年龄、籍贯、民族、身高、衣着、口音、体貌特征等以及要求事项。

（7）通令。通令一般作为军队机关用于表彰立功受奖人员和英雄战斗集体的文种。它是军事公文中的正式文种。在地方上，通令虽不是一个正式文种，实际上却一直在沿用，当某一事项既要命令所属单位执行，又要告知社会群众遵守时便使用"通令"文种予以发布。从这个意义上讲，可以把"通令"看作是命令体公文的一种。

4. 署名

命令（令）由发布者签名，并在签名前冠以职务，或者仅写发布机关全称。命令（令）的签发人应是发文机关的最高领导。

5. 成文日期

一般来说，签发或发布命令的日期即为生效日期。年、月、日一定要齐全。

四、写作的基本要求

（1）命令文种使用主体要准确。命令是典型的指挥性公文，代表着国家机关的意志和权威，体现着党和国家的方针政策。命令是一种非常严肃的文种，不是任何事，也不是任何机关都可以制发的，因而一定要把握好它的适用范围和使用职权。

（2）内容要符合法律规定。无论发布何种命令，其内容必须合法，不能与国家法律和行政法规有矛盾之处。同时，发令机关或发令人要按照法律规定在自己的职权范围内发布命令，不得违规随意发布。

（3）格式要规范完整。按照命令结构形式的要求，从标题、正文到签署、落款，都要完整准确，要体现出事项的主次和内容的内在关联。如发布令使用命令的特定格式制发，行政令使用文件格式制发，嘉奖令通常使用函的格式制发。

（4）语言表达要准确。在语言运用上要简明扼要，语气坚决肯定，开门见山，不能使用商量或模棱两可的语言。

五、范例

公布令

中华人民共和国国务院令

第 636 号

现公布《国务院关于修改〈中华人民共和国外资保险公司管理条例〉的决定》，自 2013 年 8 月 1 日起施行。

总　理　李克强
2013 年 5 月 30 日

国务院关于修改《中华人民共和国外资保险公司管理条例》的决定

国务院决定对《中华人民共和国外资保险公司管理条例》作如下修改：

第七条第一款修改为："合资保险公司、独资保险公司的注册资本最低限额为 2 亿元人民币或者等值的自由兑换货币；其注册资本最低限额必须为实缴货币资本。"

第二款修改为："外国保险公司分公司应当由其总公司无偿拨给不少于 2 亿元人民币或者等值的自由兑换货币的营运资金。"

本决定自 2013 年 8 月 1 日起施行。

《中华人民共和国外资保险公司管理条例》根据本决定作相应修改，重新公布。

广东省人民政府令

第 192 号

《广东省惠东海龟国家级自然保护区管理办法》已经 2013 年 8 月 13 日广东省人民政府第十二届 9 次常务会议通过，现予公布，自 2013 年 12 月 1 日起施行。

省　长　朱小丹
2013 年 9 月 3 日

广东省惠东海龟国家级自然保护区管理办法

第一章　总　则

第一条

……

第五条　任何单位和个人都有保护海龟以及海龟自然保护区范围内的自然资源、生态环境的义务，对破坏、侵占海龟自然保护区内的自然资源、生态环境的行为有权进行检举和控告。

第二章　保护与管理

……

第三章　法律责任

第二十条　有下列情形之一的，由海龟自然保护区管理机构依法责令改正或者恢复原状，对自然保护区造成破坏的，对个人处以 100 元以上 500 元以下，单位处以 1 000 元以上 5 000 元以下罚款：

......

第二十一条 违反本办法第十三条规定，进入海龟自然保护区外围保护带从事拖网、定置网、围网等生产作业，以及其他产生噪音、灯光等影响海龟产卵繁殖的生产经营活动的，由海龟自然保护区管理机构依法责令停止违法行为，并可对个人处以300元以上1 000元以下，单位处以1 000元以上10 000元以下罚款。

......

第四章 附 则

......

第二十六条 本办法自2013年12月1日起施行。

任免令

中华人民共和国主席令
第一号

根据中华人民共和国第十二届全国人民代表大会第一次会议的决定，任命李克强为中华人民共和国国务院总理。

中华人民共和国主席 习近平

2013 年 3 月 15 日

第九章 公 报

一、公报的含义和类型

1. 含义

公报是用于向国内外公开发布重要决定或者重大事项的文种。公报属于知照性公文，即向有关方面告知、关照某些事项、情况、规定和需求的公文。

2. 类型

公报按性质内容可分为会议公报、新闻公报、联合公报、专题公报四种。会议公报是党政机关、人民团体或单位在召开重要会议后就会议情况或重要决定事项公开发布的文件，其内容必须是经过会议讨论通过并决定公开发布的。新闻公报是以新闻的形式将重大事件向党内外、国内外公布的文件。新闻公报往往由新闻机关在新闻媒介上公之于众，其阅知范围没有限制，要求具有新闻的及时性和真实性。联合公报是政党之间、国家之间、政府之间就某些重大事项或问题经过会谈、协商取得一致意见或达成谅解后，双方联合签署发布的文件。专题公报是就某一问题、事件发布的公报，如关于经济运行情况、人口普查、气象、统计等的公报都属于此类。

二、公报的特点

（1）内容的庄严性。公报所发布的内容一般为党和国家的重大事件和重大决策，一经发布将在国内外引起强烈反响。

（2）形式上的新闻性。一般来说，公报公布的时间性强，在短时间内及时予以公布，符合新闻的时效性要求。公报一般通过新闻媒体如报纸、电台、电视台等发布。公报在写作格式上也类似于新闻的写作方法。

（3）受文对象的广泛性。公报是向国内外人士公布的重大事项，受文对象没有限制。

（4）制发层次高，且一般是会议或会谈的最终结果。公报一般由党的最高领导机关或国家最高行政机关制发，且产生于会议或会谈。非党的最高领导机关和非国家最高行政机关及企事业单位召开的各种会议，一般用纪要反映会议的基本内容。

三、写作格式和方法

公报的结构一般由标题、题注、正文、署名和成文日期构成。

1. 标题

标题有三种写法：一是由事由、文种构成；二是由发文机关、文种构成；三是由发文机关、事由、文种构成。

2. 题注

在标题正下方，写明发布公报的日期或者通过发布事项的日期及会议名称、地点等。

3. 正文

公报由于形式的不同，写法也不尽相同。

（1）会议公报正文的写法。

开头部分：写明会议基本情况，包括时间、地点、人物、事件等要素，要写得简明扼要、清楚明白。主体部分：介绍会议议定情况和主要精神。结尾部分：提出希望、号召和要求等。

（2）新闻公报正文的写法。开头部分：概括叙述最核心、最重要的新闻事实，接近消息的导语部分。主体部分：具体写明事件的过程以及与此有关的立场、态度、做法、评价等，可按时间顺序和逻辑顺序来安排层次，类似消息的主体。结尾部分：类似消息的结尾，可写可不写。

（3）联合公报正文的写法。开头部分：写明基本情况，包括时间、地点、人物、事件等要素。主体部分：写明双方议定的事项，必要时可分条列项进行撰写。结尾部分：可补充写明公报的意义、会议的气氛或双方对会谈的肯定态度等。

（4）专题公报正文的写法。开头部分：写明公布内容的背景，包括依据、原因等要素。主体部分：写清楚公布的具体事项，包括相关内容的具体陈述，可按一定的顺序进行阐述，这一部分要注意有关数据的保密性。

4. 署名和成文日期

公报如在题注里已标明发文机关、时间等要素的，则在结尾处不用编排署名和成文日期。联合公报要在正文后写明双方签署人的职务、姓名、签署时间及地点。

四、写作的基本要求

（1）要反映全貌。公报所涉及的都是重大事件或重要会议内容，因此表述要完整、周密，既要体现主旨，反映实质性内容，又要照顾到必要的细节情况。如事件公报，不能忽视事件的时间、人物、原因、结果等基本要素；会议公报，要对与会人员情况、主持人、会议的准备情况等有所交代。

（2）要客观记述。在双方或多方意见不一致的情况下，应当如实体现有关方面的意见，作出准确的表述。

（3）要注意用语的准确性和概括性。公报用于党和国家高级机关公布重大事项或重要决策，必须讲究用语的准确性和概括性。

（4）要严格区分"公报"和"公告"，切忌混用和错用。公报和公告所涉及的内容事项及辐射范围基本相同，并且存在使用上的习惯性问题，因此极易导致错用和乱用。要注意他们间的细微差别，不可随意而为。

五、范例

会议公报

2013 中央经济工作会议公报

中央经济工作会议 12 月 15 日至 16 日在北京举行。中共中央总书记、中共中央军委主席习近平，国务院总理温家宝，中共中央政治局常委李克强、张德江、俞正声、刘云山、王岐山、张高丽出席会议。习近平在会上发表重要讲话，分析国际国内经济形势，提出明年经济工作总体要求和主要任务。温家宝在讲话中总结今年经济工作，对明年经济工作作出部署。李克强主持会议并在会议结束时作了总结讲话。

会议指出，今年以来，面对日趋严峻的国际经济形势和国内改革发展稳定的繁重任务，党中央、国务院团结带领全党全国各族人民，坚持以科学发展为主题，以加快转变经济发展方式为主线，按照稳中求进的工作总基调，及时加强和改善宏观调控，把稳增长放在更加重要的位置，经济社会发展呈现稳中有进的良好态势。经济运行总体平稳，物价涨幅稳步回落，农业基础地位进一步稳固，社会大局保持稳定。转变经济发展方式有新进展，科技创新有新成绩，改革开放有新突破，改善民生有新成效。

会议强调，现在，我们站在了更高的起点上。综合判断，我国发展仍然具备难得的机遇和有利条件，经济社会发展基本面长期趋好，国内市场潜力巨大，社会生产力基础雄厚，科技创新能力增强，人力资源丰富，生产要素综合优势明显，社会主义市场经济体制机制不断完善。同时，也要清醒地看到，我国发展仍面临不少风险和挑战，不平衡、不协调、不可持续问题依然突出，经济增长下行压力和产能相对过剩的矛盾有所加剧，企业生产经营成本上升和创新能力不足的问题并存，金融领域存在潜在风险，经济发展和资源环境的矛盾仍然突出。必须保持清醒头脑，增强忧患意识，深入分析问题背后的原因，采取有效举措加以解决。

会议认为，明年国际经济形势依然错综复杂、充满变数，世界经济低速增长态势仍将延续，各种形式的保护主义明显抬头，潜在通胀和资产泡沫的压力加大，世界经济已由危机前的快速发展期进入深度转型调整期。

会议指出，……

会议强调，……

一、加强和改善宏观调控，促进经济持续健康发展。必须坚持发展是硬道理的战略思想，决不能有丝毫动摇。……

二、……

……

六、……

会议强调，……

会议指出，……

中共中央政治局委员、中央书记处书记、全国人大常委会党员副委员长、国务院副总理、国务委员、最高人民法院院长、最高人民检察院检察长、全国政协党员副主席等出席会议。各省、自治区、直辖市和计划单列市、新疆生产建设兵团的党政主要负责人，党中央有关部门、国务院有关部委和有关单位的主要负责人，中央管理的部分企业和金融机构负责人，军队及武警部队有关负责人参加会议。

新闻公报

上海合作组织成员国元首理事会会议新闻公报

（2012 年 6 月 6 日至 7 日，北京）

2012 年 6 月 6 日至 7 日，上海合作组织（以下简称"上合组织"或"本组织"）成员国元首理事会会议在北京举行。哈萨克斯坦共和国总统纳扎尔巴耶夫、中华人民共和国主席胡锦涛、吉尔吉斯共和国总统阿塔姆巴耶夫、俄罗斯联邦总统普京、塔吉克斯坦共和国总统拉赫蒙、乌兹别克斯坦共和国总统卡里莫夫与会。

会议由中华人民共和国主席胡锦涛主持。

上合组织秘书长伊马纳利耶夫、上合组织地区反恐怖机构（以下简称"地区反恐怖机构"）执行委员会主任朱曼别科夫出席了会议。

上合组织各观察员国代表团团长伊朗伊斯兰共和国总统艾哈迈迪内贾德、蒙古国总统额勒贝格道尔吉、巴基斯坦伊斯兰共和国总统扎尔达里、印度共和国外交部部长克里希纳，以及主席国客人阿富汗伊斯兰共和国总统卡尔扎伊、土库曼斯坦总统别尔德穆哈梅多夫列席会议并讲话。

……

元首们批准了《上海合作组织中期发展战略规划》，指出上合组织是开放和谐的区域合作组织，制度基础顺畅有效，组织机构稳定运行，有助于深化成员国睦邻友好和共同繁荣。

元首们听取并批准了上合组织秘书长关于本组织工作的报告和地区反恐怖机构理事会关于地区反恐怖机构工作的报告。

在过去一年里，上合组织举行了成员国总理理事会会议（2011 年 11 月 7 日，圣彼得堡）、救灾部长会议（2011 年 9 月 28 日，杜尚别）、经贸部长会议（2011 年 10 月 26 日，杜尚别）、交通部长会议（2011 年 10 月 28 日，莫斯科）、禁毒部门领导人会议（2012 年 4 月 2 日，北京）、安全会议秘书会议（2012 年 4 月 12 日，北京）、最高法院院长会议（2012 年 4 月 23 日至 25 日，北京）、审计部门领导人会议（2012 年 4 月 23 日至 24 日，上海）、国防部长会议（2012 年 4 月 24 日，北京）、外交部部长会议（2012 年 5 月 11 日，北京）、上合组织论坛（2012 年 4 月 23 日至 24 日，阿拉木图)、财长和央行(国家银行)行长会议(2012年5月16日至17日,北京)、文化部长会议(2012年6月4日至7日,北京)、总检察长会议(2012年6月5日至6日,杜尚别)。

上合组织10周年纪念峰会之后,成员国在政治、经济和人文等主要合作领域共同开展了大量工作,取得了一系列具体成果。

元首们指出,恐怖主义、分裂主义、极端主义、非法贩运毒品、跨国有组织犯罪等威胁的尖锐性有增无减,世界不同地区局势持续动荡。在此背景下,在危机预警、应急处置方面积极开展政治外交工作及开展安保合作依然是十分迫切的任务。

元首们批准了修订后的《上海合作组织关于应对威胁本地区和平、安全与稳定事态的政治外交措施及机制条例》和《上海合作组织成员国打击恐怖主义、分裂主义和极端主义2013年至2015年合作纲要》,进一步扩大了成员国安全合作的法律基础。

元首们强调成员国在维护国际信息安全领域开展合作的重要性,指出应防止利用信息通信技术破坏世界和平、稳定和安全,继续在联合国框架内推动制定"信息安全国际行为准则"。

元首们支持通过政治外交手段解决伊朗核问题。

元首们指出,个别国家或国家集团不顾其他国家的正当利益,单方面不受任何限制地加强反导系统,将对国际安全和全球战略稳定产生危害。有关问题必须由所有相关国家通过政治外交努力加以解决。

……

元首们对本组织秘书处和地区反恐怖机构的工作给予高度评价,认为其有效保障了上合组织、实业家委员会、银联体和上合组织论坛工作顺畅运转,使之在利用经济合作和学术合作潜力方面发挥重要作用。

元首们认为,随着国际形势的发展,以及上合组织活动日趋增多,有必要加强各方及本组织常设机构对本组织活动的新闻宣传工作,树立上合组织的客观、积极形象。

上合组织成员国支持扩大国际协作,加强与观察员国和对话伙伴,以及联合国及其专门机构、东盟、独联体、集安条约组织、欧亚经济共同体等国际和地区组织的合作。

各成员国注意到有关国家要求加入上合组织的愿望,将继续就扩员所需法律、财务和行政条件进行协商,争取在协商一致基础上尽快完成这项工作。

成员国将继续奉行扩大上合组织国际交往的方针,与其他多边组织和机制开展合作。

元首们决定给予阿富汗伊斯兰共和国上合组织观察员地位，给予土耳其共和国上合组织对话伙伴地位。

元首们决定任命梅津采夫（俄罗斯联邦）为上合组织秘书长，任命张新枫（中华人民共和国）为上合组织地区反恐怖机构执行委员会主任，任期均为 2013 年 1 月 1 日至 2015 年 12 月 31 日。

元首们高度评价中国在担任上合组织主席国期间所做的工作，对中方在北京峰会期间给予的热情接待表示感谢。

根据《上合组织宪章》规定，下一阶段本组织主席国将由吉尔吉斯共和国担任。上合组织成员国元首理事会下次会议将于 2013 年在吉尔吉斯共和国举行。

联合公报

中俄总理第十七次定期会晤联合公报

应俄罗斯联邦政府总理德·阿·梅德韦杰夫的邀请，中华人民共和国国务院总理温家宝于 2012 年 12 月 5 日至 6 日对俄罗斯联邦进行正式访问。12 月 6 日在莫斯科举行了中俄总理第十七次定期会晤。

12 月 6 日，中华人民共和国国务院总理温家宝与俄罗斯联邦总统弗·弗·普京举行了会见。

一、两国总理高度评价中俄总理定期会晤机制对中俄关系发展发挥的重要作用，总结了双方合作成果和经验，就进一步扩大两国在政治、经贸、能源、科技、人文等领域合作以及重大国际和地区问题深入交换了意见。

双方强调，当前中俄关系取得重大进展。两国高层交往密切，双方在涉及对方主权、安全和领土完整等核心利益问题上相互坚定支持，彻底解决了边界问题，奠定了双边关系的坚实法律基础，各领域务实合作稳步快速发展，两国关系的社会基础极大巩固，在解决重大国际和地区问题上协调行动。双方始终将发展相互关系作为本国外交的主要优先方向之一，相互视为主要合作伙伴。

双方表示，将积极致力于进一步深化平等信任的中俄全面战略协作伙伴关系，扩大各领域务实合作，以促进中俄两国持续发展，为亚太地区和全球互利经济合作创造条件，维护地区及世界的和平、稳定、安全。

二、两国总理指出，在世界经济和国际贸易形势波动的情况下，中俄经贸往来持续稳定发展。双方将不断优化贸易结构，加强投资合作，增进地方和边境地区间交流，扩大高科技和创新领域合作，推动两国企业界联系，以长期保持这一积极势头。

为充分挖掘务实合作潜力，双方商定重点加强以下领域合作：

……

——根据《2013 年—2017 年中俄航天合作大纲》开展航天合作，拓展和深化两国在该领域的长期双边合作，结合本国和平研究利用宇宙空间规划，特别关注研究及实施大项目合作的必要性。

三、两国总理高度评价双方能源合作成果，愿在天然气、石油、电力、煤炭、和平利用核能、能效和可再生能源等领域进一步开展全方位合作。

……

八、双方指出，中俄总理第十七次定期会晤在一贯友好、互信与合作的气氛中进行。双方对会晤成果表示满意。

中华人民共和国国务院总理和俄罗斯联邦政府总理商定，中俄总理第十八次定期会晤将于 2013 年在中国举行，具体日期将通过外交途径另行商定。

中华人民共和国国务院总理　俄罗斯联邦政府总理
温家宝　　　　　　　德·阿·梅德韦杰夫
二〇一二年十二月六日于莫斯科

专题公报

2012 年中国海洋经济统计公报

2012 年，面对复杂严峻的国际国内经济形势，沿海各地区认真落实党中央、国务院发展海洋经济的战略部署，以科学发展为主题，加快推进经济发展方式转变，海洋经济继续保持平稳增长的良好势头。根据《海洋生产总值核算制度》，国家海洋局对 2012 年海洋经济进行了初步核算，编制了《2012 年中国海洋经济统计公报》，现予以发布。

国家海洋局局长　刘赐贵
2013 年 2 月　北京

2012 年中国海洋经济统计公报

国家海洋局
2013 年 2 月

　　2012 年，面对复杂严峻的国际国内经济形势，沿海各地区认真落实党中央、国务院发展海洋经济的战略部署，以科学发展为主题，加快推进经济发展方式转变，海洋经济继续保持平稳增长的良好势头。

　　一、海洋经济总体运行情况

　　据初步核算，2012 年全国海洋生产总值 50 087 亿元，比上年增长 7.9%，海洋生产总值占国内生产总值的 9.6%。其中，海洋产业增加值 29 397 亿元，海洋相关产业增加值 20 690 亿元。海洋第一产业增加值 2 683 亿元，第二产业增加值 22 982 亿元，第三产业增加值 24 422 亿元，海洋第一、第二、第三产业增加值占海洋生产总值的比重分别为 5.3%、45.9% 和 48.8%。

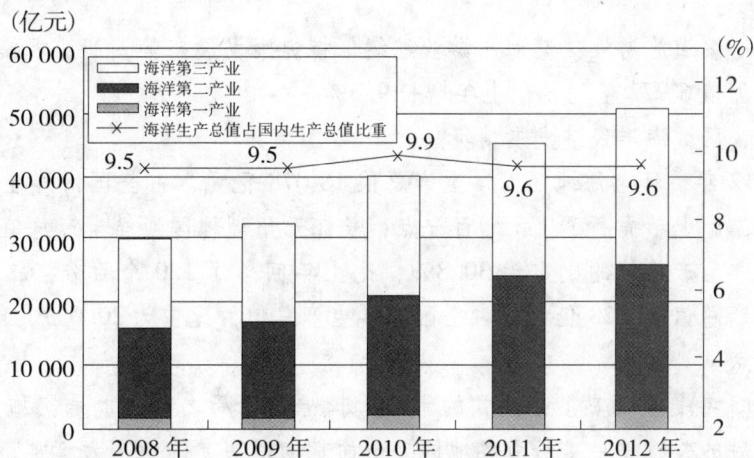

图1　2008—2012 年全国海洋生产总值情况

二、主要海洋产业发展情况

2012 年，我国海洋产业总体保持稳步增长。其中，主要海洋产业增加值 20 575 亿元，比上年增长 6.2%；海洋科研教育管理服务业增加值 8 822 亿元，比上年增长 7.3%。

主要海洋产业发展情况如下：

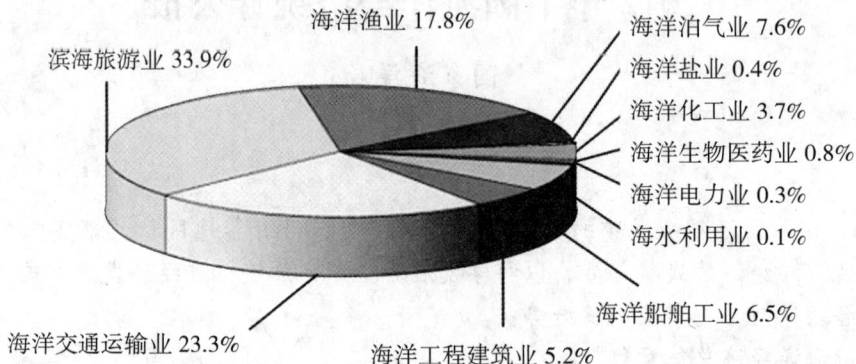

海洋渔业 17.8%
滨海旅游业 33.9%
海洋油气业 7.6%
海洋盐业 0.4%
海洋化工业 3.7%
海洋生物医药业 0.8%
海洋电力业 0.3%
海水利用业 0.1%
海洋船舶工业 6.5%
海洋工程建筑业 5.2%
海洋交通运输业 23.3%

图2　2012 年主要海洋产业增加值构成图

——海洋渔业：海洋渔业继续保持稳定增长态势，海水养殖生产形势良好，海洋捕捞总体稳定，远洋渔业综合实力逐步增强。全年实现增加值 3 652 亿元，比上年增长 6.4%。

……

——滨海旅游业：滨海旅游业继续保持健康发展态势，产业规模持续增大。全年实现增加值 6 972 亿元，比上年增长 9.5%。

三、区域海洋经济发展情况

2012 年，环渤海地区海洋生产总值 18 078 亿元，占全国海洋生产总值的比重为 36.1%，比上年提高了 0.5 个百分点；长江三角洲地区海洋生产总值 15 440 亿元，占全国海洋生产总值的比重为 30.8%，比上年回落了 1.0 个百分点；珠江三角洲地区海洋生产总值 10 028 亿元，占全国海洋生产总值的比重为 20.0%，比上年回落了 0.3 个百分点。

2013 年是全面贯彻落实党的十八大精神的开局之年，也是实施"十二五"规划承前启后的关键一年。沿海各地区要全面贯彻落实党的十八大精神，以提高海洋经济增长质量和效益为中心，稳中求进，开拓创新，推进海洋产业结构调整升级，加快海洋经济发展方式转变，促进海洋经济持续健康发展。

———————————————————

注释：

……

附录1：

2012年海洋生产总值情况表

……

附录2：

主要名词解释

……

上述名词解释主要摘自《海洋及相关产业分类》（GB/T 20794—2006）、《沿海行政区域分类与代码》（HY/T 094—2006）。

第十章 公 告

一、公告的含义和类型

1. 含义

公告是国家权力机关、行政机关向国内外宣布重要事项或者法定事项的告知性、公布性公文。"重要事项"就是国内外关注的尤其需要社会各有关方面周知的重大事项。"法定事项"包括由国家立法、司法机关依法决定的事项及有关法律规定等。

2. 类型

公告按其内容可分为重要事项的公告和法定事项的公告两种。重要事项的公告用来宣布有关国家的政治、经济、军事、科技、教育、人事、外交等方面需要告知全民的重要事项。譬如，国家重要领导的岗位变动、领导人的出访或其他重大活动、重要科技成果的发布、重要军事行动等。法定事项的公告是依照有关法律和法规的规定，对一些重要事情和主要环节以公告的形式向社会各界公布。

二、公告的特点

（1）发布形式的公开性。公告不是以红头文件的形式发往受文单位，而是通过新闻媒体，如电视、广播、报刊等，公开向社会发布。

（2）告知范围的广泛性。这是公告区别于类似文件通告的显著标志，通告仅限于一定范围，而公告告知范围涉及国内外。

（3）告知内容的重要性。公告向国内外公开宣布的不是一般事项，而是重要事项或者法定事项。

（4）语言的精练性和通俗性。公告内容和它本身具有的庄重性、严肃性，决定了公告的语言应该十分精练。它一般只作客观叙述，少加议论，概括性强，言简意赅。另外，公告的受众十分广泛，因此在撰写这类公文时必须做到语言通俗易懂。

三、公告的格式和写法

公告一般由标题、编号、题注、正文、署名和成文时间组成。

1. 标题

标题一般有四种写法：一是由发文机关、事由加文种名称组成；二是由事由和文种组成；三是由发文机关和文种组成；四是直接标出文种，即"公告"。

2. 编号

编号是单独标注的顺序号，其位置在标题之下。编号一般用于同一发文机关在同一时间或者同一次会议发布多份公告之时。如果同一发文机关在同一时间或者同一会议只发布一份公告，则可不必编号。

3. 题注

如果落款处不签署制发公告的日期，可在题注处标明制发公告的年、月、日。

4. 正文

公告的正文主要包括告知缘由或依据、具体事项和结语三部分。缘由部分扼要写明发文的原因、目的和依据。有的公告也省略这部分内容。具体事项部分交代什么时间、在什么地点将要进行或发生什么重要事项等。结语通常用"特此公告"、"现予公告"等习惯用语作结。其文体结构可表现为下列三类形式：

（1）分段分述式。即把公告的根据和事项分开。第一段简洁写明制发公告的依据，接着用"现公告如下"或"特作如下公告"等语并以冒号结尾，引出公告的事项。这种形式的公告，主要用于发布国家重大人事变动。

（2）篇段合一式。即公告正文不分段，全文先写行文根据，紧接其后写发布的事项。这种形式主要用于公开发布法律、法规及有关重要注意事项。

（3）分条式。即在正文的第一段简要写明发布公告的目的和意义，并在第一段的末尾用"现公告如下"引出具体事项。由于事项涉及的内容比较多，这些内容虽然同发文事由有密切联系，但反映问题的侧面不同。把它们分解成若干条来写，不仅行文思路清楚，而且便于理解和记忆，更能深刻地揭示发文事由的本质。

5. 签署和成文时间

正文末尾要署发文机关全称，成文日期位于署名下一行，年、月、日都要完整书写。若在标题中已经写明制发公告的单位名称，则可以不署名。

四、写作的基本要求

（1）要正确使用公告文种。公告一般通过报纸、广播、电视等新闻媒体公布，不采取张贴形式。公告不用发文字号，也不列主送机关与抄送机关。由于发布公告的机关级别特别高，公告涉及的内容又是国家重要事项或法定事项，具有庄重性，因此不能随意制发，切忌滥用。要严格区分公告和通告、通知的区别，切勿混用。

（2）公告用语要简练准确。公告的庄重性要求公告的语言要"文简而事白"、"文简而事丰"，用词要简练准确，不宜过多地陈述意义，也不宜用夸张、比喻一类修辞手法，语气要较为平和，以显示公告的庄重性。

（3）公告主题要集中、正确。公告主题要具体集中，围绕一个基本观点来写，绝不可脱离主题而言其他；要尽量避免多观点在公告中出现，影响公告的庄重性。公告主题必须符合实际、符合党和国家的最高利益，符合人民的根本利益，符合历史发展的总趋势。公告是面向国内外发布的，其涉及面广、影响大，因此，公告写作尤其要反复斟酌，谨慎行文。写作过程中要求事务部分做到准确清晰，不能模棱两可、含混不清，务求具体，具备可操作性，不能笼而统之。

五、范例

重要事项的公告

中共中央组织部　人力资源和社会保障部　国家公务员局

中央机关及其直属机构 2013 年度考试录用公务员公告

为满足中央机关及其直属机构录用公务员的需要，根据公务员法和公务员录用的有关规定，中共中央组织部、人力资源和社会保障部、国家公务员局将组织实施2013 年度中央机关及其直属机构考试录用担任主任科员以下及其他相当职务层次非领导职务公务员工作。中央机关及其省级直属机构除特殊职位外，全部招录具有 2 年以上基层工作经历的人员，其中 12% 左右的职位专门用于招收服务期满、考核合格的大学生村官、"三支一扶"计划、"农村义务教育阶段学校教师特设岗位计划"、"大学生志愿服务西部计划"等服务基层项目人员；中央直属机构市（地）级职位、县（区）级及以下职位（含参照公务员法管理的事业单位），10%左右的职位专门用于招录服务期满、考核合格的大学生村官等服务基层项目人员。现将有关事项公告如下：

一、报考条件

……

招考职位明确要求有基层工作经历的，报考人员必须具备相应的基层工作经历。基层工作经历，是指具有在县级以下党政机关、国有企事业单位、村（社区）组织及其他经济组织、社会组织等工作的经历。离校未就业高校毕业生到高校毕业生实习见习基地（该基地为基层单位）参加见习或者到企事业单位参与项目研究的经历，可视为基层工作经历。在军队团和相当于团以下单位工作的经历，可视为基层工作经历。报考中央机关的人员，在地（市）直属机关工作的经历，也可视为基层工作经历。以上基层工作经历的截止时间为 2012 年 10 月底。

招考职位要求有农村基层服务项目工作经历的，报考人员应为服务期满且考核合格的大学生村官、"农村义务教育阶段学校教师特设岗位计划"、"三支一扶"计划和"大学生志愿服务西部计划"等服务基层项目人员。以上服务期满的截止时间为 2012 年 10 月底。

……

二、报考程序

（一）职位查询

各招录机关具体的招考人数、职位、考试类别、资格条件等详见《中央机关及其直属机构 2013 年度考试录用公务员招考简章》（以下简称《招考简章》）。

报考人员在 2012 年 10 月 13 日后可以通过以下网站查阅《招考简章》：

……

对《招考简章》中的专业、学历、学位、资格条件、基层工作经历以及备注的内容等信息需要咨询时，请报考人员直接与招录机关联系，招录机关的咨询电话可以通过上述网站查询。

有关报考政策、报名网络技术和考场考务安排等事宜的详细情况，请参阅《报考指南》。

（二）网上报名

本次考试报名主要采取网络报名的方式进行。报考人员可登录中央机关及其直属机构 2013 年度考试录用公务员专题网站（以下简称考录专题网站）http://bm. scs. gov. cn/2013 进行网上报名。也可以通过人力资源社会保障部门户网站（http：//www. mohrss. gov. cn）或国家公务员局门户网站（http：//www. scs. gov. cn）上的相关链接登录考录专题网站。

网上报名按以下程序进行：

......

（三）报名确认

通过资格审查的报考人员需要进行报名确认。报名确认采取网上确认的方式进行，报考人员请于 2012 年 11 月 2 日 9：00 至 7 日 16：00 在所选考区考试机构网站进行网上报名确认及缴费。未按期参加报名确认并缴费者视为自动放弃考试。

......

（四）网上打印准考证

报名确认成功后，报考人员请于 2012 年 11 月 19 日 10：00 至 24 日 12：00 期间，登录所选考区考试机构网站下载打印准考证。打印中如遇问题，请与当地公务员考试机构联系解决。

三、考试内容、时间和地点

（一）笔试

1. 内容。......

2. 时间地点。公共科目笔试的时间为 2012 年 11 月 25 日。具体安排为：

......

3. 成绩查询。......

（二）面试和专业科目考试

......

四、体检和考察

面试和专业科目考试结束后，将按照综合成绩从高到低的顺序确定进入体检和考察的人选。

综合成绩的计算方法为：公共科目笔试总成绩（非通用语职位和特殊专业职位笔试合成成绩）占 50%，面试成绩和专业科目考试成绩共占 50%。

五、公示拟录用人员名单

拟录用人员由招录机关按规定的程序和标准从考试成绩、考察情况和体检结果合格的人员中综合考虑，择优确定，并在考录专题网站上公示。公示内容包括拟录用人员姓名、性别、准考证号、所在工作单位或毕业院校，同时公布举报电话，接受社会监督，公示期为 7 天。

特别提示：

本次考试不指定考试辅导用书，不举办也不委托任何机构举办考试辅导培训班。目前社会上出现的假借公务员考试命题组、专门培训机构等名义举办的辅导班、辅导网站或发行的出版物、上网卡等，均与本次考试无关。敬请广大报考者提高警惕，切勿上当受骗。

2012 年 10 月 1 日

法定事项的公告

中华人民共和国最高人民检察院公告

《最高人民检察院关于行贿犯罪档案查询工作的规定》已于 2013 年 1 月 16 日由最高人民检察院第十一届检察委员会第八十四次会议通过，现予公布，自即日起施行。

最高人民检察院
2013 年 2 月 6 日

最高人民检察院关于行贿犯罪档案查询工作的规定

第一章 总 则

第一条 为了充分发挥法律监督职能作用，有效遏制贿赂犯罪，促进诚信建设，服务经济社会科学发展，人民检察院实行行贿犯罪档案查询制度。

第二条 人民检察院统一建立全国行贿犯罪档案库，录入行贿犯罪信息，向社会提供查询。

第三条 行贿犯罪档案查询工作应当依法、客观、及时、便利。

单位、个人应用行贿犯罪档案查询结果应当正当、诚实、守信，不得滥用。

第四条 人民检察院不参与、不干预对经查询有行贿犯罪记录的单位和个人的具体处置。

第五条 人民检察院应当对行贿犯罪档案查询结果应用情况进行跟踪、了解。

第六条 人民检察院在行贿犯罪档案查询工作中，应当保障当事人的合法权益，不得泄露国家秘密、商业秘密和个人隐私。

第七条　人民检察院行贿犯罪档案查询工作接受社会监督。

第二章　行贿犯罪档案库

第八条　人民检察院收集、整理、存储经人民检察院立案侦查并由人民法院生效判决、裁定认定的行贿罪、单位行贿罪、对单位行贿罪、介绍贿赂罪等犯罪信息，建立行贿犯罪档案库。

第九条　人民检察院自人民法院判决、裁定生效之日起 30 日内将行贿犯罪等信息录入行贿犯罪档案库。

第十条　行贿犯罪等信息一经录入不得修改、删除。但是，下列情形除外：

（一）人民法院对贿赂犯罪案件改判的；

（二）录入信息内容存在错误、遗漏的。

第三章　查询受理

第十一条　单位和个人可以根据需要直接到人民检察院申请查询行贿犯罪档案，也可以通过电话或者网络预约查询。

第十二条　国家机关主管部门对有关单位或者个人进行行贿犯罪档案查询的，由同级人民检察院受理。

国家机关主管部门以外的单位对其他单位或者个人进行行贿犯罪档案查询的，由申请单位住所地人民检察院受理。

第十三条　公司、企业对本公司、企业进行行贿犯罪档案查询的，由公司、企业住所地或者业务发生地人民检察院受理。

个人对本人进行行贿犯罪档案查询的，由个人住所地人民检察院受理。

第十四条　涉及国（境）外的行贿犯罪档案查询，由省级以上人民检察院受理。

第十五条　申请查询应当提交查询申请和身份证明。

单位申请查询的，应当提交查询申请（加盖单位公章），经办人有效身份证明及复印件，以及相关证明材料。申明查询事由，详细提供被查询单位名称和组织机构代码，被查询个人的姓名和身份证号码。

……

第三十三条　人民检察院行贿犯罪档案查询工作人员违反法律、纪律规定和保密规定的，应当追究相应责任。构成犯罪的，依法追究刑事责任。

第八章　附　则

第三十四条　本规定由最高人民检察院负责解释。

第三十五条　本规定自发布之日起施行。2009 年 6 月 10 日最高人民检察院颁布施行的《关于行贿犯罪档案查询工作规定》同时废止。

第十一章 通 告

一、通告的含义和类型

1. 含义

通告是用于在一定范围内公布应当遵守或者周知的事项的告知性和指导性公文。通告具有行政约束力和法律效力，发布后其适用范围内的社会各有关方面人员均应遵守或广泛知晓。由于通告是直接面对广大公众的公文，需要其适用范围内的所有人能及时了解、掌握，发布时可以采用张贴、登报、广播、电视等方式。

2. 类型

根据内容和性质，通告可分为规定性通告、具体事务性通告和周知性通告三类。规定性通告用于根据法律法规公布一定地区或行业范围内的有关人员应当遵守和执行的事项，具有强制执行的特性和很高的权威性。具体事务性通告用于在一定范围内公布需要周知或需要办理的事项。周知性通告用于在一定范围内公开告知一般事项，以发布消息为主，不具有直接的行政约束力。

二、通告的特点

通告具有法规性、强制性和周知性的特点。

（1）法规性。通告一般是国家行政机关和企事业单位根据自己职权范围发布，具有一定的法规性和行政约束力。它所通告的事项，有关单位或人员必须遵守或者周知。

（2）强制性。通告中提出的规定和要求往往带有法规性质，有关单位和个人必须遵照执行，不得违反。

（3）周知性。通告要求"一定范围内"周知，因此其周知范围不大，往往限于一个行业、系统或部门，有的通告仅仅在单位内部张贴。

三、写作格式和方法

通告一般由标题、正文、署名和成文日期组成。

1. 标题

通告标题的写法一般有四种：第一种由发文机关、事由和文种构成；第二种由发文机关和文种构成；第三种由事由和文种构成；第四种只写文种"通告"二字。

2. 正文

正文一般由开头、主体和结语三部分构成。

开头一般写明发布通告的原因、依据、目的和意义。

主体即通告正文的主要部分，要写明所发通告事项的具体内容，这些事项是具体的规定和要求等，是"一定范围内有关单位或有关人员应该周知或遵守的"。这部分要求内容集中，阐述要明白具体，以便于领会和遵守。在写作形式上可以分段写，也可以分条列明，必须简明、通俗、准确，条分缕析，以便于执行。主体内容一般分项进行表述。

结语即正文结尾，可对通告内容做出强调和要求，如"以上各点，希遵照执行"；或对通告执行加以说明，如"本通告自公布之日起执行"；或提出奖惩要求，如"对……有功单位和人员，给予表扬和奖励"、"对违反本通告者将依法严惩"；或以习惯用语"特此通告"作结。也有些通告正文没有结尾。

3. 签署和成文日期

通告的发文机关和成文日期一般标于文末右下方。有的通告只有成文日期，没有署名，因为发文机关已在标题中标注。

属于专门性的通告，虽然发文机关已在标题中标出，但仍须由依法能以自己名义行使权利和担负义务的组织或个人署名，并且冠以职衔，以示郑重和负责。

四、写作的基本要求

（1）内容集中、中心突出。要紧紧围绕中心来表述，明确规定有关事项。做到表达清楚、简明易懂、易于执行。

（2）体现政策性。通告具有很强的政策性，是国家法律法规和方针政策在一定范围内和某些事项上的具体体现。因此，通告的事项要符合政策规定，不得与政策相违背。

（3）注重大众性。通告是向一定范围内的公众公布必须遵守的事项，有的要求家喻户晓、妇孺皆知。因此，通告必须注意语言表达的准确性、大众化，做到通俗易懂，以适应受众不同文化层次的要求。

五、范例

规定性通告

成都市公安局通告

为确保2012年第十三届中国西部国际博览会（以下间称"第十三届西博会"）在我市顺利进行，依照《中华人民共和国道路交通安全法》的有关规定，特作如下通告：

一、2012年9月25日下午16：00至18：30以香格里拉大酒店为中心，北至锐钯街、水井街、双槐树街、星桥街，南至滨江路，西至桥北路口，东至九眼桥路口的区域内实施交通管制。禁止无第十三届西博会机动车车证的车辆通行，该路段沿线单位及个人的机动车辆凭行驶证等相关证件通行。

二、2012年9月25日下午17：00至20：30以省体育馆为中心，北起人民南路四段跳伞塔路口，南至人民南路四段领事馆路路口、西至玉林东路与玉林街交叉路口（含玉林东路）以内的区域实施交通管制，禁止无第十三届西博会机动车车证的车辆通行，该路段沿线单位及个人的机动车辆凭行驶证等相关证件通行。同时将对通过人民南路（红照壁至三环路天府立交）的车辆实施总量控制。

三、2012年9月26日上午8：00至下午13：30以世纪城为中心，世纪城路北起天府大道广电路口至世纪城路濯锦南路路口，东起濯锦南路绕城高速路口至世纪城南大门路口、南起世纪城南大门路口至天府大道成达路口，西起天府大道成达路口至广电路口（不含天府大道）以内的区域（含世纪城路，原环馆路全线）实施交通管制，禁止无第十三届西博会证件的车辆通行，该区域内的单位及个人机动车辆凭行驶证等相关证件通行。同时将对通过天府大道（华阳左岸花都路口至三环路天府立交）、人民南路（红照壁至三环路天府立交）的车辆实施总量控制。

四、执行第十三届西博会安保任务的特种车辆车不受上述规定限制，公交车除世纪城路、滨江东路外不受上述规定限制。

　　五、违反本通告规定的，由公安交通管理部门依照《中华人民共和国道路交通安全法》以及相关法律法规的规定实施处罚，并实行累计记分管理。

成都市公安局
2012 年 9 月 24 日

具体事务性通告

穗府〔2013〕21 号

广州市人民政府关于加强重阳节期间
白云山登高活动安全管理工作的通告

　　为确保 2013 年重阳节期间白云山登高活动的安全，避免出现安全事故，现就加强重阳节期间白云山登高活动安全管理工作通告如下：

　　一、10 月 12 日至 10 月 13 日两天，暂停出售白云山月票、半年卡、年卡，暂停办理各单位组织的集体登白云山活动。建议市民特别是老年人、儿童和体弱者避免在登山人流高峰的时间段（12 日、13 日晚）上山游览。

　　二、10 月 12 日凌晨 6 时至 10 月 14 日凌晨 4 时，除执行任务的车辆外，禁止其他车辆上山。执行任务的车辆需凭广州市 2013 年重阳节白云山群众登高活动安全工作指挥部发放的车证上山，并按规定路线行驶和规定地点停放。

　　三、重阳节期间，除摩星岭、山顶广场外，其他山峰以及无登山路径的山坡暂停开放。登山游客应当严格按照指定线路登山游览，在登山游览时，应当遵守秩序，配合管理，避免在拥挤、狭窄地段聚集，避免在道路两旁、进出口地段滞留，严禁结伙斗殴、追逐、拦截他人等各种寻衅滋事行为，严禁扰乱公共场所秩序。发生上述违法行为的，由公安机关依照《中华人民共和国治安管理处罚法》第二十六条规定进行处罚；构成犯罪的，依法追究刑事责任。

　　四、严禁非法携带枪支、弹药或者弩、匕首等管制器具登山，禁止非法携带烟花、爆竹、孔明灯、氢气球、香烛、灯笼、打火机、火柴等易燃易爆物品登山。发生上述违法行为的，由公安机关依照《中华人民共和国治安管理处罚法》第三十条、

第三十二条规定进行处罚；构成犯罪的，依法追究刑事责任。

五、不得损坏景观景物和游览、服务、公共交通设施以及其他公共设施，不得攀、折、钉、拴树、竹，不得践踏、采摘花草，不得随地丢弃烟头、焚烧垃圾以及烧烤、焚香、生火、吸烟，不得随地吐痰、便溺，不得随意抛弃瓜果皮核、纸屑及其他废弃物。发生上述违法行为的，由白云山风景名胜区管理机构依照《广州市白云山风景名胜区保护条例》第二十七条规定进行处罚；构成犯罪的，由公安机关依法追究刑事责任。

六、持有合法营业证照的商店、餐饮点经营者，应当在核定的场所内从事经营活动，履行责任区市容环境卫生责任；经营的食品应当符合食品安全标准，符合质量卫生安全要求；应当遵守价格法律、法规规定，不得哄抬价格，不得违法提高价格。发生上述违法行为的，由城市管理综合执法部门和工商、食品药品监管、价格行政管理部门分别依照《广州市市容环境卫生管理规定》第五十七条，《中华人民共和国食品安全法》第八十五条、第八十六条、第八十七条，《广州市食品安全监督管理办法》第三十六条，《广东省实施〈中华人民共和国价格法〉办法》第四十三条、第四十六条，《价格违法行为行政处罚规定》第五条、第六条、第七条、第八条等相关条款规定进行处罚；构成犯罪的，由公安机关依法追究刑事责任。

七、擅自从事经营活动的无照经营行为，由工商行政管理部门依照《无照经营查处取缔办法》第九条、第十四条等相关条款规定进行查处取缔，并没收违法所得；拒绝、阻碍工商行政管理部门依法查处无照经营行为，构成违反治安管理行为的，由公安机关依照《中华人民共和国治安管理处罚法》第五十条规定予以处罚；构成犯罪的，依法追究刑事责任。

八、请登山游客增强自我保护意识，提高自我保护能力。如遇突发事件，各有关部门应当按照广州市突发事件总体应急预案及其他相关应急预案规定的程序和要求启动应急预案，做好应急处置与救援工作；登山游客应当服从指挥和安排，配合各项应急处置措施，积极参加应急救援工作，协助维护景区秩序。

九、本通告有效期为 10 月 12 日至 10 月 14 日。

广州市人民政府

2013 年 9 月 26 日

周知性通告

韶府〔2013〕62号

韶关市人民政府关于市区廉租住房保障和
经济适用住房供应对象标准的通告

  根据《韶关市区经济适用住房管理实施办法》（韶关市人民政府令第43号）、《韶关市区廉租住房保障实施办法》（韶关市人民政府令第45号）、《关于印发韶关市住房保障制度改革创新方案的通知》（韶府办〔2012〕125号）和《韶关市人民政府办公室关于提高我市城乡居（村）民2013年最低生活保障标准的通知》（韶府办〔2013〕57号）精神，现将我市市区（浈江区、武江区）廉租住房保障和经济适用住房供应对象的家庭收入标准和住房困难标准通告如下：

  一、廉租住房保障对象

  （一）家庭收入标准：低于每人每月600元以内。

  （二）住房困难标准：家庭人均住房建筑面积低于13平方米。

  二、经济适用住房供应对象

  （一）家庭收入标准：低于每人每月1 200元以内。

  （二）住房困难标准：家庭人均住房建筑面积低于13平方米。

韶关市人民政府
2013年10月22日

第十二章　意　见

一、意见的含义和类型

1. 含义

意见是"用于对重要问题提出见解和处理办法"的公文文体。这种公文，既可以是上行文，提出见解或建议；也可以是下行文，提出指导性意见。中共中央办公厅1996年5月3日发布的《中国共产党机关公文处理条例》中，将"意见"列为正式公文文种。2001年1月1日起施行的《国家行政机关公文处理办法》，也把"意见"列为公文文种。《党政机关公文处理工作条例》保留了这一文种。

2. 类型

按内容可把意见分为指导性意见、建议性意见、商洽性意见。

指导性意见是用于布置工作的下行文，对下级有一定的规范作用和行政约束力。其突出特点是强调指导性，并注重原则性和灵活性的结合，为下级办文留有创造性的余地。建议性意见是向上级提出工作设想和建议的上行文，又可分为呈报类意见和呈转类意见。呈报类意见是直接向上级提出建议、意见供作决策参考，而呈转类意见则是就某一方面工作向上级提出意见后，经上级同意，转发更大范围内执行。商洽性意见是就某项工作向平行的部门提出本单位的看法和见解，一般用作不相隶属单位或平行机关之间协商工作、解决问题。

二、意见的特点

（1）行文方式的多样性。与其他公文不同，意见的行文范围更为广阔，既可上行，也可下行，还可平行，非常灵活。

（2）内容的广泛性。内容涉及政治、经济、文化及社会生活的各个领域，如有必要，各个领域的重要问题都可以用意见这一文种提出见解和处理办法。

（3）作用的多重性。有的意见具有指导、规范作用；有的具有建议、参考作用；

有的具有评估、鉴定作用；有的具有批评作用。

三、写作的格式和方法

意见一般由标题、主送机关、正文、签署和成文日期构成。

1. 标题

意见的标题有两种形式：一是由发文机关、事由、文种构成；二是由事由和文种构成。

2. 主送机关

如果意见作为独立文种出现，应写明主送机关，可以是上级机关、平行机关或下级机关；如果作为非独立公文，则可以省略。

3. 正文

正文的结构一般相对比较简单，分为开头、主体、结尾三部分。

开头主要交代提出意见的根据、缘由、背景、目的、目标等，以"提出以下意见"为过渡，引出正文的主体部分。

主体是意见内容的核心所在，一般采用分条、列项式写法，逐项阐明观点、提出措施等。要写明问题或工作的具体内容，还要写明处理问题的办法及对问题的见解，提出落实的具体措施，有明确的要求和希望。

结尾处一般以"以上意见供领导参考"、"以上意见如无不妥，请批转××执行"等作结束语。但指导性意见则不需结束语。

4. 签署和成文日期

意见的发文机关署名和成文日期编排于文末右下方。

四、写作的基本要求

（1）针对性要强。要针对工作中亟待解决的重大问题或者尚未引起重视的薄弱环节提出意见和建议，要言之有物，确有必要，切实解决工作中遇到的重大问题，改进工作中存在的薄弱环节。

（2）操作性要强。要在深入调查研究，切实了解工作现状的基础上提出见解和建议，所提办法和措施要对症下药，明确具体，符合客观实际，具有可操作性，不能坐而论道，大而无当。

（3）注意与其他文种的区别。意见应用范围非常广，既可上行、下行，还可平行，由此容易导致与各类文种的混淆。譬如指导性意见与决定、通知，建议性意见与请示、报告，它们之间都存在着相似性，极易混淆，须厘清它们之间的差别（后面详述），进而准确地运用意见这一文种。

五、范例

指导性意见

国发〔2013〕25号

国务院关于加快棚户区改造工作的意见

各省、自治区、直辖市人民政府，国务院各部委、各直属机构：

棚户区改造是重大的民生工程和发展工程。2008年以来，各地区、各有关部门贯彻落实党中央、国务院决策部署，将棚户区改造纳入城镇保障性安居工程，大规模推进实施。2008年至2012年，全国改造各类棚户区1 260万户，有效改善了困难群众住房条件，缓解了城市内部二元矛盾，提升了城镇综合承载能力，促进了经济增长与社会和谐。但也要看到，目前仍有部分群众居住在棚户区中。这些棚户区住房简陋，环境较差，安全隐患多，改造难度大。为进一步加大棚户区改造力度，让更多困难群众的住房条件早日得到改善，同时，有效拉动投资、消费需求，带动相关产业发展，推进以人为核心的新型城镇化建设，发挥助推经济实现持续健康发展和民生不断改善的积极效应，现提出以下意见：

一、总体要求和基本原则

（一）总体要求。以邓小平理论、"三个代表"重要思想、科学发展观为指导，适应城镇化发展的需要，以改善群众住房条件作为出发点和落脚点，加快推进各类棚户区改造，重点推进资源枯竭型城市及独立工矿棚户区、三线企业集中地区的棚户区改造，稳步实施城中村改造。2013年至2017年改造各类棚户区1 000万户，使居民住房条件明显改善，基础设施和公共服务设施建设水平不断提高。

（二）基本原则。

1. 科学规划，分步实施。要根据当地经济社会发展水平和政府财政能力，结合城市规划、土地利用规划和保障性住房建设规划，合理确定各类棚户区改造的目标任务，量力而行、逐步推进，先改造成片棚户区、再改造其他棚户区。

2. 政府主导，市场运作。棚户区改造政策性、公益性强，必须发挥政府的组织引导作用，在政策和资金等方面给予积极支持；注重发挥市场机制的作用，充分调动企业和棚户区居民的积极性，动员社会力量广泛参与。

3. 因地制宜，注重实效。要按照小户型、齐功能、配套好、质量高、安全可靠的要求，科学利用空间，有效满足基本居住功能。坚持整治与改造相结合，合理界定改造范围。对规划保留的建筑，主要进行房屋维修加固、完善配套设施、环境综合整治和建筑节能改造。要重视维护城市传统风貌特色，保护历史文化街区、历史建筑以及不可移动文物。

4. 完善配套，同步建设。坚持同步规划、同步施工、同步交付使用，组织好新建安置小区的供水、供电、供气、供热、通讯、污水与垃圾处理等市政基础设施和商业、教育、医疗卫生、无障碍设施等配套公共服务设施的建设，促进以改善民生为重点的社会建设。

二、全面推进各类棚户区改造

……

三、加大政策支持力度

……

四、提高规划建设水平

……

五、加强组织领导

（一）强化地方各级政府责任。各地区要进一步提高认识，继续加大棚户区改造工作力度。省级人民政府对本地区棚户区改造工作负总责，按要求抓紧编制 2013 年至 2017 年棚户区改造规划，落实年度建设计划，加强目标责任考核。市、县人民政府要明确具体工作责任和措施，扎实做好棚户区改造的组织工作，特别是要依法依规安置补偿，切实做到规划到位、资金到位、供地到位、政策到位、监管到位、分配补偿到位。要加强信息公开，引导社会舆论，主动发布和准确解读政策措施，及时反映工作进展情况。广泛宣传棚户区改造的重要意义，尊重群众意愿，深入细致做好群众工作，积极引导棚户区居民参与改造，为推进棚户区改造营造良好社会氛围。

（二）明确各部门职责。住房城乡建设部会同有关部门督促各地尽快编制棚户区改造规划，将任务分解到年度，落实到市、县，明确到具体项目和建设地块；加强协调指导，抓好建设进度、工程质量等工作。财政部、发展改革委会同有关部门研究加大中央资金补助力度。人民银行、银监会研究政策措施，引导银行业金融机构继续加大信贷支持力度。国土资源部负责完善土地供应政策。

（三）加强监督检查。监察部、住房城乡建设部等有关部门要建立有效的督查制度，定期对地方棚户区改造工作进行全面督促检查；各地区要加强对棚户区改造的监督检查，全面落实工作任务和各项政策措施，严禁企事业单位借棚户区改造政策建设福利性住房。对资金土地不落实、政策措施不到位、建设进度缓慢、质量安全问题突出的地方政府负责人进行约谈，限期进行整改。对在棚户区改造及安置住房建设、分配和管理过程中滥用职权、玩忽职守、徇私舞弊、失职渎职的行政机关及其工作人员，要依法依纪追究责任；涉嫌犯罪的，移送司法机关处理。

国务院

2013 年 7 月 4 日

建议性意见

×××〔2013〕××号　　　　　　　　　　　　　　　签发人：×××

××省农业厅关于发展我省观光旅游农业的意见

×××省人民政府：

随着我省农业产业结构调整步伐的加快和人民生活水平的不断提高，发展观光旅游农业已成为农村经济新的增长点。为科学有效地开发利用农业资源，促进农村经济发展，现就发展我省观光旅游农业的有关问题，提出如下意见：

一、指导思想、任务目标与原则

（一）指导思想：以党的十五大和十五届五中全会精神为指导，以农业资源综合开发利用和保护为基础，以提高经济和社会效益为中心，逐步把观光旅游农业培育成具有一定生机和活力的新兴产业，促进农村经济全面发展。

（二）任务目标：力争经过5—10年的努力，在旅游景区周围、交通干线两侧和主要农副产品生产基地，构筑起点、线、面相结合的全市观光旅游农业新格局；建立起一批不同特色、不同层次和规模，具有观光、休闲、体验和科普等多功能的观光旅游农业基地；通过发展观光旅游农业，进一步优化农村经济结构，增加农民收入，加快农村城镇化发展步伐。

（三）遵循原则：

1. 注重实效、循序渐进的原则。观光旅游农业是经济和社会发展到一定阶段的产物。各市、县（市）区要抓住机遇，因势利导，坚持速度、规模和效益的统一。近期，优先开发生产基地有规模、资源环境好和交通便利的观光旅游项目，积累经验，逐步展开。

2. 全面规划、突出特色的原则。各地要从实际出发，制定科学的发展观光旅游农业规划。要适应回归自然和观光休闲的心理，注重文化品位，突出地方特色，体现乡土风情，展示农业高科技成果。

3. 用市场机制开发建设的原则。发展观光旅游农业，项目建设、资金投入和经营管理要按照市场经济的要求，鼓励多种经济成分参与开发建设。

4. 开发与保护相结合的原则。发展观光旅游农业要正确处理资源开发和保护的关系，防止滥占耕地，加强环境保护，实现观光旅游农业与农村经济的协调发展。

二、区域布局与重点项目

全省发展观光旅游农业，按照由近及远，功能配套，点线面连接，依托农业资源，结合旅游景区建设的构思布局。

……

三、几项政策措施

（一）观光旅游农业享受农业税收的有关政策。利用"四荒"资源兴建的项目，执行"四荒"开发的相关政策。

（二）加大对观光旅游农业建设项目的投入。观光旅游农业是农业发展和农民增收的新增长点。市、县（市）区要作为扶持的重点，分别列出专项资金，用于项目基础设施的扶持投入或贷款贴息，各级发改委、农业、林业、水利、交通、供电、电信等部门，要根据职责分工，对省里规划建设的重点项目给予积极支持。

（三）搞好观光旅游农业的服务设施建设。景区建设是观光旅游农业的基础，必须高起点、高品位规划，高标准、高质量建设，并与农田水利、农村小城镇、旅游景区、农业科技园区以及农业结构调整有机结合起来。根据项目进展情况，适时开辟农业观光旅游专线，为游客出游提供方便。加强导游人员的业务培训，搞好餐饮、娱乐和住宿等服务业的配套项目建设，并尽快开发观光农业产品、生态旅游商品，不断丰富观光旅游农业的内涵。

以上意见如无不当，请批转各部门执行。

××省农业厅

2013 年 5 月 10 日

商洽性意见

×省府办〔2013〕××号

××省人民政府办公厅关于对加强××江
××江近期防洪建设若干意见进行修改的意见

水利部办公厅：

贵厅《关于进一步征求〈关于加强××江××江近期防洪建设若干意见〉的函》（办汛〔××××〕×××号，以下简称《意见》）收悉。根据文件要求并结合我省的具体情况，现提出如下修改意见：

一、《意见》第二部分确定的Ⅱ级堤防，在×××年洪水后的堤防建设中已按Ⅱ级堤防标准进行加固，在前两次征求意见时，各省对此没有提出异议。为使《意见》更具操作性和权威性，我省建议将"今后由水利部与有关省（自治区）进一步核定"一句删除。

二、建议将《意见》第七部分第三段中的"这项工作由地方政府负责"，改为"这项工作由地方政府负责实施"。

三、鉴于××江、××江防洪体系尚未建成，第二××江上游的××、××两个大型水利枢纽均位于××省境内，以及两座水库目前防洪高度的具体做法和历史情况，我省建议在第十部分第二段中增加"关于××、××联合调度问题，仍按国汛〔××××〕××号文件执行"的内容。

以上意见，请予考虑。

××省人民政府办公厅

2013年××月××日

第十三章 通 知

一、通知的含义和类型

1. 含义

根据《党政机关公文处理工作条例》的规定，通知"适用于发布、传达要求下级机关执行和有关单位周知或者执行的事项，批转、转发公文"。由此可见，通知具有多种功能和用途，是一种指示性、告知性、部署性的公文。在各级各类机关的对外发文中，通知这一文种的应用范围最为广泛，使用频率最高。

2. 类型

通知按内容的性质可分为知照性通知，批转性通知，指示性通知，规定性通知，任免、聘用通知，会议通知共六种类型。

知照性通知是需要有关单位和个人周知某些事项的通知。批转性通知包括批转下级机关公文的通知、转发上级机关和不相隶属机关公文的通知。指示性通知又称指挥性通知，主要用于向下级机关布置工作，做出指示，但又不适宜于用命令时使用。规定性通知是以通知的形式发布规章或规定，宣布该规章或规定的执行标准和有效性，以便下级机关和有关人员遵循。任免、聘用通知用于发布任免、聘用人员，一经发出即刻生效，无需下级办理。会议通知是发布召开会议、告知有关事宜时使用的通知。

二、通知的特点

通知的突出特点有指导性、广泛性、权威性、专指性。

（1）指导性。通知虽然可以用于同级或不相隶属机关的往来，但大多数是下行文，不能用于上行文（需要送往上级机关时可采用抄送），而且有些不适宜用命令形式安排、布置工作的，多采用通知，因而通知具有一定的指导性。

（2）广泛性。通知是目前应用最广泛的文种。这种广泛，一是指作者的广泛，任何党政机关、社会团体、企事业单位，任何级别的组织，都可运用通知；二是指功能广泛，它可以用于指示工作、发布规章、转发公文、传达有关事项、通报情况、任免和聘用干部、处理日常事务等；三是指行文方向较广，通知虽以下行为主，但也用于平行。

（3）权威性。大多数通知对受文单位有一定的指导作用，使被通知者了解并执行，因而也有一定的权威性。

（4）专指性。通知大多是专门针对特定机关和有关人员发的，因此专指性较强。而通告、公告则具有泛指性。

三、写作的格式和方法

通知一般由标题、主送机关、正文、发文机关署名及成文日期构成。

1. 标题

通知的标题一般有三种写法：一是只写"通知"或文种前加定语，如"紧急通知"等；二是事由加文种；三是由发文机关、事由和文种构成。

2. 主送机关

通知的主送机关即受文单位或个人，应当在标题之下，正文之前，左侧顶格标明。如果属于普发性通知，应当概括标明下级机关名称。通知的主送机关一般为发文机关的下级机关。

3. 正文

一般来说，正文的内容主要由通知的缘由（目的、意义或依据）、通知事项、执行通知的要求或希望三部分组成。但不同类型的通知写法又有所不同。

（1）知照性通知。此类通知具有告知性的特点，不强调办理执行，写法比较简单，一般开门见山，言尽即止。

（2）批转性通知。分为两种：一种是批转，即上级机关将下级机关具有普遍意义或者典型性的来文加上批语，再用通知转发给所属的单位，作为借鉴、参考或执行；另一种是转发，即下级机关将上级机关、平级机关或不相隶属机关的来文，加上批语下发给所属单位，让其执行或参照。正文一般包括对所批转或转发文件的意见、评价或做出的决定，通知事项的意义、希望和要求。

（3）指示性通知。正文包括缘由、事项和要求三部分。在缘由部分要说明根据，阐述发布通知的目的、意义和指导思想；在通知的事项部分一般要指出工作任务、原则规定、执行要求、基本措施、注意事项等；要求部分即其结语部分，多是号召、督促、希望的内容。

（4）规定性通知。通知的正文一般由通知缘由、通知事项组成。

通知缘由是以简要的文字交代制文的目的或依据；通知事项即政策性的原则规定，分项写并加以说明，类似于法规性公文（如条例、规定、办法）的写法。

（5）任免、聘用通知。正文写法与知照性通知相似，明确任免人员的职务级别等，言简意赅，立即生效。其内容严肃，用语简洁庄重。

（6）会议通知。正文要写清楚开会的根据、目的、时间、地点，参加人员、会议内容等事项（保密性的会议除外）。

4. 发文机关及成文日期

通知要标注发文机关的名称，并在下一行编排成文日期。

四、写作的基本要求

（1）具体明确，语言简洁。事项的基本内容、理由、措施、办法等要写得具体明确，一清二楚，以便于受文机关执行。语言简洁质朴，一般不使用文学性的夸饰和含蓄、细腻的词句。

（2）要有针对性。制发通知，要遵循有关法律法规，同时应考虑到其适应性，即针对或切合受文机关的实际情况。同时，由于通知具有多功能性作用，所以切不可滥用，不能任意扩大它的功能。

（3）要及时、快捷。通知一般需要受文单位周知或办理，具有一定的时效性，制发通知一定要迅速及时，以便受文单位抓紧办理。

五、范例

知照性通知

国发〔2013〕14 号

国务院关于机构设置的通知

各省、自治区、直辖市人民政府，国务院各部委、各直属机构：

根据第十二届全国人民代表大会第一次会议审议批准的《国务院机构改革和职能转变方案》和国务院第一次常务会议审议通过的国务院直属特设机构、直属机构、办事机构、直属事业单位设置方案，现将国务院机构设置通知如下：

一、中华人民共和国国务院办公厅

二、国务院组成部门

中华人民共和国外交部

中华人民共和国国防部

中华人民共和国国家发展和改革委员会

中华人民共和国教育部

中华人民共和国科学技术部

中华人民共和国工业和信息化部

中华人民共和国国家民族事务委员会

......

监察部与中共中央纪律检查委员会机关合署办公，机构列入国务院序列，编制列入中共中央直属机构。教育部对外保留国家语言文字工作委员会牌子。工业和信息化部对外保留国家航天局、国家原子能机构牌子。环境保护部对外保留国家核安全局牌子。

三、国务院直属特设机构

国务院国有资产监督管理委员会

四、国务院直属机构

中华人民共和国海关总署

国家税务总局

国家工商行政管理总局

......

国家预防腐败局列入国务院直属机构序列，在监察部加挂牌子。国家新闻出版广电总局加挂国家版权局牌子。

五、国务院办事机构

国务院侨务办公室

国务院港澳事务办公室

国务院法制办公室

国务院研究室

国务院台湾事务办公室与中共中央台湾工作办公室、国务院新闻办公室与中共中央对外宣传办公室、国务院防范和处理邪教问题办公室与中央防范和处理邪教问题领导小组办公室，一个机构两块牌子，列入中共中央直属机构序列。

六、国务院直属事业单位

新华通讯社

......

国家自然科学基金委员会

国务院

2013 年 3 月 19 日

批转性通知

例一

国发〔2013〕6 号

国务院批转发展改革委等部门关于
深化收入分配制度改革若干意见的通知

各省、自治区、直辖市人民政府，国务院各部委、各直属机构：

国务院同意发展改革委、财政部、人力资源社会保障部《关于深化收入分配制度改革的若干意见》，现转发给你们，请认真贯彻执行。

收入分配制度是经济社会发展中一项带有根本性、基础性的制度安排，是社会主义市场经济体制的重要基石。改革开放以来，我国收入分配制度改革不断推进，与基本国情、发展阶段相适应的收入分配制度基本建立。同时，收入分配领域仍存在一些亟待解决的突出问题，城乡区域发展差距和居民收入分配差距依然较大，收入分配秩序不规范、隐性收入、非法收入问题比较突出，部分群众生活比较困难。当前，我国已经进入全面建成小康社会的决定性阶段，按照党的十八大提出的千方百计增加居民收入的战略部署，要继续深化收入分配制度改革，优化收入分配结构，调动各方面积极性，促进经济发展方式转变，维护社会公平正义与和谐稳定，实现发展成果由人民共享，为全面建成小康社会奠定扎实基础。

我国仍处于并将长期处于社会主义初级阶段，当前收入分配领域出现的问题是发展中的矛盾、前进中的问题，必须通过促进发展、深化改革来逐步加以解决。解决这些问题，也是城乡居民在收入普遍增加、生活不断改善过程中的新要求新期待。同时也应该看到，深化收入分配制度改革，是一项十分艰巨复杂的系统工程，不可能一蹴而就，必须从我国基本国情和发展阶段出发，立足当前、着眼长远、克难攻坚、有序推进。

......

各地区、各部门要深入学习和全面贯彻落实党的十八大精神，充分认识深化收入分配制度改革的重大意义，将其列入重要议事日程，建立统筹协调机制，把落实收入分配政策、增加城乡居民收入、缩小收入分配差距、规范收入分配秩序作为重要任务。各有关部门要围绕重点任务，明确工作责任，抓紧研究出台配套方案和实施细则，及时跟踪评估政策实施效果。各地区要结合本地实际，制定具体措施，确保改革各项任务落到实处。要坚持正确的舆论导向，引导社会预期，回应群众关切，凝聚各方共识，形成改革合力，为深化收入分配制度改革营造良好的社会环境。

国务院

2013 年 2 月 3 日

关于深化收入分配制度改革的若干意见

发展改革委　财政部　人力资源社会保障部

为贯彻落实党的十八大提出的"实现发展成果由人民共享，必须深化收入分配制度改革"要求，深入推进"十二五"规划实施，完善收入分配结构和制度，增加城乡居民收入，缩小收入分配差距，规范收入分配秩序，现提出以下意见：

......

例二

国办发〔2013〕86 号

国务院办公厅转发教育部等部门
关于实施教育扶贫工程意见的通知

各省、自治区、直辖市人民政府，国务院各部委、各直属机构：

教育部、发展改革委、财政部、扶贫办、人力资源社会保障部、公安部、农业部《关于实施教育扶贫工程的意见》已经国务院同意，现转发给你们，请认真贯彻执行。

国务院办公厅
2013 年 7 月 29 日

关于实施教育扶贫工程的意见

教育部　发展改革委　财政部　扶贫办
人力资源社会保障部　公安部　农业部

为贯彻党的十八大精神，落实中央扶贫开发工作会议要求和《中国农村扶贫开发纲要（2011—2020 年）》、《国家中长期教育改革和发展规划纲要（2010—2020 年）》的战略部署，充分发挥教育在扶贫开发中的重要作用，培养经济社会发展需要的各级各类人才，促进集中连片特殊困难地区（以下简称片区）从根本上摆脱贫困，现就组织实施教育扶贫工程提出以下意见：

……

指示性通知

中办发〔2013〕17 号

中共中央办公厅、国务院办公厅
关于党政机关停止新建楼堂馆所和清理办公用房的通知

近年来，各地区各部门认真贯彻中央要求，在严格控制党政机关楼堂馆所建设方面采取了一些措施，取得了一定成效。但是，近期一些地区和部门又出现了违规修建楼堂馆所的现象，损害党风政风，影响党和政府形象，人民群众反映强烈。党中央、国务院对此高度重视，强调各级党政机关要大力弘扬艰苦奋斗、勤俭节约的优良作风，认真贯彻落实中央八项规定精神，树立过紧日子的思想，全面停止新建楼堂馆所，规范办公用房管理，切实把有限的资金和资源更多用在发展经济、改善民生上。经党中央、国务院同意，现就有关事项通知如下：

一、全面停止新建党政机关楼堂馆所

自本通知印发之日起，5 年内，各级党政机关一律不得以任何形式和理由新建楼堂馆所。

（一）停止新建、扩建楼堂馆所。严禁以任何理由新建楼堂馆所，严禁以危房改造等名义改扩建楼堂馆所，严禁以建技术业务用房名义搭车新建楼堂馆所，严禁改变技术业务用房的用途。

（二）停止迁建、购置楼堂馆所。严禁以城市改造、城市规划等理由在他处重新建设楼堂馆所，严禁以任何理由购置楼堂馆所。

（三）严禁以"学院"、"中心"等名义建设楼堂馆所。严禁接受任何形式的赞助建设和捐赠建设，严禁借企业名义搞任何形式的合作建设、集资建设或专项建设。

（四）已批准但尚未开工建设的楼堂馆所项目，一律停建。

二、严格控制办公用房维修改造项目

办公用房因使用时间较长、设施设备老化、功能不全、存在安全隐患，不能满足办公要求的，可进行维修改造。维修改造项目要以消除安全隐患、恢复和完善使用功能为重点，严格履行审批程序，严格执行维修改造标准，严禁豪华装修。

中央直属机关办公用房维修改造项目，由中直管理局审批。国务院各部门办公用房维修改造项目，由国管局审批。地方各级党政机关办公用房维修改造项目的审批程序，由各省、自治区、直辖市规定。各地区要根据本地区实际制定党政机关办公用房维修改造标准和工程消耗量定额。

……

三、全面清理党政机关和领导干部办公用房

……

四、严格规范党政机关办公用房管理

……

五、切实加强领导，强化监督检查

2013 年 9 月 30 日前，各地区要将落实本通知的情况报中央办公厅、国务院办公厅；中央和国家机关各部门落实本通知的情况，按系统分别报中直管理局、国管局，汇总后报中央办公厅、国务院办公厅。中央办公厅、国务院办公厅将视情组织督促检查，并通报检查情况。

本通知所称党政机关，包括党的机关、人大机关、行政机关、政协机关、审判机关、检察机关。各级党政机关派出机构、直属事业单位及工会、共青团、妇联等人民团体适用本通知。国有及国有控股企业参照本通知执行。

本通知所称党政机关楼堂馆所，包括使用财政性资金建设的党政机关办公用房、培训中心，以及以"学院"、"中心"等名义兴建的具有住宿、会议、餐饮等接待功能的设施或场所；领导干部是指省部级以下（含省部级）各级党政领导干部。党政机关使用非财政性资金建设的楼堂馆所，参照本通知执行。

中共中央办公厅 国务院办公厅

2013 年 7 月 14 日

规定性通知

晋交政法发〔2013〕562号

关于做好《山西省高速公路管理条例》
贯彻实施工作的通知

各市交通运输局、厅直属有关单位：

新修订的《山西省高速公路管理条例》（以下简称《条例》）已于2013年9月29日山西省第十二届人民代表大会常务委员会第五次会议通过，将于2014年1月1日起施行。《条例》的颁布施行，是我省公路事业发展中的一件大事，也是我省交通运输行业法制建设的一项重要成果。为做好《条例》的贯彻实施工作，现将有关事项通知如下：

一、充分认识《条例》颁布实施的重要意义

2005年12月2日颁布的《山西省高速公路管理条例》实施以来，对于我省高速公路事业的发展发挥了重要作用。但随着经济社会发展和高速公路网规模的不断完善，以及《中华人民共和国行政强制法》、《收费公路管理条例》、《公路安全保护条例》的施行，已经不能适应我省公路发展的现实要求。……

二、认真做好《条例》的学习培训工作

……

三、广泛开展《条例》的宣传工作

……

四、切实做好《条例》的贯彻落实工作

高速公路管理机构要认真贯彻《条例》，切实履行高速公路保护职责，严格依法行政，确保各项公路保护制度落实到位。要以贯彻实施《条例》为契机，结合实际，重点抓好以下工作：

（一）进一步规范公路养护和管理工作

……

（二）抓紧做好规范性文件的清理、修订和制定工作

……

（三）加强公路管理机构和队伍建设

······

（四）及时反馈《条例》贯彻实施情况

······

五、切实加强组织领导

全省高速公路管理机构要统一思想，提高认识，把贯彻实施《条例》作为当前重要的工作任务，切实加强组织领导，统一部署，有计划、有步骤、有重点地组织实施。要成立单位主要领导牵头、各相关业务部门负责人参加的领导小组，制定贯彻实施《条例》的具体工作方案，明确目标任务、工作措施和时限要求，落实经费和人员，并加强督促检查。要向当地党委、政府汇报贯彻实施《条例》的工作情况，力争将《条例》的贯彻实施工作列入政府工作议程。

山西省交通运输厅

2013 年 10 月 28 日

任免、聘用通知

晋龙委〔2012〕71 号

中共龙湖镇委员会
关于苏育俊等同志职务任命的通知

各村党（总）支部：

根据《中共晋江市委办公室关于开展第三轮市直（教育）单位与农村（社区）党组织结对共建活动的通知》（晋委办〔2012〕52 号）和《关于做好市直党组织选派党员干部到农村（社区）兼任副书记有关工作的通知》（晋委组〔2012〕37 号）文件的要求，经研究，决定任命苏育俊等 42 名市直党组织党员干部兼任村党支部副书记，现通知如下：

任命中共晋江市委办公室支部委员会苏育俊同志为南浔村党支部副书记；

任命中共晋江市纪委机关支部委员会苏远志同志为仑上村党支部副书记；

任命中共晋江市委老干局支部委员会郑清爽同志为洪溪村党支部副书记；

任命中共福建省晋江市电力有限责任公司龙湖供电所支部委员会黄昌盛同志为鲁

东村党支部副书记；

　　任命中共福建省晋江市电力有限责任公司金井供电所支部委员会颜琨同志为钞厝村党支部副书记；

　　任命中共晋江市国家税务局第一支部委员会吴载禄同志为古盈村党支部副书记；

　　……

中共龙湖镇委员会

2012 年 7 月 19 日

会议通知

桂农业办电〔2013〕1 号

关于召开全区农业信息中心系统
2013 年度工作会议的通知

各市农业局（农委），厅机关有关处室、厅属有关单位：

　　经研究，定于 2013 年 1 月 17 日在南宁召开全区农业信息中心系统 2013 年度工作会议，会期 1 天。现将有关事项通知如下：

　　一、会议内容

　　（一）总结广西农业信息中心系统 2012 年度工作，交流工作经验。

　　（二）表彰 2012 年度信息工作先进单位和优秀个人。

　　（二）研究布置广西农业信息中心系统 2013 年工作。

　　（四）分组讨论。

　　二、参会人员

　　（一）各市农业局（农委）分管领导、信息中心主任（或农情、农业信息工作科室负责人）；

　　（二）各市农业局（农委）网站责任编辑、网站信息员、农情信息员各 1 名；

　　（三）相关县（市、区）信息员、农情员（名额分配详见附件 1）；

　　（四）厅本级优秀信息员（详见附件 2）。

三、会议时间及地点

请邕外与会人员于 2013 年 1 月 16 日下午到南宁锦华大酒店报到（地址：南宁市东葛路 1 号，总台电话：0771－2088888）；邕内与会人员于 1 月 17 日下午 14：20 到锦华大酒店报到，14：40 召开会议。

四、其他事项

（一）请各参会单位于 2013 年 1 月 15 日前把参会人员名单报自治区农业信息中心。

（二）请各市做好 2012 年度信息工作总结及 2013 年度工作计划。主要内容包括 2012 年农情、农业信息采编报送，信息服务质量年活动及农产品网上促销及网上农产品节、信息服务进企业、农业视频会议系统运行维护、苗情监测点建立、农业信息工作培训等方面的工作情况和业绩及创新点、亮点、典型（2 000 字以内），并于 2013 年 1 月 15 日前将交流材料电子稿发至自治区农业信息中心。

未尽事宜，请与自治区农业信息中心联系。联系人：李俊泽，联系电话：0771－2182856（传真），电子邮箱：361605449@qq.com。

附件：1. 县（市、区）信息员、农情员参会代表名额（略）
      2. 厅本级优秀信息员（略）

广西壮族自治区农业厅
2013 年 1 月 14 日

第十四章　通　报

一、通报的含义和类型

1. 含义

通报适用于表彰先进、批评错误、传达重要精神和告知重要情况。在党政机关公布具有普遍意义的典型事例、成功的经验和失败的教训，传达重要精神或情况的时候常常用到。通报可以是下行文，也可以是平行文。通报具有传达和告知的作用，能沟通信息和情报。

2. 类型

通报按内容和性质特点可分为批评通报、表扬通报和情况通报。

批评通报是用来批评错误典型，提醒各单位人员引以为戒，达到教育和警示的目的。表扬通报是用来表彰先进、典型，介绍先进经验，激励有关人员进一步学习先进，进而促进工作的进步。情况通报主要用于对相关工作和事件进行总结和回顾，并在一定范围传达重要精神或者情况，以供有关人员参考。

二、通报的特点

（1）典型性。通报的事例或情况一般具有典型性，即具有普遍意义，反映了工作或社会生活中具有导向性的问题。此类实例或情况一般对全局性的问题具有深远的影响，告知相关人员引以为戒或学习，以起到教育的作用。

（2）导向性。发布通报是在遵循一定的方针、政策的前提下，并以此为依据实施的。无论表彰先进、批评错误还是通报情况，都不得与方针、政策相违背。同时，通报要反映发文机关旗帜鲜明的态度，表彰性通报要表扬、激励先进，号召学习先进；批评通报要严肃批评错误，使人吸取教训，引以为戒。

（3）真实性。通报的内容必须准确无误，是对真实情况的如实描述，不得弄虚作假或夸大其词。

（4）及时性。事件的影响一般会持续一定的时期，通报只有及时将先进事迹或经验教训公布出来，才能满足人们的心理需求，达到促进工作的目的。

三、写作的格式和方法

通报一般由标题、主送机关、正文、发文机关署名和成文日期几部分构成。

1. 标题

通报的标题一般有三种写法：一是由发文机关、事由和文种构成；二是由事由和文种构成；三是仅有文种"通报"二字。

2. 主送机关

通报的主送机关一般为受文机关，应当在标题之下，正文之前，左侧顶格编排。有时为扩大影响，也可通过登报、张贴等形式发布，这时可不写主送机关。

3. 正文

通报的正文一般由通报缘由、通报事项和结语构成。

（1）通报缘由即正文的开头部分。一般简明扼要地概括出全文的主题。如果是传达上级重要精神的通报，应概括介绍重要精神的来源和基本内容；如果是传达重要情况，应扼要介绍这一情况的发生时间、覆盖面及其性质、影响等；如果是表彰通报或批评通报，则要交代单位或人物的基本情况，表明发文机关的基本态度。

（2）通报事项即主体部分。它是通报全文的重点和核心，应写明需要表彰或批评和需要传达的重要政策精神的事实。开门见山、简明地交代事情的经验、主要情节与结果，并在写清事实的基础上分析事情发生的背景、主客观原因，进而总结出经验或教训。

在这一部分里，不同类型通报写法的侧重点有所不同。表扬通报要选材恰当，实事求是，在事实基础上总结经验、分析意义，号召大家学习，要重点突出，有鼓舞和号召力。批评通报在事实基础上分析错误的主要原因，概括问题的实质所在，指出应当汲取的教训，引以为戒。情况通报根据事情的发展情况，分段分条一一加以叙述，突出重点，抓住实质，说明情况，讲清道理，以陈述为主，尽量少议论。

（3）结语即决定、要求部分。应提出或推广或戒防的要求或希望，以求得到落实。表扬性和批评性的通报，应写明组织结论与予以表彰或处理的决定，同时提出对表扬或批评对象与读者的希望、要求。为了防范和杜绝类似错误发生，在批评性通报的结尾处，通常要有针对性地提出防范的措施或规定。对于情况性通报，一般不写决定要求。

4. 发文机关署名和成文日期

通报要在正文右下方标注发文机关名称和成文日期。

四、写作的基本要求

（1）要充分体现通报事实的典型性、准确性和完整性。做好调查研究，要选择具有典型意义和指导意义的材料，只有这样通报才能发挥其应有的作用。此外，通报事实要求真实、准确、完整，让人们了解事实的全部，为达到一定的效果奠定基础。

（2）分析要深入透彻。通报正文的"分析"部分是体现写作者水平的一个重要标志。要本着实事求是的原则，力求透彻地分析典型的本质及其主、客观原因。写作时要站在一种较高的理性高度来分析认识，切忌就事论事，否则很难使受文单位及有关人员的认识得到升华并受到教益。

（3）通报要注意抓住时机，迅速及时。

（4）文风要朴实。文字表达要简洁明快，言之有物，掌握分寸，无须夸张渲染。

五、范例

批评通报

国办发〔××××〕××号

国务院办公厅关于严肃查处瞒报事故行为
坚决遏制重特大事故发生的通报

各省、自治区、直辖市人民政府，国务院各部委、各直属机构：

今年以来，××、××、××等省份连续发生多起恶意隐瞒矿山事故的事件，在社会上造成了恶劣影响。

1月12日，××省××市××县××乡××煤矿发生特大瓦斯爆炸事故，造成13人死亡；事故发生后，该矿只上报5人受伤，瞒报事故死亡人数。2月2日，××省××市××县××镇××煤矿在技改整合期间非法生产，发生特大火灾事故，造成24人死亡；事故发生后，该矿矿主瞒报谎报，其他股东和该镇个别工作人员参与瞒报。3月18日，××省××市××县××煤矿发生瓦斯燃烧事故，造成6人死亡；事故发生后，该矿矿主隐瞒不报，伪造工作记录，并组织人员把遇难矿工遗体转移到外地。同日，××省××市××区××煤矿在资源整合期间非法生产，发生特大瓦斯爆炸事故，造成21人死亡；事故发生后，该矿隐瞒不报，并破坏现场，主要责任人员逃匿。3月22日，××省××市××市××煤矿发生特大透水事故，造成15人死亡；事故发生后，该矿隐瞒不报，销毁入井记录、技术资料，阻止遇难人员家属举报，有关责任人员逃匿。

以上瞒报事故行为严重违反了有关法律法规，延误了事故抢救的最佳时机，给人民生命财产造成了更大的损失；有的无视矿工生命，不及时组织救援，甚至封井破坏事故现场，性质极其恶劣，社会影响极坏。接到举报后，地方政府及有关部门立即组织抢险救助，缉拿逃匿人员，查处瞒报责任。目前，瞒报事故的不法矿主及直接责任人除个别人员仍在逃外，均已被公安机关拘留或逮捕，瞒报责任人和个别参与瞒报的机关工作人员被移送司法机关处理，负有领导责任的有关人员已经或将受到党纪、政纪处分。

对近期发生的恶意瞒报重特大矿山事故的事件，国务院领导同志高度重视，要求迅速查明真相，依法严惩瞒报者，重申有关制度，坚决做到执法必严、违法必究，坚决维护人民群众的利益和法律的尊严。遵照国务院领导同志的重要批示精神，为严厉查处瞒报事故和事故后逃匿的违法行为，坚决遏制重特大事故的发生，特提出以下要求：

一、坚决依法惩处瞒报事故、责任人逃匿行为。（具体内容略）

二、充分发挥社会公众的监督作用。（具体内容略）

三、严肃认真查处生产安全事故。（具体内容略）

四、切实加大安全监管监察和煤矿整顿关闭工作力度。（具体内容略）

五、进一步加强舆论宣传和引导。（具体内容略）

国务院办公厅

2013年4月8日

表扬通报

国发〔2012〕47 号

国务院关于表扬全国"两基"工作先进地区的通报

各省、自治区、直辖市人民政府,国务院各部委、各直属机构:

在党中央、国务院正确领导下,经过各地区、各部门和全国人民的共同努力,2011 年我国全面实现九年义务教育,青壮年文盲率下降到 1.08%。这是我国教育改革发展的重大成就。在实施"两基"(基本普及九年义务教育、基本扫除青壮年文盲)巩固提高和"两基"攻坚过程中,各地党委政府认真贯彻落实教育法律法规和方针政策,坚持教育优先发展,突出"两基"重中之重地位,加强组织领导,广泛宣传动员,上下一心,扎实工作,许多地区作出了显著成绩,创造了丰富经验。为表扬先进,激励和动员全社会进一步重视、关心、支持教育事业,推动义务教育工作迈上新的台阶,国务院决定,对北京市顺义区等 80 个"两基"工作先进地区予以通报表扬。

希望受到表扬的先进地区再接再厉,开拓进取,改革创新,把本地区的义务教育提升到一个新水平,开创教育改革发展新局面。各地区要向受到表扬的先进地区学习,坚持以科学发展观统领教育事业全局,坚持把义务教育摆在重中之重的位置,深入贯彻落实《国家中长期教育改革和发展规划纲要(2010—2020 年)》,努力办好人民满意的教育,推动教育事业在新的历史起点上科学发展,为全面建设小康社会和中华民族伟大复兴作出新的更大贡献。

附件:全国"两基"工作先进地区名单(略)

国务院
2012 年 9 月 5 日

情况通报

安委办明电〔2013〕1号

国务院安委会办公室关于近期几起事故情况的通报

各省、自治区、直辖市及新疆生产建设兵团安全生产委员会，国务院安委会有关成员单位，有关中央企业：

近期，全国接连发生多起建筑施工、火灾和化工企业爆炸事故，给人民群众生命财产造成重大损失。对此，党中央、国务院高度重视，温家宝总理、马凯国务委员作出重要批示，要求有关方面加强交通安全、施工安全、防火防爆等工作，有效防范各类事故发生。现将有关情况通报如下：

2012年12月25日14时40分左右，中铁隧道集团二处有限公司承建的山西中南部铁路通道ZNTJ-6标南吕梁山隧道1号斜井发生爆炸事故，造成8人死亡。事故发生后该企业瞒报，12月30日经群众举报后核实，性质十分恶劣。

2012年12月28日22时左右，安徽八一化工股份有限公司氯苯车间主体装置西侧降膜吸收区域发生火灾，造成重建的年产6万吨氯苯生产装置部分设施受损，虽无人员伤亡，但因厂区邻近人口密集区，引起社会高度关注。

2012年12月31日21时左右，上海市浦东金桥地区由上海建工二建集团有限公司承建的轨道交通12号线金桥停车场在地面检修库房施工过程中浇筑平台发生坍塌，造成5人死亡。

2013年1月1日3时左右，浙江省杭州市萧山区瓜沥镇空港新城永成机械有限公司发生火灾，过火面积6 000余平方米。在灭火救援过程中，3名消防官兵牺牲。

针对上述几起事故暴露出的问题，为进一步加强建筑、消防、交通等行业领域安全生产工作，有效防范和坚决遏制各类事故发生，现提出以下要求：

一、进一步强化安全生产责任制落实。各地区、各有关部门和单位要按照《中共中央办公厅 国务院办公厅关于做好2013年元旦、春节期间有关工作的通知》和《国务院安委会办公室关于做好冬季和2013年元旦春节期间安全生产工作的通知》（安委办明电〔2012〕29号）要求，认真组织开展安全大检查，严格执行各项安全生产制度，严格落实安全生产责任制。要深化建筑施工、交通运输、化工等行业领域安全监管"一岗双责"制度，尤其要落实企业安全生产主体责任，落实法定代表人负责制，并把责任层层落实到每个环节、每个岗位、每个员工。

二、进一步强化施工现场安全管理。

......

此外，进入冬季以来，受雨雪冰冻天气影响，道路交通不安全因素较多，各地区、各有关部门和各类交通运输企业要认真落实 2012 年 12 月 31 日公安部、交通运输部、国家安全监管总局联合召开的道路交通安全工作视频会议精神，切实抓好道路交通安全工作，有效防范和坚决遏制各类交通事故尤其是重特大事故的发生。

国务院安全生产委员会办公室
2013 年 1 月 2 日

第十五章 报 告

一、报告的含义和类型

1. 含义

报告是向上级机关汇报工作，反映情况，回复上级机关的询问时使用的一种陈述性上行文。报告适用范围广，是上下级之间沟通情况、协调工作的重要公文。它使上级机关能够及时了解下情、掌握下级机关的工作情况，从而更好地指导下级机关正确贯彻执行党的路线、方针、政策。作为党政机关公文的报告，与一些专业部门开展业务工作时所使用的行业文书中的报告不是相同的概念，如"审计报告"、"评估报告"、"立案报告"、"调查报告"等，这些文书不属于党政公文的范畴，注意不要混淆。

2. 类型

按其性质和内容特点，可将报告分为工作报告、情况报告、答复报告共3种类型。工作报告一般是对本单位的全面工作进行定期的阶段性汇报，或对某项重要工作做出不定期的汇报，使上级机关能及时掌握本单位、本部门的工作进度情况，以取得上级领导机关对工作的指导、支持和帮助。情况报告是向上级部门反映工作中出现的突发情况、产生的新问题，说明突发事件的性质、原因、动态、发展等，使得上级部门能及时了解情况，妥善处理问题。答复报告一般是上级机关对某项工作、某种情况或者某个问题提出询问，下级机关对此询问进行答复时选用。

二、报告的特点

（1）综合性。报告的内容可以是"一文一事"，也可以是"一文多事"；篇幅可长可短，具有很强的伸缩性；报告的制发不受时间的限制，事前可以报告计划和设想；事中可以报告进展情况；事后可报告已完结的事项。行文可根据实际情况随时进行，文于事具有相对的滞后性，因此有"事前请示，事后报告"的说法。

（2）真实性。报告的内容一般是已经发生或正在发生的事情，文字表述多以陈述为主，这就要求对事情的描述要实事求是，不夸大也不缩小，反映真实过程和真实情况。否则，将会给上级机关制造假象，造成负面影响和决策失误。

（3）单向性。报告是上行文，目的是向上级机关提供信息、反映情况，一般不需要上级机关的答复，属于单向行文。

（4）陈述性。报告的目的是向上级机关反映情况、答复询问，写法以陈述为主，叙述清楚即可，不做理论的阐述和重要性的议论。

（5）沟通性。报告是"下情上传"的主要手段，也是上级机关获得信息、了解下情，做出决策、指导和协调工作的重要依据。上下级机关之间信息通畅，对于化解矛盾、推进工作具有重要意义。

三、写作格式和方法

报告一般由标题、主送机关、正文、发文机关署名和成文日期几部分组成。

1. 标题

报告的标题有两种写法：一是由发文机关、事由、文种构成；二是由事由和文种构成。

2. 主送机关

报告的主送机关，是指发文机关的直接上级领导机关或业务主管部门。

3. 正文

报告的正文分为开头、主体和结尾三部分。

（1）开头。开头要交代发文的原因和目的，概述主要内容和结果，然后用"现将有关情况报告如下"等过渡词语来承上启下。

（2）主体。主体部分要叙述报告的具体内容，如内容单一，可分自然段叙述；若内容较多，可分条列项，逐条叙述并可加小标题。对于工作报告，应写明做了哪些工作，取得了哪些成果。然后概括出基本经验，再写明存在的主要问题和下一步工作意见。对于问题报告，侧重写明问题状况及其来龙去脉，分析问题产生的原因，说明其后果，并提出解决问题的方法和措施。对于答复报告，则应强调针对性，紧紧围绕上级机关的询问和要求，写清问题，表明态度，提出意见。一篇完整的工作报告应包括情况简介、主要成绩、经验体会、存在问题、今后努力方向和措施等几方面。而属于检讨工作性质的报告则应写明情况、原因、责任、处理情况和意见、今后做法及措施等。

（3）结尾。结尾通常用"请审阅"、"特此报告"等习惯用语。

4. 发文机关署名和成文日期

正文的右下方要标注发文机关和成文时间。

四、写作的基本要求

（1）报告要及时。报告要不失时机，汇报工作、反映情况一定要及时，讲究时效，否则就会失去报告的意义。

（2）内容要客观真实。报告事项要客观真实，实事求是，不能欺瞒上级领导。因为报告是上级机关了解情况、制定政策、处理问题的依据，如果情况不确凿，就会给工作带来失误甚至重大损失。

（3）内容要突出重点。各类报告的内容都要突出重点，中心明确。对于综合性报告，反映的是全面工作情况，也要求主次分明，简繁适度，有点有面，重点突出，不能事无巨细、不分主次，盲目地堆砌材料。

（4）文字要精练。用词要准确，行文要简洁，汇报和反映问题要简练、直截了当。写作上以叙述为主，不过多地议论，有时可作必要的分析，使报告条理化。

（5）报告中不得夹带请示事项。报告中夹带请示事项，是撰写报告的一大忌。对于需要上级机关批准或帮助的事项，要另文"请示"，不可夹在"报告"中，以免受文机关不作答复，延误处理事情的时机。

五、范例

工作报告

都民政〔2013〕140 号   签发人：赵　武

都江堰市民政局
关于贯彻落实八项规定情况的报告

市纪委：

　　为深入贯彻落实习近平同志重要批示精神和中央、四川省、成都市和我市改进工作作风、密切联系群众的相关规定，按照市纪委的要求，我局结合工作实际，迅速行动，周密部署，强化措施，狠抓落实，取得了一定的工作成效。现将有关情况报告如下：

一、高度重视，加强工作领导

为确保厉行节约工作扎实有效开展，成立了以局长任组长、机关党委书记为副组长、各科室负责人为成员的落实厉行节约、贯彻八项规定工作领导小组，领导小组下设办公室，具体负责落实厉行节约日常工作。制定了工作方案，明确了责任分工、牵头科室职能职责、任务指标分解等工作措施。形成了一级抓一级，层层抓落实的贯彻落实厉行节约以及八项规定的工作机制。局党组要求局领导班子带头执行上级有关规定，给干部职工做出表率。

二、广泛动员，强化认识

……

三、细化指标，落实责任

（一）严格控制一般性费用支出

一是节约使用办公用品。

……

二是节约用电、用水。

……

（二）严格控制公务接待费用支出

一是严格公务接待管理。

……

二是坚决杜绝纪念品馈赠及春节期间联谊联欢活动。

……

三是严格管理各类因公差旅费支出。

……

四是深入开展内部审计工作。

……

（三）严格控制公务用车费用支出

……

四、强化措施，注重实效

（一）强化管理，措施得力。

……

（二）严格标准，加强督促。

......

五、存在的问题

我们在贯彻落实厉行节约八项要求方面做了大量的工作，取得了一定的成效，但与上级要求，仍存在一些问题和不足：一是部分干部职工节约意识还不够强，自觉性还不够高；二是全局厉行节约的工作机制还有待进一步完善。

在今后的工作中，我们将针对存在的问题和不足，严格按照上级的要求，采取切实有效的措施，建立厉行节约八项要求的长效机制，为建设国际旅游城市做出积极的贡献。

都江堰市民政局

2013 年 5 月 17 日

情况报告

×××〔2013〕××号 　　　　　　　　　　　　　　签发人：×××

××省人民政府关于××市第三棉花 加工厂特大火灾事故检查处理情况的报告

国务院：

××××年 4 月 21 日，我省××市第三棉花加工厂发生一起特大火灾事故，烧毁皮棉 101 980 担，污染 1 396 担；烧毁籽棉 5 535 担，污染 72 600 担；烧毁部分棉短绒、房屋、机器等。造成直接经济损失 20 129 000 余元，加上付给农民的棉花加价款 3 669 000 余元，共损失 23 798 000 余元。

火灾发生后，虽然调集了本省和邻省部分地区的消防人员和车辆参加灭火，保住了主要的生产厂房、设备，抢救出部分棉花，但由于该厂领导组织指挥不力，加上风大、垛密，缺乏消防水源，致使火灾蔓延，给国家造成了巨大损失。事故发生后，省委、省政府立即采取紧急措施，派有关部门负责人赶赴现场，协助调查处理这一事故，做好善后工作。经过上下通力合作，该厂于 4 月 30 日正式恢复生产。

从调查核实的情况看，这次火灾是一起重大责任事故，其直接原因是该厂临时工李××违反劳动纪律，擅自扭动籽棉上垛机上的倒顺开关，放出电火花引燃落地棉所致。但这次火灾的发生，领导负有重大责任。一是长期以来，厂领导无人过问安全工作。从去年棉花收购以来，该厂有记录的火情就有 12 次，并因仓储安全搞得不好，消防组织不健全，消防设施失灵等，多次受到通报批评。厂长段××严重丧失事业心和责任感，对火险隐患听之任之，对上级部门的批评置若罔闻，直至得知发生火灾消息后，也没有及时赶到现场组织抢救。因此，段××对这次火灾应负主要责任。分管安全生产工作的副厂长张××，工作不负责任，该厂发生的多次火情，从未研究、采取措施，对造成这次火灾负有重大责任。二是××市委、市政府对该厂的领导班子建设抓得不紧。自建厂以来，一直没有成立党的组织，班子涣散，管理混乱。这次火灾发生后，分管财贸工作的副市长×××同志，忙于参加商品展销招待会，直至招待会结束才到火灾现场，严重失职，对火灾蔓延、扩大损失负有重要领导责任。三是这次事故虽然发生在基层，但也反映出省政府、××行署的领导，在经济体制改革的新形势下，对安全生产工作中出现的新情况、新问题认识不足，抓得不力。

......

为了认真吸取这次特大火灾的沉痛教训，我们采取了以下措施：

（一）认真学习国务院关于搞好安全生产的有关规定，提高对新形势下搞好安全工作的认识。省政府于 5 月上旬发出了《关于加强安全生产工作的紧急通知》，要求各级政府、各部门认真学习有关安全工作的规定，牢固树立"安全第一，预防为主"的思想，迅速制订安全措施，建立健全安全生产、安全管理、安全监察等各项制度。××市第三棉花加工厂发生的火灾事故已通报全省。

（二）在全省开展安全生产大检查，及时消除事故隐患。从 5 月中旬开始，省政府确定由一名副省长负责，组织了 4 个检查组，到有关地市，对矿山、交通、棉储、化工、食品卫生等行业进行重点检查。各地市也分别组成检查组，进行安全检查。

（三）对××市第三棉花加工厂发生的这起特大火灾事故，省政府责成省供销社、省劳动局、省公安厅会同××地委、行署核实案情，抓紧做好善后工作。××地委、行署几次向省委、省政府写了检查报告，请示处分，并已整顿了企业领导班子，决心接受这次事故的教训。事故的性质和责任已经查明，对肇事者李××已依法逮捕，负有直接责任的厂长段××、副厂长张××依法处理。对××市政府分管财贸工作的副市长×××同志，给予行政撤职处分。

我们一定要在现有人力、物力、技术条件下，尽最大努力做好安全工作，防止此类事故的发生。

特此报告

××省人民政府

××××年××月××日

答复报告

兰农字〔2012〕87 号   签发人：×××

关于规范性文件清理工作的报告

市政府办公厅：

　　按照《兰州市人民政府办公厅关于做好全市规范性文件清理工作的通知》（兰政办发〔2012〕330 号）的精神和要求，我委对照《兰州市行政规范性文件制定和备案办法》（兰州市人民政府令〔2008〕1 号）对本单位的规范性文件进行了梳理和清理。现将清理结果随文报来，请审查。

　　附件：1. 现行有效的规范性文件目录报表
　　　　　2. 修改的规范性文件目录报表
　　　　　3. 废止的规范性文件目录报表
　　　　　4. 失效的规范性文件目录报表

　　　　　　　　　　　　　　　　　　　兰州市农业委员会
　　　　　　　　　　　　　　　　　　　2012 年 12 月 2 日

第十六章 请 示

一、请示的含义和类型

1. 含义

请示，适用于向上级请求指示、批准。请示是党政机关都广泛应用的一种上行公文。请示的适用范围较广，凡涉及有关方针政策界限、工作中的重大问题、需要上级机关予以审核批准的事项等，均应以"请示"行文。对于各机关属于超出职权范围的事项，也应向上级机关行文请示，获准后方可执行和办理。

请示与报告相比，请示向上级机关请求批复具体内容，也必须得到上级机关的答复。而报告则无须上级机关批复。对于一些重大工作和问题，或是工作中出现的新问题、新情况需要慎重处理时，必须要向上级机关和业务主管部门请示。而一些属于自己权限范围内可以解决和处理的问题、情况，不应以请示的公文形式上报，有必要让上级机关了解和知道时，可以报告的形式上报。

2. 类型

根据请示的性质和内容，可分为请批性请示和批转性请示。请批性请示用于以下四种情况：一是在实际工作中遇到新情况、新问题而本机关无法解决的；二是请求审批某些项目，譬如人、财、物等；三是对上级机关制定的方针政策存在疑问，需要上级部门给予解释和说明；四是与平行单位就某一问题存在意见分歧，需上级部门进行裁决。批转性请示主要用于以下两种情况：一是下级机关依据有关规定和本部门的管理权限，制订的某些规定、方案、规划等，需要经过上级部门的批准才能发布实行；二是下级机关在自己的职权范围内制定了相关的办法和措施，需要平级机关和不相隶属机关照办，但不能直接要求他们实施，而应当用请示的方式要求上级机关批转给有关部门执行。

二、请示的特点

（1）目的性。请示是专门用于向上级反映困难、提出要求，进而达到解决本部门问题的目的。此外，把本机关权限范围内无法解决或无力解决的，请求上级机关给予支持、帮助和明确批示的请示，只能发往特定的上级机关，让其批复。

（2）时效性。请示一般是本机关面临自身不能解决的困难，需要上级机关给予答复和解决，对下级机关而言，具有明显的时效性，如行文不及时，将会贻误工作。

（3）单一性。跟其他上行文相比，请示更要强调遵循"一事一报"的原则。在一份请示中，只能就一项工作或一种情况、一个问题做出请示，不得在一份公文中就若干事项请求指示和批准。

（4）对应性。请示与批复是双向对应的，下级机关将一份请示报给上级机关，上级机关就应该给予相应的答复。上级机关不管是否同意下级机关的请示事项，都必须给来文单位一个明确的回复。

三、写作格式和方法

请示一般由标题、主送机关、正文、发文机关签署、成文日期和附注等构成。

1. 标题

请示的标题有两种写法：一是由发文机关、事由、文种构成；二是由事由和文种构成。

2. 主送机关

确定请示的主送机关应当注意以下三个问题：

（1）主送机关只能有一个。《条例》规定，向上级机关行文，原则上主送一个上级机关，如需同时送其他上级机关或同级机关，应当用抄送的形式。受双重领导的机关向上级机关行文，应当写明主送机关和抄送机关，由主送机关负责答复其请示事项。请示如果被多头报送，可能会导致受文机关之间相互推诿或等待，行文机关就会因此而得不到任何机关的批复。

（2）只能主送上级机关，不能送领导者个人。对此，《条例》规定，"除上级机关负责人直接交办的事项外，不得以机关名义向上级机关负责人报送公文"。

（3）不得越级行文。《条例》规定，"一般不得越级行文，特殊情况需要越级行文的，应当同时抄送被越过的机关"。

3. 正文

正文包括请示的缘由、请示事项和结语三部分。

（1）请示缘由。即请示的事由或起因，是请示正文的重要构成部分。请示事项能否得到上级单位的指示批准、同意或解决，关键在于本部分的理由是否充分，是否言之有据。写作这一部分要做到抓住实质，切中要害。

（2）请示事项。即请求上级机关批准和帮助解决的具体事项，是正文的核心部分。请示的事项要符合国家法律、法规，符合实际，具有可行性和可操作性。提出的请求事项一定要明确、具体，不能混淆含糊，以便于上级机关理解和答复。

（3）结语。即请示的结尾部分，提出要求。一般用语为"当否，请批示"、"以上意见是否妥当，请指示"或"以上意见如无不妥，请批转有关单位执行"、"以上请示，请批复"等。

4. 附注

为了方便受文单位与行文单位之间联系，及时解决问题，写作请示时应通过附注的方式写明联系人和联系电话。这里所指的联系人应是能够对行文目的以及相关情况作出答复和解释的有关工作人员。

四、写作的基本要求

（1）一文一事。请示中只能提出一件请求批准的事项，或者一个需要解决的问题，以便上级机关及时、专一地进行处理。多头请示容易使主办与协办单位之间相互推诿，延误批复时间，或者由于批复意见不一致，使下级机关无所适从。受双重领导的机关，在请示问题时，应当本着谁有权力批准这一问题就请示谁的原则，可将另一上级机关列为抄送，以便对方了解情况。

（2）要把握好请示的结构。一份请示不论文字长短，其内在逻辑均是由"为什么要请示"和"请示什么问题"两大层次组成。首先要阐明请示的背景和缘由，所谓"请示什么问题"，要求上级机关为我们解决什么，其次是要求上级机关怎样来解决。

（3）区分使用请示与报告。请示与报告在行文中常被混用，因此，有必要对两者进行区别。一是两者的行文目的不同。请示一般要求上级机关给予直接的答复，即批复；报告则主要是下情上呈，不要求批复。二是两者的行文时间不同。请示必须在事前行文，待上级予以指示或批准（即批复）后，才能按上级的要求进行工作或处理有关问题，不允许"先斩后奏"；报告则可根据实际情况随时行文，事前、事中、事后均可。三是两者的行文内容不同，请示主要写带有迫切性的、需要上级机关指示、批准的事项；报告则主要着眼于汇报工作、反映情况、提出建议或回复询问。

五、范例

请批性请示

粤交科〔2013〕289 号　　　　　　　　　　　　　　　　签发人：×××

广东省交通运输厅关于转报
深圳市建设绿色低碳交通城市区域性项目实施方案的请示

交通运输部：

根据《交通运输部节能减排与应对气候变化工作办公室关于开展 2013 年度区域性、主题性项目试点工作的通知》（厅能办函〔2013〕2 号）要求，现转报《深圳市建设绿色低碳交通城市区域性项目实施方案（2013—2020 年）（送审稿）》，请审核。

附件：1. 深圳市交通运输委员会关于呈报深圳市建设绿色低碳交通城市区域性项目实施方案的请示
　　　2. 深圳市建设绿色低碳交通城市区域性项目实施方案

　　　　　　　　　　　　　　　　　　　　广东省交通运输厅
　　　　　　　　　　　　　　　　　　　　2013 年 3 月 21 日

（联系人：林陆荣；联系电话：020－83802755）

批转性请示

财×〔2013〕××号   签发人：×××

关于××××年国债发行工作的请示

国务院：

    ××××年将发行×××亿元国债。其中财政债券××亿元，国库券×××亿元，整个发行工作从三月一日开始。为保证这项工作顺利进行，现提出以下意见：

    一、发行国债是平衡财政预算，加强国家重点建设的重要措施，各级人民政府要加强领导，采取多样化的发行方式，保证完成今年国债的发行任务。

    二、继续贯彻国债优先的原则。在国库券发行期间，除国家投资债券外，其他各种债券一律不得发行。国债以外各种债券的利率不得高于同期国库券的利率。

    三、各级人民政府和国务院有关部门要严格做好国库券以外的各种债券发行的审批工作。凡未按上述规定发行的债券，各类证券中介机构不得代理发行，各证券交易场所也不得批准上市。

    以上意见如无不妥，请批转各地区、各部门执行。

                            ××××××　××××××　××××××

                                     2013 年 2 月 15 日

（联系人：×××；联系电话：××××××××）

第十七章　批　复

一、批复的含义和类型

1. 含义

批复是用于答复下级机关请示事项的公文文种。由此可见，批复属于下行文，批复和请示是一个问题的两个侧面，任何接到请示的单位都可以使用批复。提出请示的下级机关就是批复的主送机关。如果批复事项具有普遍的指导意义或规范性质，此批复也可抄送相关下级单位。其内容主要是对请示事项明确表态，或同意，或不同意，或部分同意，有时还要求来文单位对请示事项做出修正和补充。

2. 类型

根据批复内容和性质，可分为决定性批复、指导性批复、法规性批复。决定性批复是对下级机关的请示事项予以批准，并作出决定的批复。指导性批复指在答复下级机关请示事项的同时，就某方面工作的开展提出指导性的意见和要求，以利于下级机关开展工作。法规性批复用于批准下级机关拟制的行政规章，或答复下级机关提出的涉及具体法律问题的请示。

二、批复的特点

（1）针对性。批复是领导机关专门针对下级机关的请示事项而制发的，是对下级机关的请示所作的回复性文件。领导机关既可以肯定下级机关的请示事项，也可以否定下级机关的请示事项，但必须紧紧围绕请示事项行文。

（2）指示性。批复属于下行文，要求下级机关遵照上级部门的意见执行，体现上级领导机关的意志，对下级机关具有一定的约束力和指示性。

（3）权威性。批复体现上级机关的意图和权威，能够解决或审批下级机关请示事项或问题。请示事项一经批复，请示单位必须严格执行。

（4）确定性。一般而言，批复的内容相当于对下级机关请示事项的最终结论性意见，具有"一锤定音"的性质。此外，批复是对请示事项的回复，表意要准确，态度要鲜明，不允许模棱两可、态度暧昧。

（5）简明性。批复对请示事项只作结论性的表态，或提出原则性的意见，无须作具体的分析或阐述，行文务求简明扼要，用语精练简洁，语气肯定。

三、写作格式和方法

批复一般由标题、主送机关、正文、发文机关签署和成文日期等要素组成。

1. 标题

批复的标题有两种写法：一是由发文机关、发文事由和文种构成；二是为增强批复的针对性，在标题中标出此文是针对何机关的批复。批复往往要在标题中明确表明对请示事项的意见和态度，一般公文标题中多数不明确表明态度和意见。

2. 主送机关

批复要写明请示单位的具体名称，明确批复的对象。

3. 正文

正文是批复的主体和核心部分。批复正文一般由批复引据、批复内容、批复尾语三部分组成。

批复引据即正文起首语，是批复的起因或依据。主要说明应什么来文而批复，如"你单位××月××日×号文收悉"或"你单位×字×号请示收悉"等。批复的引据较为固定。

批复内容是针对请示做出的批准决定，以及补充的有关内容，明确表示同意与否的态度。对请求批准事项的批复，一般有三种情况：一是予以同意或批准；二是如不同意或不批准，需要说明理由或根据；三是"基本同意"、"原则上同意"，则要写明修正意见或补充处理办法。对请求指示事项的批复，则要针对请求指示的事项，作具体、准确的回复，以便于下级单位执行。要避免阐发议论。如果内容复杂，可分条表述。

批复尾语即正文结尾，一般用"此复"、"特此批复"惯用尾语作结，也可省略尾语。批复尾语一般不提执行要求。

四、写作的基本要求

（1）坚持"一文一事"的原则。请示要求一文一事，批复也要求与请示相对应，针对一文做一个批复，切忌一文多批复。

（2）做到"有求必答"，批复要及时。意即下级机关报上来一份请示，就必须给下级机关一份批复。不管对请示事项持何种态度，上级机关必须给出答复，而且批复要及时，不容拖拉。

（3）撰写要慎重，态度要明确。在撰写之前，发文机关要认真了解请示事项的原因、背景，研究与之有关的政策、法规等，以便确保批复的准确性和权威性。批复的态度要鲜明，观点要明确，切忌含糊其辞、模棱两可。

（4）结论科学，语气肯定。批复的结论既要符合当前的政策，又要力图解决下级机关的实际问题，以与时俱进的态度指导工作，不能怕担责任，避重就轻。

（5）用语准确。语气必须肯定，用词必须准确，表述必须清楚。容易产生歧义的词不能用于批复的写作。

五、范例

决定性批复

国函〔2013〕83 号

国务院关于同意将山东省烟台市
列为国家历史文化名城的批复

山东省人民政府：

你省《关于申请将烟台市列为国家历史文化名城的请示》（鲁政呈〔2012〕55号）收悉。现批复如下：

一、同意将烟台市列为国家历史文化名城。烟台市历史悠久，遗存丰富，文化底蕴深厚，名胜古迹众多，近代建筑集中成片，街区特色鲜明，城区传统格局和风貌保存完好，具有重要的历史文化价值。

二、你省及烟台市人民政府要根据本批复精神，按照《历史文化名城名镇名村保护条例》的要求，正确处理城市建设与保护文化遗产的关系，深入研究发掘文化遗产的内涵与价值，明确保护的原则和重点。编制好历史文化名城保护规划，并将其纳入城市总体规划，划定历史文化街区、文物保护单位、历史建筑的保护范围及建设控制地带，制定严格的保护措施。在历史文化名城保护规划的指导下，编制好重要保护地段的详细规划。在规划和建设中，要重视保护城市格局，注重城区环境整治和历史建筑修缮，不得进行任何与名城环境和风貌不相协调的建设活动。

三、你省和住房城乡建设部、国家文物局要加强对烟台市国家历史文化名城规划、保护工作的指导、监督和检查。

国务院
2013 年 3 月 14 日

指导性批复

国函〔2013〕111 号

国务院关于全国高标准农田建设总体规划的批复

各省、自治区、直辖市人民政府，发展改革委、财政部、国土资源部、水利部、农业部、人民银行、质检总局、统计局、林业局：

发展改革委关于报请审批全国高标准农田建设总体规划的请示收悉。现批复如下：

一、原则同意《全国高标准农田建设总体规划》（以下简称《规划》），请认真组织实施。

二、《规划》实施要加强统筹规划，强化政策支持，加大投入力度，着力改善农田基础设施，着力规范建设标准，着力明确管护责任，着力推进农业发展方式转变，坚持不懈推进高标准农田建设，为保障农产品有效供给、提高农业综合生产能力奠定坚实基础。

三、通过实施《规划》，到 2020 年，建成旱涝保收的高标准农田 8 亿亩，亩均粮食综合生产能力提高 100 公斤以上，其中，"十二五"期间建成 4 亿亩；高标准农田集中连片，田块平整，配套水、电、路设施改善，耕地质量和地力等级提高，科技服务能力得到加强，生态修复能力得到提升。

四、各省（区、市）人民政府要加强组织领导，根据《规划》确定的目标和任务，抓紧制定本地区高标准农田建设规划，细化配套政策，并督促县级人民政府编制实施方案，确保建设任务落实到地块。要整合资金，集中投入，连片治理，强化项目建设管理和建后管护，提高资金使用效益。

五、发展改革委要会同有关部门，按照职责分工，密切配合，加强协作，不断完善相关标准和制度，做好相关规划间的衔接，对《规划》落实情况进行跟踪分析和督促评价，确保《规划》目标任务实现。

国务院

2013 年 10 月 17 日

法规性批复

国函〔2012〕183 号

国务院关于上海市海洋功能区划
（2011—2020 年）的批复

上海市人民政府、海洋局：

上海市人民政府关于审批上海市海洋功能区划的请示收悉。现批复如下：

一、原则同意《上海市海洋功能区划（2011—2020 年）》（以下简称《区划》）。

二、上海市位于我国大陆海岸线中部，是我国经济中心城市，长江三角洲城市群的核心。全市海洋资源丰富，开发程度高，产业基础雄厚。要坚持在发展中保护、在保护中发展的原则，合理配置海域资源，优化海洋开发空间布局，实现规划用海、集约用海、生态用海、科技用海、依法用海，促进经济平稳较快发展和社会和谐稳定。

三、通过实施《区划》，到 2020 年，全市建设用围填海规模控制在 2 300 公顷以内，海水养殖功能区面积不少于 600 公顷，河口海洋保护区面积不少于 12.3 万公顷，保留区面积 12.617 万公顷，整治修复海岸线长度不少于 60 公里；围填海等改变海域自然属性的用海活动得到合理控制，渔民生产生活和现代化渔业发展得到保障，主要污染物排海总量得到控制，海洋生态环境质量明显改善，海洋可持续发展能力显著增强。

四、《区划》是合理开发利用海洋资源、有效保护海洋生态环境的法定依据，一经批准，任何单位和个人不得随意修改；确需修改《区划》范围、海岸线和海洋功能区类型的，由上海市人民政府提出修改方案，报国务院批准。编制各类产业规划涉及海域使用的，应当符合《区划》的要求。

五、要认真落实《区划》提出的各项任务和措施，不断完善海域管理的体制机制，严格执行项目用海预审、审批制度和围填海计划，健全海域使用权市场机制。坚持陆海统筹方针，切实加强海洋环境保护，地方海域使用金收入要支持海域海岸带开展综合整治修复。加大海洋执法监察力度，规范海洋开发利用秩序。加强社会和舆论监督。

国家海洋局要加强对《区划》修改工作的管理，对《区划》的实施工作予以指导、协调和监督检查。

国务院

2012 年 11 月 1 日

第十八章 议 案

一、议案的含义和类型

1. 含义

议案是用于各级人民政府按照法律程序向同级人民代表大会或者人民代表大会常务委员会提请审议事项的文种，属于建议性公文。

议案涉及的内容范围极广，诸如国民经济与社会发展计划和财政预算、决算问题，以及政治、经济、科技、文化、教育、体育等方面的重大事项，这些重大事项通过议案的形式提出，可做到依法行政，提高行政工作的效率和质量。议案也是人民代表大会及其常委会行使法律监督职责的体现，同时又是使各级人民政府的决策更趋于科学和合理的重要保证。

2. 类型

依据内容和特点，议案可分为法律法规性议案、重大事项的议案、机构和人事变动的议案三种。

法律法规性议案用来提请同级人民代表大会及其常委会审议、批准某项法律、条例、规定、办法等的草案。此种议案中提请审议的内容是已经草拟出来、待审议通过的。重大事项的议案主要是指各级人民政府提请同级人民代表大会或人民代表大会常务委员会审议其职权范围内一些比较重大事项，如变动行政机构、行政区划，决定某项重大工程、措施等的议案。机构和人事变动的议案是指人民政府用来提请同级人民代表大会及其常委会审议、批准设置机构、任免干部等的议案。

二、议案的特点

（1）法规性。议案的内容大部分涉及有关法律、法规和政策方面的重要问题，另外，提出议案和审议议案都要按照法律程序进行。如国务院向全国人大提出的议案，由主席团决定列入会议议程，国务院向全国人民代表大会常务委员会提交的议案则由委员长会议决定提请常务委员会会议审议，或先交有关专门委员会审议、提出报告，再决定提请常务委员会会议审议。地方各级人民代表大会举行会议时，本级人民政府向本级人民代表大会提出的议案，由主席团决定提交人民代表大会会议审议，或先交有关的专门委员会审议、提出报告，再由主席团审议决定提交大会表决。

（2）时效性。各级人民政府的议案，必须在同级人代会或人大常委会举行会议期间及时提出，否则不能列为议案。

（3）制作主体的特定性。《中华人民共和国全国人民代表大会组织法》第九、十条规定，"全国人民代表大会主席团、全国人大常委会、全国人大各专门委员会、国务院、中央军事委员会、最高人民法院、最高人民检察院，可以向全国人民代表大会提出属于全国人民代表大会职权范围内的议案"；"一个代表团或者三十名以上的代表，可以向全国人民代表大会提出属于全国人民代表大会职权范围内的议案"。《中华人民共和国地方各级人民代表大会和地方各级人民政府组织法》第十八条规定，"地方各级人民代表大会举行会议的时候，主席团、常务委员会、各专门委员会、本级人民政府，以及县级以上的地方各级人代会代表十人以上联名，乡、民族乡、镇的人民代表大会代表五人以上联名，可以向本级人代会提出属于本级人代会职权范围内的议案"。据此，可以看出，议案只能由具备议案提出资格的机关和人民代表提出。可以说，议案在制作主体上具有明显的特定性。

（4）行文对象的单一性。议案不是普发性公文，它只能由法定机关依照法定程序向同级人民代表大会或者人民代表大会常务委员会提交，而不能向其他任何部门和单位行文。这就是说，议案在行文对象上具有明显的单一性。

（5）内容的广泛性、重大性。议案的内容涉及范围广，提请审议的事项重大而严肃。政治、经济、法律、人事、文化、教育、卫生、民族、工农业建设等诸方面的内容都可写成议案，但所提请审议的事项必须属于该级人民代表大会职权范围以内。

三、写作格式和方法

议案因其提出者不同，一般有两种写法：一是文件式；二是表格式。具体内容分述如下：

1. 文件式

即由各级国家行政机关以正式公文的形式向同级国家权力机关报送的议案。全文由标题、主送机关、正文、签署和成文日期等要素构成。

（1）标题。由发文机关、事由和议案三要素组成。

（2）主送机关。一般写全称或规范化简称，如"全国人民代表大会"、"省人大常委会"等。

（3）正文。正文由案由、案据、方案和结语四部分组成。案由，即要讲明为什么要提议案；案据，即提出议案的依据是什么；方案，即议案要求审议的核心内容，要明确提出解决问题的途径和办法；结语，即正文结束语言，如"请予审议"、"现提请审议"等。

（4）签署和成文日期。议案一般不落政府机关名称。通常由提交议案的机关的行政首长签署，在姓名前冠以行政职务。成文日期以行政首长签署的日期为准，年、月、日都要用阿拉伯数字完整书写。

2. 表格式

即由各级人民代表大会的代表，在同级人民代表大会召开会议期间，按照法定程序填写会议统一印刷的表格，向大会提交议案。

表格式议案由表头、议案正文、专门委员会意见、提议案人四部分组成。其中，议案正文同文件式正文。

四、写作的基本要求

（1）要遵循"一案一事"的原则。这是由议案自身具有的上行文性质所决定的。它一方面要由法定机关依照法律程序提出，另一方面要由人民代表大会或其常委会审查批准。这种提请与审批的关系要求议案所涉及的内容必须而且只能是一案一事。否则，势必导致纷乱芜杂，直接影响提请审议批准。

（2）要严格区分议案与提案的区别。"议案"与"提案"不同，议案用于各级人民代表大会或人民代表大会常务委员会，而提案则用于各级政协会议和企业职工代表大会；议案在提请大会审议通过后，具有较强的约束力和法律效力，而提案则相对弱些。

（3）内容要具备效用性和完整性。撰写议案，必须具备一定的理论知识，要认真学习、掌握党和政府的方针、政策、法律、法规、条例等；同时，议案必须反映客观实际，提议案的机关或代表应在召开人民代表大会前通过视察、调查、走访等方式，广泛听取人民群众和专家学者的意见和要求，了解具体实际情况，从而使提出的议案有理有据，问题清楚，措施方法得当，切实可行。此外，要写明议案的理由和议案事项及方案，不能有所缺漏。

（4）要注意议案的格式及文号的使用。议案多采用贯通式（段落式）结构或篇段合一式结构，语言应力求简明、清楚。议案的格式必须符合提出议案的法定程序和有关规定。这就要求必须熟悉人民代表大会组织法及其他相关的程序规定等，以免因违背有关规定和程序而造成议案无效。议案的文号一般在机关代字这项内容中用"函"字标注，国务院的议案机关代字都应是"函"。因为议案的发文者和收文者一般不具有隶属关系，所以这样标注发文字号比较合适。

五、范例

法律法规性议案

国函〔2013〕××号

国务院关于提请审议
《中华人民共和国民用航空法（草案）》的议案

全国人民代表大会常务委员会：

为了维护国家的领土主权和民用航空权利，保障民用航空活动安全和有秩序地进行，保护民用航空活动当事人各方的合法权益，促进民用航空事业的发展，国务院法制局、中国民用航空总局经过广泛征求意见，总结实践经验并借鉴有关国际公约和国外经验，拟订了《中华人民共和国民用航空法（草案）》。这个草案业经国务院常务会议讨论通过，现提请审议。

国务院总理 ×××

2013 年 10 月 18 日

重大事项的议案

国函〔2012〕××号

国务院关于提请审议国务院机构改革方案的议案

全国人民代表大会：

中国共产党第十七次全国代表大会明确提出，要加快行政管理体制改革，抓紧制定行政管理体制改革总体方案。根据党中央的部署，经过认真调研，广泛听取意见，反复研究论证，形成了《关于深化行政管理体制改革的意见》和《国务院机构改革方案（草案)》，并先后经国务院常务会议、中央政治局常务委员会会议、中央政治局会议讨论和修改。党的十七届二中全会审议通过了这两个文件。现将《国务院机构改革方案》提请第十一届全国人民代表大会第一次会议审议。

国务院总理　×××

2012 年 12 月 10 日

机构和人事变动的议案

国函〔2013〕××号

国务院关于提请×××等三位同志职务任命的议案

全国人民代表大会：

根据工作需要，提请任命×××、×××同志为国务院副总理，提请任命×××同志为国务委员。

请审议决定。

国务院总理　×××

2013 年 3 月 13 日

第十九章　函

一、函的含义和类型

1. 含义

函是用于不相隶属机关之间商洽工作、询问和答复问题、请求批准和答复审批事项的公文文种。这里的"函"指公函，是商洽性公文，又称询答性公文，多用于不相隶属机关之间，作询问、答复、商洽、联系和请求批准之用，不具呈报与指示作用。但必须注意的是，函具有公文的法定效用，对受文者的行为有强制性的影响，是正式文件，与日常事务中的"便函"，如介绍信、慰问信、表扬信、批评信、贺信等不同。函属于平行文，主要用于平级机关，或不相隶属的机关之间的公务。但在上下级机关的公务活动中，也会使用。具体表现在：①下级机关向上级机关问询一般事宜，则用函；②上级机关向下级机关答复一般问题，或查询、查办、催办有关事宜，则用函；③上级机关召开一般性会议，或要求下级机关报送一些统计数字、单项材料之类的较小事项，则用函。

2. 类型

按内容作用来划分，可将函分为申请函、商洽函、询问函、答复函、告知函共5种类型。申请函即向有关职能部门请求批准事项的函。商洽函即用于请求协助、商洽解决某一问题的函。询问函即用于询问有关事项的函。答复函是受文单位答复来文单位询问或职能部门回复申请事宜时使用的函。告知函是不相隶属单位之间相互沟通信息时使用的函。

从行文方向上看，函有来函、复函。

二、函的特点

（1）灵活性。函的使用范围非常广泛，既可用于同一系统的平级单位，也可用于不相隶属单位之间商洽工作。函的内容也非常多样，凡是属于行文关系范畴的内容都可以函的形式运转，灵活多样，非常方便，日常应用较为广泛。

（2）针对性。函具有鲜明的针对性。主要表现在：内容紧紧围绕函中所提出的问题和具体事项；函中所提出的问题和具体事项是应当解决的机关有可能解决的，即应在其职权范围之内；除极个别的特殊情况外，应坚持一事一议，一函一复。

（3）多向性。函适用于不相隶属机关之间，以平行行文为主，但有时也可用于上行或下行。

（4）多样性。函的功用具有多样性，故函的适用范围较广。既可用于不相隶属单位之间商洽工作，询问、答复问题，告知事项，又可用于向业务主管部门请求批准有关事项和答复审批事项。此外，还可用于上下级之间的公务联系。

（5）平和性。函更多的是用于无领导或指挥关系的、不相隶属单位之间办理公务，所以在语言方面一般不像法规性公文的话语，而是显得尊重平和，恳切真诚。

三、写作格式和方法

函一般由标题、主送机关、正文、发文机关署名和成文日期等部分组成。

1. 标题

函的标题一般有两种写法：一是由发文机关、事由、文种组成；二是由事由、文种组成。

2. 主送机关

如是去函，其主送机关一般只有一个；如是复函，其主送机关就是来函的单位。函的主送机关应写全称或规范化简称，一般不写单位或部门领导人。

3. 正文

用途不同的函，其写法各异。若是商洽函、询问与答复函的去函，一般包括事项情况，应把商洽的原委、询问的问题、告知的情况等，写得清楚、明白、简洁；此外，还应提出希望和要求，在写这部分内容前要说原因、讲道理，以便得到对方的支持、理解或回答。若是复函，因为是给对方机关答复问题的，因此应首先在开头写明对方来文（包括函、电）是否收悉的情况。一般有 3 种表达形式：①引述来函日期，如"你单位×××年××月××日来文收悉"；②引述函件名称，如"你单位《关于……的函》收悉"；③引述发文字号，如"你单位×字〔××××〕××号文收悉"。而在使用过程中，多是上述三种形式的混合使用，如"你单位×××年××月××日《关于……的函》收悉"或"你单位《关于……的函》（×字〔××××〕××号）收悉"。然后对来件询问的问题、商洽的工作有针对性地给予明确的答复，以示互相支持或认真负责。

函的结束语，如是去函，告知对方的可用"特此函告"；如果是要求对方答复的，可用"即请函复"、"请研究复函"等，也可以用"请予支持（协助）"，并紧接着写"为感"、"为荷"、"为盼"等语言。若是复函，如果是答复对方的，其尾语可写"特此函复"、"此复"之类的结束语。当然，两者也都可以不写结尾语。请求批准函的结尾，也可用"请批准"、"请予审批"之类的结束语，以示对业务主管部门职权的尊重。

4. 发文机关署名和成文日期

函需要标注发文机关名称和成文日期，并加盖公章。

四、写作的基本要求

（1）叙事清楚，说理有节。函是机关用来向外联系工作、商洽事情、请求帮助的公文，欲要对方理解、接受、支持，取得圆满的效果，首先叙事要清楚、明白，其次就要说理有节，令人信服。

（2）主题突出，中心明确。内容要实事求是，所提的意见、办法、请求等要符合对方的实际情况，不能强加于人。

（3）简洁精练，注意技法。不必详述过程，不必大发议论，要求字约意丰；注意技法是指公函撰写应根据具体内容，推断对方见函后的心理特征，以采用不同的写法。

五、范例

申请函

×× 〔2013〕 ××号

关于在安徽省怀宁县开展农村社会养老保险试点的函

安徽省人民政府：

根据国务院关于农村（含乡镇企业）的社会养老保险由民政部负责的决定，我部已着手在有条件的地区开展农村社会养老保险制度的试点工作，经商你省民政厅，拟在你省怀宁县进行试点。

农村社会养老保险是深化农村经济体制改革的重要内容，是农村的主要社会保障制度之一，是计划生育基本国策的重要配套措施。开展社会养老保险对促进我国城乡经济和社会的发展与稳定，意义重大。这项工作政策性强，涉及面广，难度较大，请省政府予以支持和指导。

民政部

2013 年 3 月 28 日

商洽函

粤环商〔2013〕461

广东省环境保护厅关于征求对《珠江三角洲大气重污染应急预案（征求意见稿）》意见的函

珠三角大气污染防治联席会议成员单位，各有关单位：

珠江三角洲地区是我国典型的城市群区域之一，伴随经济的超常规发展，区域内大气环境问题越来越突出。2013 年初全国大范围的雾霾天气为我们敲响了警钟，为避免类似情况在我省发生，我厅草拟了《珠江三角洲大气重污染应急预案》（以下简称"应急预案"），现发给你们征求意见，请认真研究，提出书面意见于 8 月 15 日前返回我厅。

附件：珠江三角洲大气重污染应急预案（征求意见稿）

广东省环境保护厅

2013 年 8 月 2 日

（联系人：段献忠；联系电话：×××××××××）

询问函

×××〔2012〕××号

××市文化局关于了解元宵节文化大集筹备情况的函

××区文化局：

　　根据 2012 年市文化工作会议的部署，由你局牵头安排落实"××市元宵节文化大集"活动。按你局 10 月初所报文化大集筹备工作进程表，2013 年元月底应全部安排就绪。日前接市府办公室《关于了解元宵节文化大集筹备进度的函》（×府办函〔2012〕63 号），告知我局，主管市领导拟于 2013 年元月底前去××区视察文化大集筹备工作进展情况，并听取具体汇报。该函同时抄送××区政府及你局。请你局速将大集筹备情况上报我局，并及时与区政府沟通，会同各有关部门，切实搞好筹备工作并做好汇报准备。

　　专此函达

××市文化局

2012 年 12 月 21 日

答复函

国办函〔2013〕89 号

国务院办公厅关于同意建立宁夏内陆开放型
经济试验区建设部际联席会议制度的函

发展改革委：

　　你委《关于建立宁夏内陆开放型经济试验区建设部际联席会议制度的请示》（发改西部〔2013〕1552 号）收悉。经国务院同意，现函复如下：

国务院同意建立由发展改革委牵头的宁夏内陆开放型经济试验区建设部际联席会议制度。联席会议不刻制印章，不正式行文，请按照国务院有关文件精神，认真组织开展工作。

附件：宁夏内陆开放型经济试验区建设部际联席会议制度

国务院办公厅

2013 年 9 月 8 日

（此件公开发布）

告知函

农办医函〔2013〕56 号

农业部办公厅关于开展全国畜禽屠宰相关情况调查的函

各省、自治区、直辖市及计划单列市畜牧兽医（农牧、农业）厅（局、委、办），新疆生产建设兵团农业局：

根据第十二届全国人民代表大会第一次会议批准的《国务院机构改革和职能转变方案》，生猪定点屠宰监督管理职责划入农业部。为了做好有关准备工作，我部决定开展全国畜禽屠宰相关情况调查。现通知如下。

一、调查内容

（一）畜禽屠宰企业基本情况。重点了解各类畜禽屠宰企业开办基本情况，包括生猪、牛、羊、家禽、马属动物、兔及其他种类畜禽屠宰场所数量、规模和运行情况、机械化程度、经营和工作模式；取得《动物防疫条件合格证》和《畜禽屠宰证》情况；屠宰能力和实际屠宰情况、无害化处理能力和实际处理情况等。详见附件 1－4。

（二）畜禽屠宰企业从业人员和驻场检疫人员情况。重点了解各类畜禽屠宰企业管理人员、肉品品质检验人员和屠宰技术人员情况，包括人员数量及取得上岗证书情况；了解畜禽屠宰企业驻场检疫人员情况，包括驻场官方兽医数量、协检员数量等。详见附件 5－6。

（三）地方屠宰立法、管理和执法机构设置情况。重点了解截至目前，地方屠宰立法情况、管理机构设置情况、生猪屠宰执法队伍情况。详见附件7。

（四）畜禽屠宰环节违法案件查处情况。重点了解2012年畜禽屠宰环节违法案件查处情况，包括案件总数、涉案人员总数、涉案金额，违反《动物防疫法》、《生猪屠宰管理条例》以及其他法律法规的主要情况。详见附件8。

（五）职能划转情况。重点了解截至目前，畜禽屠宰相关职能划转及移交进展情况。详见附件9。

二、有关要求

（一）请各地高度重视，组织专门人员认真、据实填写调查表格。

（二）各地请于11月5日下班前将调查表格、文字说明电子稿统一发送至 shy-jjdch@ agri. gov. cn，将纸质表格加盖公章后传真至我局。调查表格请从"中国动物卫生监督网"下载。

（三）请各地将畜禽屠宰相关职能划转进展情况及下一步工作思路，于11月5日下班前以书面形式报我部兽医局。已完成职能划转及移交工作或预计在2013年年底前可以完成的，请将当地政府或编办文件复印件及移交的相关文件、历史资料等情况，一并报我部兽医局。

联系人：张杰

联系电话：010 – 59192800

传真：010 – 59191855

农业部办公厅

2013 年 10 月 25 日

第二十章 纪　要

一、纪要的含义和类型

1. 含义

纪要是党政机关用于记载会议主要情况和议定事项，要求有关方面或下级机关共同遵守和贯彻执行的纪实性、指导性公文。纪要是机关贯彻会议主要精神与议定事项的重要依据，也是检查议定事项执行情况的凭据。纪要的适用范围很广，任何一级党政机关的会议都可以形成纪要。

2. 类型

按照会议的性质，纪要可以分为两种类型：一是决议性纪要。这种纪要对与会单位具有指示和指导作用，具有决定和决议的性质。因为它反映的是会议的结论性意见，具有较强的政策性和政治性。二是情况性纪要。这种纪要反映的是会议的基本情况，没有指示和指导作用，只起让与会单位了解会议进程和基本情况的作用。

二、纪要的特点

（1）指导性。纪要是会议内容的集中反映，也是集体意志的一致体现，会议形成的决议是要求各有关方面必须执行的，各有关方面也以此为开展工作的依据，具有一定的指导性。

（2）纪要性。纪要是在会议记录的基础上，经过分析整理、归纳等逻辑过程，对会议达成一致意见的内容进行系统化、条理化归纳。纪要不是有闻必录，而是摘其要点，体现会议的主要精神和主要内容。

（3）记录性。纪要是对会议内容的如实反映，不允许进行额外的抽象和推理，必须真实地反映会议内容，不能擅自删减或者增加会议内容。

（4）周知性。纪要一般要求各有关方面按照会议精神贯彻执行，但有的也不需要具体执行，而仅将会议情况给予通报和告知即可。这是将会议情况作为消息或信息传达给一定范围的人员，让他们了解会议情况，具有周知性特点。

三、写作格式和方法

纪要一般由标题、正文和出席会议人员名单构成。

1. 标题

纪要的标题一般有三种写法：一是由机关名称、会议内容和文种组成；二是由会议名称和文种组成；三是新闻式标题，列出正副标题，正标题写明会议中心思想和主要内容，副标题写明会议名称。

2. 正文

正文一般由前言、主体和结尾三部分组成。

（1）前言。前言也称为导语，这一部分概述会议的基本情况，主要交代会议召开的单位、时间、地点及主要议程等。

（2）主体。这部分是会议的主要内容，是纪要的核心，包括会议讨论的问题及结果、会议决定的事项、今后工作的指导思想、工作步骤、采取的措施等。一般有下列几种写法：第一种是综合概述的方法，是把会议讨论的内容、发言的情况综合概括地叙述出来。这一般要经过很好地分析，把会议讨论的主要意见和会议决定有条理地概括出来。第二种是分类整理的方法，是把会议讨论的众多问题，按照内在的逻辑顺序分类，有序地写出来，以突出主要问题和会议主旨。此类会议一般涉及面较广，问题繁多，不能以一个问题或一个方面来概括。第三种是发言记录式写法。这种写法是按照会上发言的顺序，把每个人发言中的主要意见写出来。这种写法的好处是能如实地反映会上的讨论情况和每个人的不同看法。一般要写清楚发言者的名字，有的还要在名字后面加括号写明其工作单位和职务。

在这一部分里，除报告人、重要的发言者要写名字之外，一般的综合意见，多用"与会者认为"、"会议认为"来叙述。

（3）结尾。结尾通常用来强调意义、提出希望和号召等，也可以对会议的情况作一些补充说明。在不影响全文结构完整的前提下，也可以不写专门的结尾部分。

纪要的发文机关名称和成文日期一般放在版头的红色分隔线上方。发文机关名称左空一字编排，成文日期右空一字编排。

四、写作的基本要求

（1）尽可能地搜集会议材料。纪要是会议内容的忠实体现，撰写者应该自始至终参加或列席会议，以便掌握会议完整、真实的第一手材料；撰写者应该认真做好会议记录，以使纪要忠实地反映发言者的原意。

（2）中心突出，主旨明确。纪要应抓住会议讨论的实质，把基本的观点、议定的事项、准备落实的措施详细记录下来，然后在此基础上，去伪存真，去粗取精，经过分析概括和逻辑推理，把会议的主旨概括归纳出来。这就要围绕中心，突出主题，抓住重点，提炼要点，体现出"要"字。

（3）注意做好会签工作。纪要如涉及多个部门，要待有关部门会签并取得一致意见之后才能定稿。凡是纪要中所涉及的与其他部门有关的问题必须与有关部门协商，取得一致意见，否则，纪要中所列的问题就等于没有落实。

（4）内容要求真实，突出重点。尊重原意，不能随心所欲地增删或更改内容、添枝加叶；要及时整理；语言表达要准确，简明精练；纪要不加盖印章。

五、范例

决议性纪要

（×××）

×××××××   2013 年 6 月 20 日

民政部　广东省人民政府
共同推进珠江三角洲地区民政事业改革发展
工作会议纪要

　　2013 年 4 月 10 日，民政部与广东省人民政府在广州市召开共同推进珠江三角洲地区民政事业改革发展工作会议。会议充分肯定了过去三年履行部省合作协议取得的成绩，深入分析了广东省民政工作面临的形势，研究了进一步加强部省合作、加快推进广东省尤其是珠江三角洲地区民政事业改革发展的思路和任务。会议提出，部省合作是推动广东省民政事业改革发展的重要引擎，部省双方要深入贯彻党的十八大精神、国务院第十三次全国民政会议部署及《国务院机构改革和职能转变方案》要求，围绕中心、服务大局，继续共同推进珠三角地区民政工作先行先试、改革创新，特别是在创新社会管理服务体制机制、加强基本民生保障方面作出新探索、取得新经验，为广东省经济社会发展和全国民政事业发展作出新贡献。会议明确部省2013—2015年合作措施如下：

一、创新社会管理服务体制机制

（一）深化城乡社区管理服务体制改革。广东省推进社区治理，增强居民自治和服务功能；深化村（居）民自治实践，探索村（居）民自治的多种实现方式；推进社区公共服务信息平台和社区政务服务中心建设，探索实行社区公共服务事项准入制度和政府向村（居）委会、社区社会组织购买服务制度；创新社区建设和社区服务经费投入机制，创新社区议事协商和执行机制，进一步调动居民参与居委会选举和社区事务的积极性；按照城市社区常住人口设置居委会，把非户籍人口纳入社区管理和服务，拓宽非户籍人口参与居民自治的渠道，在部分地区探索居委会成员属地化，在有条件的地方实行居委会成员与业委会成员交叉任职；加大农村社区建设探索力度，促进城乡基本公共服务均等化。民政部支持广东省加强社区综合服务中心等社区服务平台建设，推进政社合作，健全社区服务体系；加强对广东省农村体制改革相关工作的指导。

（二）率先建立现代社会组织体制。广东省完善政府向社会组织转移职能、购买服务制度，扩大承担公共服务的社会主体；加大扶持培育力度，深入推进直接登记工作，推进枢纽型社会组织和培育基地建设，加强社会组织人才队伍建设；加强社会组织等级评估，建立社会组织治理和监督体系；逐步建立社会组织行业自律体系和社会组织信用管理体系，加强全省性社会组织数据库建设，推进社会组织登记管理、监督管理信息化；引导社会组织完善内部治理，提高管理水平，加快社会组织去行政化、去垄断化，形成社会组织民主治理、社会有序监督、部门联合监管的新型治理机制；引导社会组织在各个领域积极发挥作用。民政部、广东省共同探索完善社会组织税收制度。民政部支持广东省开展涉外社会组织登记管理工作试点，试点方案先报民政部同意；支持广东省社会组织孵化示范基地及社会组织信用管理信息化项目建设。

（三）全面建立现代社会工作制度。广东省建立社会工作员评价制度和财政购买专业社会工作服务制度，推进专业社会服务项目化和义工岗位化，完善社会工作、社会组织和社区"三社"互动机制以及社工、义工"两工"联动机制；探索建立社会工作者执业资格制度，建立健全志愿服务记录制度，出台专业社工服务和志愿服务评价标准；推动建立民办社会工作服务机构孵化基地，加大民办社会工作服务机构扶持发展力度，逐步形成扶持培育体系；拓展社会工作服务领域，提升服务水平，带动粤东、西、北地区加快推进专业社会工作服务发展。民政部加强政策指导，支持广东省建设国家级社会工作专业人才培训基地，开展社会工作和志愿服务记录示范创建活动；采取经验交流会、现场会等方式推广广东省社会工作和志愿服务发展经验。

二、完善基本民生保障制度

（一）完善救灾救助制度。广东省加快推进省级救灾物资储备中心仓库和灾害救助应急指挥系统建设，建立和完善灾害应急避难场所网络；出台《广东省社会救助条例》，探索按照当地上年度城乡居民消费性支出的一定比例制定低保标准；深入推进重特大疾病医疗救助工作，加快推广医疗救助"一站式"即时结算服务；按照保障城乡低保对象的一定比例落实专职低保工作人员；将社会救助、减灾救灾工作经费列入各级财政预算，省市级财政加大对困难地区社会救助资金的补助力度；建立社会救助联席会议制度，建立救助申请家庭经济状况核对机制和机构；尽快完成乡镇敬老院管理体制按照事业单位登记管理工作，开展区域性敬老院建设，探索敬老院通过向有资质的专业公司公开招标，实行公办民营，政府向社会购买养老服务，解决农村五保户、困难老人的养老问题，提高农村五保集中供养率。民政部加强对广东省社会救助体系建设的指导，加大对广东省救灾、农村低保、医疗救助、敬老院建设等资金的补助力度。

（二）加快推进社会养老服务体系建设。广东省出台《广东省老年人优待办法》，制定包括土地划拨在内的推动民办养老机构发展的优惠扶持政策，在经济欠发达地区建立高龄津贴补助制度。民政部支持广东省社会养老服务体系"五个一工程"建设，重点支持杨村养老服务示范基地；支持广东省创建等级福利机构、建设居家养老服务中心（站）和实施农村"幸福计划"；允许港澳服务提供者在广东以民办非企业单位形式举办养老服务机构、开展居家养老服务，并将审批权限下放至广东省民政厅。

（三）完善孤儿和残疾人保障政策。广东省建立"困境儿童"分类保障制度，完善和落实孤儿医疗、教育保障及成年后培训就业政策，探索解决个人和民间机构收留弃婴及孤儿问题的有效办法；出台困难残疾人生活补贴制度和重度残疾人护理补贴制度，探索建立福利企业产品服务的政府采购优先制度。民政部、广东省共同探索完善福利企业税收优惠政策。民政部加强工作指导，支持广东省残疾人康复辅助器具生产装配和服务基地建设；支持广东省在相关地市及人口较多的县（市、区）建设独立的儿童福利机构，继续在"蓝天计划"中支持广东省儿童福利机构建设。

（四）不断壮大慈善事业。广东省出台《广东省慈善事业条例》，推进社会捐赠站建设，推动公益慈善组织发展，继续开展扶贫济困日活动、办好中国公益慈善项目交流展示会。民政部支持广东省推进慈善超市网点建设和运营机制改革，以慈善超市为载体拓宽慈善募捐渠道、创新慈善救助方式。

（五）推进福利彩票发行销售创新。民政部支持广东省试点销售适合本省彩票市场需要的游戏玩法（N选6玩法，升级26选5游戏），优化游戏玩法结构，研发具有广东省地方特色的即开票，丰富广东省"刮刮乐"即开票品种和福利彩票销售渠道，增设部分中福在线票销售厅。

三、推进双拥优抚安置体系建设

（一）深化退役士兵安置改革。广东省认真贯彻《退役士兵安置条例》，制定退役士兵安置实施细则，督促各地市出台相关配套政策，完善扶持退役士兵创业就业优惠政策，将原来对自谋职业城镇退役士兵的创业就业优惠政策，扩大到所有自主创业的退役士兵；指导各地市合理运用条例赋予退役士兵安置主管部门的行政监督和处罚权，推动和保证政府安排工作退役士兵就业上岗，全面完成符合政府安排工作条件的退役士兵的安置任务；进一步健全以促进就业为目的、以市场需求为导向的退役士兵职业教育和技能培训制度，加强对教育培训机构的监督指导，着力提高培训质量，提升自主就业退役士兵就业率。民政部加大指导和支持力度。

（二）提高优抚保障水平。广东省探索建立城乡统筹的优待抚恤政策体系，完善抚恤补助标准和义务兵家属优待标准自然增长机制，提高优抚医疗保障水平，不断健全物质保障与精神抚慰相结合的优抚制度；继续探索创新复退军人服务管理的有效途径。民政部加大指导力度。

（三）加强烈士褒扬和优抚安置事业单位建设工作。广东省建立烈士纪念设施长效管理保护机制；以"推进社会养老服务年活动"为契机，抓好优抚医院、光荣院项目规划建设；加强军休服务管理规范化建设，逐步建立现代化的军休干部服务管理模式。民政部支持广东省加快推进零散烈士纪念设施抢救保护工程。

（四）创新社会化拥军工作机制。广东省认真总结社会化拥军的经验做法，不断创新两新组织双拥共建的形式和内容，加大社会化拥军力度，形成社会化拥军制度。民政部加强工作指导。

四、提升专项社会事务管理水平及民政服务保障能力

（一）优化行政区划设置。广东省加强行政区划调整论证评估，探索行政区划体制创新，继续推动粤东、西、北地区的区域性中心城市优化市辖区规模结构，推动珠三角地区的城市完善内部行政区划设置，改革优化特大镇行政管理体制，促进大中小城市和小城镇协调发展；进一步完善地名公共服务体系，推进地名文化建设，做好第二次全国地名普查试点收尾工作；继续做好行政区域界线管理工作，推进平安边界创建活动，为经济社会发展营造平安和谐、共促发展的边界环境。民政部积极支持、优

先办理有关行政区划调整审批事项。

（二）提高婚姻、救助和殡葬管理服务水平。广东省积极推进婚姻登记机关和救助管理机构国家等级创建工作；进一步加强流浪乞讨人员特别是流浪未成年人的救助保护工作，探索未成年人社会保护工作；扩大惠民殡葬政策惠及范围，采取费用减免、奖补等方式积极推广生态节地葬法，加快殡葬科技成果转化和推广应用工作，推动殡仪馆设施设备节能减排更新改造。民政部加强工作指导。

（三）加强政策创制和基层民政能力建设。广东省结合改革创新，加强民政立法创制工作，健全民政法制体系；加强设区市民政法制机构建设；贯彻落实国发〔2012〕45号文件，制定按照服务对象一定比例设置基层民政经办机构、配备基层工作人员、保障工作经费、提供必要条件的办法，加强基层民政能力建设，确保有人干事、有钱办事、有能力服务；建立省市级财政补助困难地区社会救助工作经费制度；做好加强基层民政公共服务能力试点工作。民政部加强工作指导，协助解决部分高新技术开发区民政事项审批权限问题。

会议明确，部省适时召开联席会议，及时协调解决合作中的重大问题，总结推广典型经验。

出席：×××、×××、×××、×××、×××、×××、×××、×××、×××、×××。

请假：×××、×××。

列席：×××、×××、×××。

情况性纪要

粤水〔2013〕7号

×××××××   2013年4月11日

广东省交通运输厅
关于深圳东莞市水路交通执法会议纪要

2013年2月25日，省交通运输厅综合行政执法局在东莞市组织召开深圳市、东莞市水路交通行政执法协作会议。深圳市交通运输行政执法支队、东莞市交通运输局综合行政执法局有关领导参加了会议。会议纪要如下：

一、会议讨论通过了《深圳市、东莞市水路交通行政执法协作办法》

二、会议确定了深圳市、东莞市两市水路交通行政执法协作区域、管辖原则和协作方式

（一）协作区域

东宝河涌头至东宝河口，全长约 10km。

（二）管辖原则

水路交通行政执法范围以行政区域为准，依据地域管辖原则执行。若违法行为发生地跨越两个单位管辖区域的，应及时通知对方，原则上由先立案的单位管辖。如需执法协助，协作方应给予大力支持。

检查中，发现非己管辖范围的水路交通违法行为时，应当立即通报协作方；若遇到事态严重或事后难以查处的特殊情况时，在通报后，可跨区域及时制止其违法行为，并做好现场调查取证工作，事后 24 小时内及时将有关情况及处理结果移送协作方。

（三）协作方式

成立水路交通行政执法协作领导小组，组长及成员由双方推荐确定，组长由双方分管领导轮流担任，每届任期一年。领导小组主要负责两市相关部门间的沟通联络，处理执法协作重要工作事宜，定期开展交通行政执法协作交流，组织召开协作联席会议，研究水路交通行政执法的相关问题。日常执法协作主要由基层中队直接联系。

重要时期和专项整治行动，可根据情况适时开展跨区域、跨部门联合执法。特殊情况、疑难问题和未涉及到的其他事项，共同协商解决。

出席：×××、×××、×××、×××、×××、×××、×××、×××、×××。

请假：×××、×××。

列席：×××、×××、×××。

下编 公文常见病例分析

第二十一章 文种使用病例分析

《党政机关公文处理工作条例》规定，现行党政机关的公文种类主要有 15 类 15 种，分别是：决议、决定、命令（令）、公报、公告、通告、意见、通知、通报、报告、请示、批复、议案、函、纪要。

一、常见文种的适用范围

1. 决议
适用于会议讨论通过的重大决策事项。
2. 决定
适用于对重要事项作出决策和部署、奖惩有关单位和人员、变更或者撤销下级机关不适当的决定事项。
3. 命令（令）
适用于公布行政法规和规章、宣布施行重大强制性措施、批准授予和晋升衔级、嘉奖有关单位和人员。
4. 公报
适用于公布重要决定或者重大事项。
5. 公告
适用于向国内外宣布重要事项或者法定事项。
6. 通告
适用于在一定范围内公布应当遵守或者周知的事项。

7. 意见

适用于对重要问题提出见解和处理办法。

8. 通知

适用于发布、传达要求下级机关执行和有关单位周知或者执行的事项，批转、转发公文。

9. 通报

适用于表彰先进、批评错误、传达重要精神和告知重要情况。

10. 报告

适用于向上级机关汇报工作、反映情况，回复上级机关的询问。

11. 请示

适用于向上级机关请求指示、批准。

12. 批复

适用于答复下级机关请示事项。

13. 议案

适用于各级人民政府按照法律程序向同级人民代表大会或者人民代表大会常务委员会提请审议事项。

14. 函

适用于不相隶属机关之间商洽工作、询问和答复问题、请求批准和答复审批事项。

15. 纪要

适用于记载会议主要情况和议定事项。

此外，我们在日常工作中还会经常使用到工作计划、工作总结、方案、规划等文种，在将其作为公文发布的时候，我们通常借助"通知"来完成。

二、如何正确选用公文文种

（1）选用公文文种，必须根据制发公文的目的和行文的要求进行。所有的公文文种都有法定的适用范围，行文目的和要求必须符合公文的适用范围。行文目的和要求不同，所使用的的文种也不相同。比如"请示"和"报告"的选用，"报告"的目的是下情上传、陈述情况，不要求答复，而"请示"是要求上级对请示的事项给予指示、批准或答复的。因此，在选用时，凡是陈述情况、汇报工作、不要求批复的文件应选用"报告"，凡是要求上级批复的文件，应选用"请示"。

（2）应根据公文制发机关的权限来选用文种。不同的公文对其行文主体的要求不一样。有的公文行文主体级别高，有的行文主体级别低；有的公文行文主体范围广，有的行文主体范围窄。因此，选用的文种应和其制发机关的权限和级别相适应。比如，"公告"通常是以国家的名义向国内外庄严宣告有重要影响的重大事件的文告，不可随意在招工、招干、招租、开业、迁址等活动中滥用公告文种，对公告的滥用实际上是一种越权行为。"决议"的行文主体一般是会议，主要是中国共产党机关单位的会议使用，人大、其他党派、组织、团体的会议也有使用，但行政机关一般不使用这一文种。

（3）应根据收发文机关之间的行文关系来确定公文文种。行文关系指的是机关之间文书的授受关系，它是根据机关的组织系统、领导关系和职权范围来确定的。按照行文关系和文书的去向，公文可分为上行文、下行文和平行文。不同的行文关系，文种的选用是不同的。如果是向下属组织行文，一般多用决定、意见、通知、通报、批复等文种；如果是向上级机关行文，则只能选用请示、报告、议案等文种；如果是向平级和不相隶属的机关行文，多选用函。

（4）在选择公文文种时还应当考虑每个文种的性质、作用和使用要求。根据《条例》规定，每一文种都有独立的作用和功能，不同的行文内容、目的要求应与文种的适用范围相适应。如"通报"是运用典型从正反两面对干部和群众进行政治思想教育和沟通信息、互通情报、传播政策精神、推动工作的重要文种，其目的在于互通情况，引起注意，用于教育、督促和推动工作，这是其与别的指挥性文种的不同之处。因此，凡是行文时着重在引导、教育、沟通和推动工作的，可选用通报。

（5）每一份公文只能选择唯一的文种，而且只能选择《条例》规定的公文文种，绝不能生造文种。比如在公文标题中不能出现"请示报告"、"意见通报"等两个文种同时并用的情况和使用"汇报"等在法定公文里找不到的文种。

公文文种的选择应严格按照《条例》的规定，根据制发公文的目的、制发机关的权限、收发文之间的行文关系，认真领会每一个文种的性质和适用范围，从而选择正确的合乎行文目的和要求的文种。只有这样，我们才能适应随着形势的发展对公文文种功能性质不断调整的要求，从而维护机关单位之间的正常工作秩序和公文处理的统一性。

三、易混淆使用的几个文种

1. 请示与报告

共同点：同为上行文。

不同点：首先是文种的功能不同，即体现了行文者的不同诉求。其次是受文者对来文的处理方式不同：请示是呈办件，是需要批复的；报告是呈阅件，可批可不批。再次是行文规则不同，请示的写作有诸多限制，而对报告的要求则不是很严格。如果用报告代替请示，就会导致所请示的事项得不到及时批复甚至得不到答复。

现象与原因：请示即报告、报告即请示，两者等同，主要表现是以报告代请示；有的公文将"请示报告"作为一个文种；有的甚至出现标题用的文种是报告，而正文的内容却通篇都是请求解决可答复的事项，而其结束语也是使用"妥否，请批示"，题文不一。这种现象在企事业单位的内部行文中尤为多见。如《××局关于申请解决聘用人员经费的报告》。

2. 请示与函

共同点：函用于不相隶属机关之间请求批准时，与请示一样，都需要受文单位的答复。

不同点：行文方向不同，函只是用于不相隶属机关请求解决、协调有关工作或询问，而请示必须是向上级机关请求指示批准。

现象与原因：凡对外行文，不管有无隶属关系，只要是与本单位有业务上的管理关系，便一律以请示代函；而以函代请示的现象则相对少见。究其原因，以请示代函现象的存在主要是由于过于突出行文者和受文者的心理作用而忽视了《条例》的规定，双方过于在乎求与被求的心理感觉。

3. 批复与复函

共同点：都是对来文单位请示或咨询事项的答复。

不同点：一是行文单位与受文单位的隶属关系不同；二是与行文单位对应的文种不同，批复对应的是请示，而复函对应的是函。

现象与原因：两者错用大体上有两种情况。一是主管部门对询问问题或请批事项的不相隶属的机关、单位错用"批复"行文。按照规定，一些业务主管部门对请求批准某一事项的不相隶属的机关、单位行文时应用"函"（复函）而不应该用"批复"，然而在具体实践中，许多部门自觉不自觉地用"批复"回复，这是一个比较普遍却不为重视的问题。二是上级机关针对下级机关的"请示"错用"复函"行文。有的人把由办公部门被授权"函复请示"的做法理解为"上级机关对下级机关的请示可以用函答复"、"函可以平行，也可以上行、下行"等，这是一种误解。"上级机关答复下级机关的请示可以用函行文"的说法起码不确切，应是"上级机关答复下级机关的请示可以授权办公部门函复"。要分清批复与函复的异同，首先必须辨别与批复、函复分别对应的文种，即批复对应的是请示，函复对应的是函。在使用上，函对应的还是函，常见的为复函。

4. 意见与报告

共同点：都可作为上行文。

不同点：在行文方式上，意见的行文方式非常灵活，可以是上行文、平行文和下行文；报告则为上行文。内容方面，在同为上行文时，意见侧重于向上级单位明确提出建议，而报告则主要是向上级单位报告事项。

现象与原因：意见作上行文要与报告区分开。在1994年1月1日起施行的《国家行政机关公文处理办法》中规定："报告适用于向上级机关汇报工作，反映情况，提出意见或者建议，答复上级机关的询问。"而在2001年1月1日起施行的《国家行政机关公文处理办法》和最新的《条例》中，报告的"提出意见或者建议"这一功能被"意见"所代替。如不注意，容易出差错，因此在行文时要进行区别。

5. 意见与函

共同点：两者都可用于平行文。

不同点：作为平行文的"意见"，是对某一问题提出见解和处理办法，这种见解和处理办法，仅供受文单位参考。"函"如果是用于向不相隶属机关请求批准的，受文机关必须答复；如果是用于答复不相隶属机关审批事项的，则这种答复具有一定的政策权威性。

6. 函与便函

共同点：都为平行文，用于商洽工作。

不同点："函"是不相隶属机关之间商洽工作、询问和答复问题、请求批准和答复审批事项时所使用的一种公文，属平行文。在实际运用中，并不是所有涉及以上的事务都使用这一文种，很多情况下使用的是便函。公函与便函其实是有区别的。公函除了比便函更加规范、庄重、正式以外，在格式上也有较大的不同。《机关公文格式》中的"公文的特定格式"部分，就专门讲到"信函格式"。便函的内容多涉及事务性的具体事项，格式灵活、简便，写法自由，可不写标题，不编文号。便函一般不列入正式文件处理。

7. 请示与意见

意见，可以是上行文、下行文和平行文。作为上行文，应按请示性公文的程序和要求办理。上级机关应当对下级机关报送的"意见"作出处理或答复。意见在作为上行文时，其办理程序和要求与请示是相同的，不仅如此，意见还可以就某项事情提出请示（就对某个重要问题的见解和处理办法请示上级机关），而上级机关也必须对下级机关报送的请示性意见作出批转或进行研究。

意见与请示的区别：意见适用于对重要问题提出见解和处理办法，侧重于文件本身提及的事项的重要性和复杂性。请示适用于对解决一般问题的方法和途径提出请求，上级单位一般只需要就是或者否作出选择。

8. 意见与通知

意见作为下行文时，文中对贯彻执行有明确要求的，下级机关应遵照执行；无明确要求的，下级机关可参照执行。

这里说的"通知"，主要指带有指示性质的通知，我们要把意见和这类通知区分开。带有指示性质的通知主要用于传达要求下级机关具体办理的有关单位需要共同执行的事项，一般要求较具体、可操作性强、务实性强；意见则带有"务虚性"，侧重思想性、原则性。例如《国务院关于今年下半年各级政府不再出台新的调价措施的通知》，就是对某项工作的具体要求。

9. 通知与通报、通告

共同点："通"在此为"传达"之意，说明都是用来传达某种信息、意图或要求的；"报"、"告"、"知"均含"知道"的意思。通报、通告和通知均属告知性文件，均可用来传达情况。

不同点：三个文种在使用上是有区别的。通报适用于表彰先进、批评错误、传达重要精神或者情况；通告适用于在一定范围内公布应当遵守或者周知的事项；通知适用于发布、传达要求下级机关执行和有关单位周知或者执行的事项，批转、转发公文。

现象与原因："通报"与"通告"误用。如某大学对考试作弊学生进行纪律处分，本应用"通报"却用了"通告"。而某大学发布禁止学生夜不归宿的行为，本应用"通告"却用了"通知"。其原因在于未理清三者的主要区别。从功能看，"通报"重在"报"，多用于报道和传播信息，"通告"和"通知"重在"告知"，且要知之而后行，要求贯彻执行。从作用看，"通报"可根据实际情况分别对待，灵活处理，"通告"和"通知"必须遵照执行，不能例外。从事项来源看，"通报"所涉及的人和事多在下级，情况也来自下级机关，上级机关知道以后，认为有普遍意义，便整理制成"通报"，发往所属的各机关、各部门；"通告"和"通知"则是制发机关根据需要确定，有些事项甚至尚未发生，而是预告性的。

10. 公告与通告

共同点：向有关方面公布事项。

不同点：在行文目的方面，公告以普遍告知为目的，但受众并不被强制要求遵守或执行，甚至并不被强制要求周知；通告以告知且须有关方面遵守或执行为目的，所告知的事项要求有关方面周知甚至遵守或执行，以便规范其社会行为。在告知范围方面，公告适用于面向国内或国外宣告事项；通告仅限于在发文机关所管辖区域内告知事项。在告知事项的特性方面，公告所告知的事项一般以消息性为主；通告所告知的事项一般具有较强的执行力和约束力。在发文机关的级别上，公告的发文机关一般具有限定性，级别常常较高，一般基层行政单位无权制发公告；通告的发文机关则上可至国家最高行政机关，下可至基层行政单位。

现象与原因：在目前的公文写作实践中，文种使用最混乱的莫过于公告和通告。比如《即将达到国家规定强制报废年限的机动车办理注销登记的公告》，它所公布的是有关方面——报废机动车所有人——应当遵守或周知的事项，按照《条例》的规定，应当使用通告，此为该用通告却错用了公告。公文写作实践中还常见该用公告却错用通告的现象。混用公告与通告的主要原因，是公文撰写者或审核签发者不了解公告与通告的区别。

11. 决定和通报

共同点：都涉及表扬奖励、批评惩戒两个方面内容。

不同点：决定在《条例》中除"适用于对重要事项作出决策和部署"、"变更或者撤销下级机关不适当的决定事项"两项内容外，还有"奖惩有关单位和人员"的功能。通报也"适用于表彰先进，批评错误"。两者虽然在内容上有相似性，但程度上的区别还是很明显的。决定中的"奖惩"无论是奖励或是惩戒都是对社会、对所在单位有重大影响的。通报是表彰先进，批评错误，在使用级别上没有限制，但内容所针对的对象和发文机关的重视程度则比决定相对要弱。决定的重点在事件或人物过程本身，它表现为对突出事件或人物的重大物质奖励、授予特定荣誉称号的精神奖励或严厉的纪律处分。通报的重点是通过表彰先进、批评错误而引申出此事件或人物对其他人的影响力，是表明提倡什么、反对什么的，一般是道德问题。决定的篇幅较短，用语较严肃庄严；而通报则篇幅相对较长，用语平和通俗。

现象与原因：如果不细心分辨，便容易把该用"决定"的用成"通报"，该用"通报"的用成"决定"。如《关于××学生考试作弊处分的通报》，在文种选择上就有偏差，正确的选择应该是"决定"。

12. 批转、转发和印发

在公文处理中，我们经常会遇到将文件转达到下属其他单位贯彻执行的情况。根据原始文件起草单位与转文单位的关系，转达文件通常可以采用以下三种方式进行处理：批转、转发、印发。如果要将本单位所属的某个职能部门的管理文件在本单位贯彻执行，可以以"批转"的形式发布公文。如果要在本单位贯彻落实上级单位或不相隶属单位的文件精神，可以用"转发"的形式发布公文。对本单位领导或上级单位领导的讲话、批示或本单位的工作总结、计划等通常用"印发"的方式发布公文。印发某个文件的单位和原制发该文件的单位必须具有隶属关系或者存在业务指导关系。

如《××区人民政府办公室关于印发××市人民政府关于加强出租屋管理工作的通知的通知》，就应将"印发"改为"转发"。又如《××大学校长办公室关于批转××校长在全校中层干部会议上讲话的通知》，此处的"批转"应改为"印发"。

综上所述，要正确运用"批转"、"转发"、"印发"这三种传达文件的方式，关键是要分辨清楚上下级的隶属关系，也就是要弄清楚行文关系。

四、常见的文种使用错误现象

公文文种的选择是根据制发公文的目的、制发机关的权限和收发文机关之间的行文关系来确定的。公文名称不同，所起的作用也不同，不可随便乱用和混用，否则就达不到制发公文的目的，甚至会打乱机关之间的正常工作程序。公文文种的确定，可以表达文件的不同行文方向，明确机关单位之间的行文关系，有助于把握行文方向，选择正确行文方式，正确执行行文规则，进一步保证机关文件的效力和提高机关工作效率。常见文种使用错误的现象有以下几种：

1. 生造公文文种

在实践工作中，常常见到乱造公文文种的现象，如《关于燃煤供应问题的补充说明》、《关于我校实行全员聘任制的有关问题的解释》和《关于进一步加强学生安全工作的汇报材料》，在这三份文件中，把"补充说明"、"解释"、"汇报材料"当成了行政公文的文种使用，而这三个名称在法定公文中是不存在的。另外如"办法"、"细则"、"要点"等，都不属于法定党政公文文种，因此不能独立行文。但有些机关将"办法"、"细则"等直接作为正式公文文种使用，并堂而皇之地标明发文字号，如《××市市区城镇廉租住房管理办法》（×政发〔2002〕242 号）。上述这些做法损害了公文的权威性和公文处理工作的严肃性。

根据《条例》的规定，我国现行党政机关通用的公文文种主要有 15 种，其他一些习惯称呼和普通事务文书一般不能当成党政公文的文种来使用。

2. 滥用公文文种

在写作实践中，经常可见超出职权范围和工作内容随意使用法定公文文种的现象。如把应该用某些社会事务性文书（如广告、声明、启事等）去解决问题的，却滥发"通知"、"通告"和"公告"；在提出一般事项的请求时能用"申请"办理的，却用"请示"或"报告"，搞公文文字游戏；有些单位把"简报"当作法定公文，取代"报告"用来反映情况。再比如，由于"通知"的适用范围很广，功能有很多，同其他许多公文文种都有交叉，于是有人就把"通知"当成了万能文种，似乎什么文件都可以用"通知"制发，本该用"会议纪要"、"批复"、"命令"、"通报"等文种的，行文皆用"通知"代替。

每一种公文文种都有明确的适用范围，都有严格的使用要求，每个制发机关都应根据各自的职权范围、行文目的和工作内容选择单一确定的文种。

3. 随意叠加公文文种

比如某单位就扩建某栋大楼拟制了一份公文——《关于扩建××大楼的请示报告》，将"请示报告"作为文种使用。事实上，"请示"和"报告"是两个截然不同的文种，如果混在一起会让人分不清到底是"请示"还是"报告"，不好处理。有些机关单位在向同级机关及无隶属关系的单位进行请求性或答复性行文时往往使用"请示函"、"批复函"。比如《××省××厅关于拟录用 2014 年应届大学毕业生的请示函》、《××省人事厅关于批准录用×××等×名同志为国家公务员的批复函》，两篇公文把"函"和"请示"、"批复"混在一起使用，使人搞不清楚互相行文的两个单位之间到底是什么关系。

公文文种是用以表明公文的性质和要求的，一份文件只能用一个文种，不可叠加使用两个文种。

4. 错用公文文种

在工作实践中，我们发现，由于一些公文文种在某些功能上的相似性，在选择公文文种时，忽视了它们之间的细微差别，因此造成了公文文种的错误选择。这主要表现为前面所述的几种容易混淆的公文文种的现象，这里不再阐述。

第二十二章　公文格式病例分析

　　公文格式指的是公文的表现形式，它与公文的内容密切相关。公文格式既决定于公文的内容，又服务于公文的内容需要。由于党政机关公文是具有法定效力的公务文书，它所发布的信息如法规、规定、决定、措施、计划等都将成为党和国家、各级地方政府及其职能部门、企事业单位开展管理工作的依据和凭证，也是国家公民、法人和工作人员必须遵守的依据和凭证，所以党政公文长期以纸介质形式存在。虽然在科学技术日新月异的今天，计算机网络技术已在公文流转过程中被广泛使用，电子公文也已成为党政机关管理工作的重要载体，但纸介质公文作为依据和凭证的作用还未改变，因此从事公文办理工作的人员有必要熟练掌握区分和辨别有关公文格式的常见问题。

　　公文的作用在于实施领导、规范行为、联系公务及传递信息。常言道：没有规矩，不成方圆。公文格式标准化既是办公室现代化管理的一项基础性工作，也是提升公文质量的一种客观要求。在现代社会，高效率是完成既定任务、实现既定目标的前提与保证。如果公文格式不规范、不标准，公文的实际作用就不能得到正常发挥，工作效率势必受到影响。没有公文格式标准化，公文格式规范化就无从谈起。将公文格式从纸张尺寸到各项体式，以国家标准的形式予以规范统一，是实现办公自动化的需要，是维护公文法律地位的要求，是提高公文处理工作质量和效率的需要，是便于公文归档和检索的需要。

　　本章要探讨的党政机关公文的格式，是指公文版心内的公文各要素的编排规格和样式。根据各要素排列的区域，可将其划分为版头、主体、版记三部分。公文首页红色分隔线以上的部分称为版头，包括份号、密级和保密期限、紧急程度、发文机关标志、发文字号、签发人、版头中的分隔线等；公文首页红色分隔线（不含）以下、公文末页首条分隔线（不含）以上的部分称为主体，包括标题、主送机关、正文、附件说明、发文机关署名、成文日期、印章、附注、附件等；公文末页首条分隔线以下、末条分隔线以上的部分称为版记，包括版记中的分隔线、抄送机关、印发机关和印发日期等。除版心内的要素外，还有一个要素就是版心外的页码。

　　除此之外，公文各项数据的物质表现形式，如墨、公文纸介质产品形态、规格、公文中的计量单位、标点符号和数字等，都属于公文格式规范化的范畴。

本章重点就党政公文中常见的格式不规范现象进行探讨，主要依据为《党政机关公文格式》（GB/T 9704—2012）。

一、份号、密级、紧急程度标注不规范

份号是将同一文稿印制若干份时每份公文的顺序标号。密级即公文的秘密等级。凡涉及国家秘密的公文应当标明密级和保密期限，它是公文格式的附加标记之一。根据《中华人民共和国保守国家秘密法》第十条规定，国家秘密的密级分为绝密、机密、秘密三级。《条例》规定，涉密的公文应当标注份号。如果发文机关认为有必要，也可对涉密的公文编制份数序号，如国务院重要文件都编有份数序号。《条例》规定，紧急公文根据紧急程度应当分别标注"特急"、"加急"。在日常公文处理工作中，份号、密级和紧急程度标注经常出现以下不规范现象。

1. 定密偏宽

对一些不属于国家秘密范围的公文划定密级，从而扩大了国家秘密的范围，增加了保密人员的工作量，失去了对国家秘密进行重点保密的意义。

2. 定密偏窄

把一些属于国家秘密范围的公文当作非密级公文，由此造成定密准确性差，无密可保，有密不保，有密难保。

3. 未标注保密期限、份数序号

对带有密级的公文未标注保密期限以及份数序号。

解决上述定密工作中遇到的问题，要做好以下五点：一要明确定密范围，搞清楚定密的含义。二要明确公文定密等级依据。其差异表现在泄露后对国家的安全和利益损害的程度。确定每一份秘密公文属于何种密级的具体标准，要根据《中华人民共和国保守国家秘密法》及各业务系统的相关规定。三要严格遵守定密的程序。定密程序分为一般定密程序和特殊定密程序。在具体定密时，要分清楚定密所需要的程序，并按程序进行定密。四要规范定密工作责任制和监督机制。应根据定密程序的拟定、审核、批准三个环节，分别确定定密责任人，形成有效的责任制和监督制。五要根据《条例》的规定对涉密公文标明份数序号。公文印制份数的顺序号，用6位3号阿拉伯数字顶格编排在公文首页版心左上角第一行。

4. 随意标注紧急程度

公文的紧急程度应根据事情本身的重要性和紧迫性来判定，而不能以个人的意志

随心所欲。常见的情况是，一份普通的公文因为在办理环节上出现了拖拉、推诿的现象，以至延误了办理时效，不得已才人为地将普通件办成"加急"件，并在公文的紧急程度栏标注"紧急"或"加急"。这种做法是对公文紧急程度标注的误解，不符合紧急公文标注的规则。

二、发文机关标志不规范

发文机关标志即人们通常所称的"红头"。它由发文机关全称或规范化简称后加"文件"二字组成，也可以只使用发文机关全称或规范化简称，但上行文一般都要加"文件"二字。发文机关全称须以批准该机关成立的文件核定的名称为准。规范化简称应由该机关的上级机关规定，也有由本机关自定的，但必须明文告知其他党政机关，以便其他党政机关规范使用。《格式》规定，发文机关标志上边缘至版心上边缘为35mm，居中排列。在公文处理实践中，目前存在较多问题的有以下几种。

1. 名称信息冗余

过去党的机关公文中常常在发文机关名称后加上公文内容的文种，但对于当前的公文处理实践来讲，就显得多此一举，是一种错误的标志方式。如"××××省委员会（请示）"、"××××市委员会（报告）"。正确的标志应去掉括号中的内容，为"××××省委员会文件"、"××××市委员会文件"。

2. 上行文的发文机关标志缺少"文件"二字

如××省人事厅在一份上报给省人民政府的文件中使用的发文机关标志是"××省人事厅"。正确的标志应该是"发文机关＋文件"组成，如"国务院办公厅文件"。上行文的发文机关标志加上"文件"二字，更显庄重和规范。

3. 发文机关名称不规范

有的县级党政机关公文的发文机关标志在机关全称前加上一级行政区域名称"××省"或"××市"，如"××省××市××县人事局文件"。一般情况下，公文的发文机关标志不必在县级及以上行政区域名称前再加上一级行政区域名称。正确的应为"××县人事局文件"。

三、发文字号标注不规范

公文应有发文字号，这是公文的一个标志，也有利于文件的管理与查询。发文字号由发文机关代字、年份和发文顺序号三者组成。年份、发文顺序号用阿拉伯数字标注；年份标全称，用六角括号"〔〕"括入，发文顺序号不编虚位，不加"第"字，在发文顺序号后加"号"字。常见的错误有以下几种。

1. 漏写发文字号

有的文件未写发文字号，缺失这一项是不完整的文件格式。

2. 发文机关代字不当

机关代字一般由两个层次组成。第一个层次是发文机关代字，第二个层次是发文机关主办文件的部门的代字，如教育部文件的机关代字有"教发厅函"、"教师"、"教政法厅"等。受文单位根据机关代字可以分清文件的主办部门，可以比较准确地对文件进行分办、查询和保存归档。常见的发文机关代字不规范的现象主要有机关代字使用不当，其简称不当易造成混淆，起不到代字的作用。如"华南师范大学"，其发文机关代字不能写成"华师大"，而应该是"华南师大"，因为另外还有"华中师范大学"、"华东师范大学"，如用"华师大"就不能分辨是哪一所师范大学，反而会造成代字的混乱。

3. 年份表达不完整

例：国发〔08〕××号。《格式》规定，年份要写全称，不能简化。正确的写法应该是"国发〔2008〕××号"，年份要完整表达。

4. 年份外使用的括号不符合规范

《格式》规定，用六角括号"〔〕"来括住年号，但经常见有些公文的字号中使用方括号，如"国发［2008］××号"；还有的用"〈〉"、"（）"，如"国发〈2008〉××号"。这都是不正确的用法，正确的应为"国发〔2008〕××号"。在公文写作中，常常会引用上级单位的公文作为行文依据。当引用公文时，标题后面的发文字号通常要用圆括号"（）"括起，如果年份用中括号括起，就违反了低级符号中不得包含高级符号的原则。

5. 搭配虚字

例如"××〔2008〕第8号"，这里的"第"是无意义的字，应删掉。正确的应为"××〔2008〕8号"。

6. 序号编虚位

这里的虚位指的就是"0"，在个位顺序号或其他顺序号书写时，在原顺序号前加上一个"0"，看似规范，其实是不符合规范的。例如"国发〔2008〕002号"，正确的应为"国发〔2008〕2号"。

7. 缺少成分

发文字号要三位一体，缺一不可。但有的公文缺少其中的某一个成分。

例如"〔2008〕2 号"、"药监 2008 号"。

8. 颠倒发文字号中三者的次序

例如"〔2008〕国办发××号"。正确的次序应该是发文机关代字、年份、发文顺序号，三者不可颠倒。正确的应为"国办发〔2008〕××号"。

9. 发文字号多出

《条例》规定，联合行文只标明主办机关发文字号。而有些单位为了兼顾平衡，违背《条例》的要求，把联合办文单位的发文字号都写上。

例如：中国人民银行　中华人民共和国财政部　中国文字改革委员会《关于填写凭证的若干规定的通知》

银会厂字〔20××〕×××号

财制管字〔20××〕×××号

文改土字〔20××〕×××号

（内容略）

例中的机关代字标注不规范，正确的标注方法是只标出主办机关中国人民银行的机关代字即可，应为"银会厂字〔20××〕×××号"。

10. 混淆公文份号和发文字号

《条例》规定，份号是指公文印制份数的顺序号。涉密的公文应当标注份号。而发文字号则是由发文机关代字、年份和发文顺序号组成。

公文份号和发文字号的区别在于：

（1）写法上的区别。"公文份号"的写法为"000001"；"发文字号"的写法是"国发〔2013〕1 号"。

（2）标注位置的区别。公文份号用阿拉伯数字顶格标注在版心左上角第一行；"发文字号"在发文机关标志下空二行居中或居左空一字（上行文）编排。

（3）公文一般都需要编制发文字号，因为发文字号是公文的"身份标识"。而只有涉密的公文才需要编制份号。

四、标题不规范

《条例》规定，标题由发文机关名称、事由和文种组成。公文标题是对公文主要内容的概括和揭示，其作用在于向阅读者传达公文的基本内容。因此，公文标题是否规范，将直接影响到公文的办理效率、阅读效果乃至自身效力。标题的不规范，主要是在结构、文种方面存在"错误"、"混淆"和"缺失"。常见的标题不规范的现象有以下情形（文种的错误、混淆使用前面已有阐述，这里不再提及）：

1. 标题不全，即缺失

规范的公文标题通常由"发文机关＋事由（内容）＋文种"构成。

常见的不规范标题有以下几种：

（1）无发文机关标志，传达重大决策事项的下行文省略发文机关名称。前者如省略则不庄重、不严肃，受文单位的办文人员只有从文尾发文机关署名处才能判断文件的来源，不利于公文的办理。后者如省略则让人感到随意而不庄重。除上述情况外，如果文件本身已印发文机关标志，为避免公文标题累赘，普通公文也可不标明发文机关。

（2）省略事由。指公文标题没有对公文要表达的内容进行概括提炼，标题不能反映公文的主旨。如"通知"、"报告"、"纪要"、"决定"等。除极其简短的通知、邀请函外，一般来讲不得随意省略发文事由。标题一旦省略了事由，受文单位的办文人员就无法从标题中判断公文的主旨和意图，不利于公文的流转。

（3）事由表述不规范。从标题的结构来看，除了看其最主要的部分文种使用是否正确以外，我们还要辨别标题中的事由表述是否规范。标题事由表述不规范的常见情形是事由不清。

事由不清，是指标题对公文要表达的内容所做的概括性提炼不准确或者不全面。如《××处关于校园道路改造问题的请示》。如果不看公文内容只看标题的话，该文既可能是涉及校园规划的问题，也有可能是涉及道路改造经费等问题。

（4）省略文种。缺少文种现象较多出现在动宾词组构成事由的标题中。如《××县人民政府关于批转××局关于开展×××活动的意见》。根据上面提到的标题结构可将这个标题对应分解为："××县人民政府（发文机关）＋关于批转××局关于开展×××活动的意见（事由）"。显然，这是一个缺少文种的标题，行文单位的拟稿人将要批转的《××局关于开展×××活动的意见》中的"意见"直接作为文种，其直接后果是拟了一个没有文种的标题。既然这样，在这个标题中应该加上一个什么文种才是一个完整的标题呢？综合行文单位的权力范围、文种的功能、行文意图等几个影响文种使用的常见因素，如果在意见后面加上"的通知"就能成为一个完整的标题，即《××县人民政府关于批转××局关于开展×××活动的意见的通知》。

（5）省略介词"关于"。"关于"是连接发文机关和事由的介词，与事由组成介宾结构。如果随意省略"关于"，容易让人对公文内容产生歧义。如《××省财政厅表彰2012年度财务工作先进集体和先进个人的决定》，是面向本省所有单位进行表彰，还是只在该厅内部进行表彰，存在歧义。

（6）缺少宾语。如《××市政府关于认真做好拥军优属的通知》。该标题初看似乎没什么问题，但如果认真分析就会发现标题中缺少了宾语。"做好"后面的"拥军优属"在这里是一个定语，只有在"拥军优属"后加上"工作"才是一个完整的结构，即《××市政府关于认真做好拥军优属工作的通知》。

（7）缺少主语。如《××局关于赴贵市学习考察的函》。这是一份一个市的××局给另一个市××局关于前往学习考察的函，标题中因缺少主语而导致受文单位不知道对方谁要前来学习考察。要在"关于"后面加上"××同志"或"××代表团"才能让人清楚明了。

（8）搭配不当。标题中还有一种值得注意的情况就是动词搭配的问题。一般来说，每个公文的标题中都有一个动词，如"召开×××会议"中的"召开"、"提交×××资料（报告）"中的"提交"、"解决×××问题"中的"解决"、"做好××× 工作安排"中的"做好"等。但是在许多公文中都出现过动宾搭配不当、缺少动词、动词与文种语义重复等现象。如《××大学关于做好寒假期间工作的通知》、《××局关于维稳工作会议的通知》、《××局关于申请划拨科技工作会议专项经费的请示》等。正确的应为《××大学关于做好寒假期间工作安排的通知》、《××局关于召开维稳工作会议的通知》、《××局关于划拨科技工作会议专项经费的请示》。

（9）标题标点符号使用不规范。公文标题的标点符号不同于正文中标点符号的用法，《条例》明确规定，公文标题中除法规、规章名称加书名号外，一般不用标点符号。但在日常工作中，我们经常可以看到标点符号在标题中不规范使用的现象。例如：

①中央职称改革领导小组转发教育部中小学教师职务试行条例等文件的通知。

②关于印发《省教委主任×××在省 2008 年成人高校招生计划会议上的讲话（摘要）》的通知。

③关于转发省劳动厅"关于颁发《广东省企业工作时间管理暂行办法》的通知"。

根据《条例》规定，对于发布性的行政法规、条例、办法等，在公文标题中应加上书名号。例 1 中"教育部……试行条例"属发布性的法规文件，所以，规范写法应给发布的原文加上书名号。此外，非法规性的文件不加书名号，例 2 中"……讲话"不属法规性文件，所以，使用书名号是不规范的。例 3 中使用的双引号是不规范的，应删去。

2. 题文不符

表现为标题表达事由不清，指意不明。如《××处关于校园道路改造的请示》。

从标题上看，这份公文是就校园道路改造提出请示，但文中内容却是请求学校解决道路改造的经费问题。领导每天需要批示的文件非常多，如果他们在批示文件的时候来不及细看文件的具体内容，在看完标题后就直接批示"同意"，那么既不能解决行文单位所要解决的问题，同时也会因为重复行文和批示影响工作效率。如果上述公文标题拟成《××处关于解决校园道路改造经费问题的请示》，领导看了后就会就校园道路改造经费的多少、经费的出处作出批示，相关单位在执行过程中也会更加明确、快捷。又如《××物价局关于高校收费工作的通知》，如拟成《××物价局关于规范高校收费工作的通知》则更加具体，更加直观。

　　3. 转发类公文标题拟制不规范

　　这类标题的拟制，不仅常见，而且容易出错。最典型的是在拟制标题时直接照抄来文标题，把"关于"、"转发"、"的"和"通知"重复叠加，使得标题冗长，既不顺畅，又不好理解。遇到自上而下要求通过转发贯彻执行的公文，如果每个单位转发上级单位公文时都在标题前面加上"关于转发"，在后面加上文种"通知"，则会出现经过的层级越多，标题中加入的"关于转发"和"通知"就越多的现象，这样不仅造成标题冗长，而且读起来拗口晦涩，不知所云。

　　例如《××县人民政府关于转发××市人民政府关于转发××省人民政府关于转发国务院关于切实做好征地拆迁工作的通知的通知的通知的通知》。上述标题虽然说并没有什么错误，但由于层次太多，显得非常啰唆，让人不知所云。如果在拟制标题时省去中间转发的环节，采用直接转发的方法，即在第一个发文单位的标题《国务院办公厅关于切实做好征地拆迁工作的通知》前加上发文机关名称和"转发"就会显得简洁明了，至于中间各个转发单位的指示精神我们可以在文中加以说明。而且一般来讲，在上述情况下，最后的行文单位通常会将上级来文全文转发，所以各级单位在转发过程中结合本部门实际情况所做的要求在文中完全能够得到体现。

　　除上述几种情况以外，诸如因标题较长回行时将完整的词组或专有名词拆开、标题拖沓冗长等也是常见的标题不规范现象。

五、主送机关标注不规范

　　主送机关是指公文的主要受理机关，即对发文机关的公文予以办理或答复的机关，应当使用全称或规范化简称、统称。标注公文主送机关是公文格式中的重要内容之一。主送机关通常标注在公文标题之下，正文之上左顶格位置。主送机关标注不规范的常见情形有：

1. 主送机关过繁

过繁的主要表现是该使用简称的不简化，给人一种拖沓冗余之感。

例如：××机关发给中科院社科所的一封函的主送机关是"中华人民共和国科学技术研究院社会科学研究所"，显得过于繁琐。对此，正确的做法是使用规范化简称"中科院社会科学研究所"。

2. 主送机关过简

过简的主要表现是主送机关不能反映出该单位的实际名称或业务范围，且所用简称为非规范化简称。

如有些单位给××省人民政府上报文件时，主送机关为"省府"，给××省人民检察院上报文件时主送机关为"省检"。这样的称呼都是不准确的，一般只在口头上使用，而在公文中正确的称呼应为"××省人民政府"、"××省人民检察院"。

3. 主送机关标注过多

尤其是在一些下行文或使用"纪要"文种时，由于受文单位过多，常会出现主送机关一大串，不仅冗长，而且影响到公文正文在首页不能放置。对此，《格式》规定，如主送机关名称过多导致公文首页不能显示正文时，应当将主送机关移至版记中标注，标注方法同抄送。

4. 混淆主送机关和抄送机关

主送机关是公文内容的办理机关，抄送机关是只需对公文内容作了解的机关。这种情况多见于受双重领导的下级机关的公文。

如教育部所属某高校上报请求出访的公文时，主送教育部，抄送所在省外事机关。根据外事工作属地管理原则，教育部无权对出访工作作出答复，只有该高校所在省的外事机关才能对是否准予出访作出答复。因此主送机关应为"××省外事机关"，"教育部"为抄送机关。

六、正文引用文件名、文件号不规范

公文正文中有时会引用已经发布生效的相关文件，以起到说明、解释、强调等作用。但在实际工作中，也存在着公文引用不规范的情况。

1. 引用文件名不规范

譬如"根据《财政部关于国库支付的文件》（财发〔2008〕6号）精神"。

产生这种现象的原因在于有的公文拟稿人员敷衍了事，不负责任，懒得去查阅详细的文件名，或者是对公文引用规则把握不准。按要求，引用公文要准确，不能随意简化。正确的应该为"根据《财政部关于国库支付办法的通知》（财发〔2008〕6号）精神"。

2. 引用文号不规范

公文中引用文号不规范现象通常有以下四种情况：

（1）文号前后倒置。例如"据〔2008〕12 号××办发《关于×××的通知》"。

（2）只引文号不引标题。例如"据××办发〔2008〕12 号文"。

（3）只引标题不引文号。例如"据××办《关于×××的通知》"。

（4）引用文号缺失括号"（）"。例如"据××办《关于×××的通知》〔2008〕12 号"。

对于上述问题，正确的做法是：必须将"发文字号"要素用圆括号括入，以标注的形式出现；文号置于文件名之后。上述例子正确的标注是"据《关于×××的通知》（××办发〔2008〕12 号)"。

七、附件标注不规范

附件是随公文发出的文字资料或表格，是正文内容的组成部分，与公文正文具有同等效力，须清楚地予以标注。《格式》规定，附件应与公文一起装订，并在附件版心左上角第一行顶格标注"附件"，有顺序号时标注顺序号，附件的顺序号和名称前后标注应一致。如附件与公文正文不能一起装订，应在附件左上角第一行顶格标注公文的发文字号，并在其后标注"附件"二字及附件顺序号。在日常的公文处理过程中，常出现附件标注混乱的情况，总结起来，主要存在以下问题：

1. 附件名称前后不一致

有的公文正文标注附件仅一个名称，但实际上却有多个文件，正文标注的往往是概况的名称。例如：《关于划拨资产设备购置经费的请示》，该文有 4 个附件，但正文却笼统地用"资产设备购置论证相关文件"来对 4 个附件进行概括。这样导致正文中标注的附件名称与附件的实际名称不一致。

由于附件与正文有着不可分割的关系，如果正文之后的附件顺序号和名称与附件的顺序号和名称不一致，在法律意义上讲，附件便失去了其应有的与正文同等的效力。对于公文有多个附件时，应写明附件的顺序号和名称，按顺序依次附在公文主件后面。上述正确的标注方法是，将 4 个附件的名称分别写清楚，标出 1、2、3、4 的序号，分行标注出来，而不能图省事概括为一个附件。

2. 混淆附件的性质，导致标注错误

附件按性质可分主体性附件和从属性附件两种。带有主体性附件的公文，其主件实质上只起一种"批示"、"按语"或"说明"的作用，附件才是文件的核心。而从属性附件，是对公文主件起补充、说明作用的图表、名单、统计数据、印证材料、参考资料等。因混淆两类附件性质常出现的错误是，对于主体性附件在正文中标注了名称。

例如《关于印发××大学2008年工作计划的通知》，正文后标注了"附件：××大学2008年工作计划"。

事实上，对于被批转、转发、印发和发布、公布的内容的公文，附件才是文件的核心，主件为附件而发，没有附件也就没有主件。此类公文，正文中不需要标注附件说明。

3. 附件说明的位置不清楚

这类错误常见的有：将附件说明标注在成文日期、印章之下。

根据《格式》规定，正确的标注方法应该是：在正文下空1行左空2字用3号仿宋体字标注"附件"，后标全角冒号和名称。附件说明的位置应该是在成文日期之上。

4. 附件说明的标点符号不正确

在对附件标注标点符号时，常出现下列错误：

（1）将附件名称加上书名号。例如：

附件：《××大学计划生育登记表》

（2）在附件后标注标点符号。例如：

附件：××大学计划生育登记表。

（3）多个附件时，标点符号及格式错误。例如：

附件：1. ××大学计划生育登记表；
　　　2. ××大学人口信息统计表。

上述3个例子错误在于未能正确按《条例》和《格式》标注附件说明。附件名称不能加标点符号，名称后也不能加任何标点符号。对于1个附件正确的标注是：

附件：××大学计划生育登记表

对于两个或以上的附件标注，要在附件名称之前加上附件序号；第二个附件序号要与第一个附件序号上下对齐；附件序号用阿拉伯数码；附件名称不加书名号；附件名称后不加标点符号。例如：

附件：1. ××大学计划生育登记表
　　　2. ××大学人口信息统计表

八、成文日期标注不规范

成文日期是公文生效的时间，是党政机关公文生效的重要标志。公文如没有生效时间，在某种意义上说就是一纸空文。成文日期标注不规范主要体现在书写方面，对此，《格式》规定，成文日期用阿拉伯数字将年、月、日标全。

成文日期标注正确与否，直接关系到公文的时效和规范。对成文日期的标注，已有明确的规定。常见不规范情形有：

1. 年月日书写不全

比如将 2013 年 8 月 18 日写成 13 年 8 月 18。

2. 用"·"代替年月日

比如将 2013 年 7 月 15 日写成 2013·7·15。

3. 用汉字书写

比如将 2013 年 10 月 16 日写成二〇一三年十月十六日。

4. 阿拉伯数码与汉字混用

比如将 2013 年 10 月 8 日写成二〇一三年 10 月 8 日。

5. 标注位置不当

比如将成文日期标注在附件之前或不按格式要求标注。

诸如此类的写法既有损公文整体格式的规范，又给立卷查档造成了麻烦。这些问题的存在，是公文工作中有法不依的一种表现。它不仅说明某些人对成文日期正确标注方法的漠视，也反映了对公文拟稿、审核工作缺乏严谨的作风。因此，问题虽小，却不能不引起人们的注意。其实，正确书写和标注成文日期并不难。我们可将成文日期标注的规范化标准概括为以下三点：

第一，必须写全年、月、日。

第二，必须用阿拉伯数字书写。

第三，成文日期位于发文机关以下；会议通过的文件，应在标题之下、正文之前注明会议名称和通过日期。

九、公文生效标注不规范

公文生效标志是证明公文效力的表现形式。它包括发文机关署名或加盖印章。公文生效标志通常有以下两种情况，即单一发文机关的公文生效标志和联合行文机关的公文生效标志。常见的不规范现象有：

1. 发文机关署名不规范

《格式》规定，对于加盖印章的公文，如是单一机关行文，一般在成文日期之上、以成文日期为准居中编排发文机关署名；如是联合行文，一般将各发文机关署名按照发文机关顺序整齐排列在相应位置。对于不加盖印章的公文，如是单一机关行文，在正文（或附件说明）下空一行右空二字编排发文机关署名；如是联合行文，应当先编排主办机关署名，其余发文机关署名依次向下编排。

如没有按照上述相关规定标注发文机关署名，则为不规范现象。

2. 加盖印章位置不当

在加盖印章时，可能出现印章和成文日期的相对位置不符合规范的现象。尤其对于两个以上机关联合行文的情况，上述情形更是常见。

针对上述问题，要注意下列几种情况：

（1）单一机关发文时，印章端正、居中下压发文机关署名和成文日期，使发文机关署名和成文日期居印章中心偏下位置，印章顶端应当上距正文（或附件说明）一行之内。单一机关制发的公文加盖签发人签名章时，在正文（或附件说明）下空二行右空四字加盖签发人签名章，签名章左空二字标注签发人职务，以签名章为准上下居中排布。在签发人签名章下空一行右空四字编排成文日期。

（2）联合行文时，将印章与发文机关署名一一对应、端正、居中下压发文机关署名，最后一个印章端正、居中下压发文机关署名和成文日期，印章之间排列整齐、互不相交或相切，每排印章两端不得超出版心，首排印章顶端应当上距正文（或附件说明）一行之内。联合行文加盖签发人签名章时，应当先编排主办机关签发人职务、签名章，其余机关签发人职务、签名章依次向下编排，与主办机关签发人职务、签名章上下对齐；每行只编排一个机关的签发人职务、签名章；签发人职务应当标注全称。

（3）如公文排版后所剩空白处不能容下印章或签发人的位置时，可以通过调整行距、字距的方法加以解决，使印章与正文同处一面，不留任何空白。如果出现采取调整正文行距或字距的措施仍无法解决的极特殊情况，如多个机关联合下行文，因行文机关过多无法实现正文与所有发文机关的印章同处一页，也可以采用"此页无正文"的方法，即将印章加盖在下一空白页上，并在该空白页的第一行顶格标注"（此页无正文）"。

十、公文版记标注不规范

版记是公文内容的重要组成部分，它记录了公文正文及以上内容所没有记录的要素。版记由抄送机关、印发机关和印发日期等要素组成，位于公文的最后一面的最下面的位置（一定是在偶数页上），版记的最后一个要素置于最后一行。版记和空白页都不标注页码。

1. 抄送机关标注不规范

抄送机关标注不规范主要表现在一些细节方面。如将抄送机关居左顶格标注；或抄送机关回行时顶格书写；或在标注多个抄送机关时，中间既不用逗号隔开，末尾也不用句号等。

2. 印发机关标注不规范

公文印发机关标注不规范主要是由于将公文的印发机关等同于公文的发文机关造成的。发文机关在公文的首页作"发文机关标志"标注或在公文标题中显示，而印发机关指的是公文的印制主管部门，一般是各机关的办公厅（室）或文秘部门，两者标注的位置和所指的机构都不一样，因此要慎加区别。

3. 印发日期未用阿拉伯数码标注

《格式》规定，公文的印发日期以公文付印的日期为准，用阿拉伯数码标注。但在实际工作中，也常常出现用汉字标注年、月、日的现象。如"二〇一三年十月三十一日"，或者"二零一三年十月三十一日"，这都是不规范的写法。正确的标注应该是"2013 年 10 月 31 日印发"。

4. 版记位置标注不规范

版记位置标注不规范的常见情形主要有两种，一种是版记缺失，即没有版记；第二种是直接在成文日期下面标注版记。第一种情况，是从根本上忽视了版记的重要性，应根据《格式》有关版记标注的规定标注版记。而对第二种情况则要根据不同情况区别对待。

（1）如果公文的篇幅在 4 面以内，无论公文的主体是在第 2 面还是在第 3 面结束，其版记都应标注在第 4 面，即使第 3 面完全空白也应如此。如果正文主体在第 2 面甚至是第 1 面就结束了，且之后的空白能容下版记的位置，则在第 2 面标注版记。即使是第 2 面除了版记没有任何内容，也应如此。

（2）如果公文的篇幅在 4 面以上，这时公文的面数一般应是 4 的倍数，此时版记也必须放在最后一面，而不必管前面的空白页有多少。

（3）对带有附件的公文，如果附件最后的空白能够放得下版记，而该页正好是 4 的倍数，此时版记可置于该空白处，不必另起一页。如果附件是被转发的文件，则转发文件要标注自己的版记，而不能以被转发文件的版记替代。

除了上述不规范情形外，如页码标注、表格制作、公文用纸、公文排版、公文装订等也都常有不规范现象出现，对此，《格式》都有严格的标准和规范，读者可参照使用。此外，《格式》还特别对公文的几种特定格式做了特别说明，如信函式格式、命令格式、纪要格式。

第二十三章　行文规则病例分析

行文规则是控制公文行文方向和行文方式的有关要求和准则，是各级党政机关在行文时必须共同遵守的制度和原则。概括起来讲，《条例》中所体现的行文规则主要有："行文的必要性和实效性原则"、"对应关系原则"、"联合行文规则"、"部门行文规则"、"抄送规则"、"上行文规则"等。

一、行文规则和基本要求

1. 必要性和实效性原则

《条例》第十三条规定："行文应当确有需要，讲究实效，注重针对性和可操作性。"《办法》第十三条规定："行文应当确有必要，注重效用。"要遵守必要性和实效性原则，行文时就应该坚持做到可发可不发的公文则不发，可长可短的公文则短。这样既可有效地控制文件的数量，也能进一步抑制无价值公文的产生，同时亦可简化行文手续，缩减行文程序，提高行文效率，使得各级党政机关免受"文山"之患，切实维护公文的权威性和严肃性。

2. 一文一事原则

公文要求一文一事，其实质是为了清晰地表达公文的行文目的，避免出现推诿、拖拉以及耽误工作的情况，以达到提高办事效率的目的。但许多公文拟制者却没有很好地领会"一文一事"的行文规则，为了图省事，就将多件事情并在一起行文，以为可以快速获得全部信息并可在最大程度上解决问题，结果却适得其反。

例文

××批〔2013〕××号

××大学关于"两个请示"的批复

××××：

　　10月30日来文《关于收集学位授予数据库、本科毕业数据库的请示》以及10月5日来文《关于下拨2013年研究生工作总结会议经费的请示》收悉。经学校领导和有关部门研究，现批复如下：

　　一、同意收集学位授予数据库、本科毕业数据库。

　　二、希望学校评定委员会办公室统筹建立起完整的学位授予数据库，使学校相关工作能更规范、科学。

　　三、同意召开2013年研究生工作总结会议。

　　四、会议经费从××校长机动费中列支。

此复

××大学

2013年11月8日

　　分析：例文作为上级部门对两个来文的批复，应对具体请示事项给予清晰、明确的指示，以便于下级执行。从下级报送的公文来讲，符合一文一事的原则，但作为上级给下级批复的事项来说，也应针对一文给予一个答复，而不应混在一起，出现一文多事的情况。上文可修改为：

批复 1

×× 批〔2013〕×× 号

关于 2013 年研究生工作总结会议经费的批复

×××× ：

10 月 5 日来文《关于下拨 2013 年研究生工作总结会议经费的请示》收悉。经学校领导和有关部门研究，现批复如下：

一、同意召开 2013 年研究生工作总结会议。

二、会议经费从 ×× 校长机动费中列支。

此复

×× 大学

2013 年 11 月 8 日

批复 2

×× 批〔2013〕×× 号

关于收集学位授予数据库和本科毕业数据库的批复

×××× ：

10 月 30 日来文《关于收集学位授予数据库、本科毕业数据库的请示》收悉。经学校领导和有关部门研究，现批复如下：

一、同意收集学位授予数据库和本科毕业数据库。

二、希望学校评定委员会办公室统筹建立起完整的学位授予数据库，使学校相关工作能更规范、科学。

此复

×× 大学

2013 年 11 月 8 日

3. 按隶属关系和职权范围确定行文关系

《条例》规定，行文关系根据行文机关之间的隶属关系和各自的职权范围来确定。要明晰行文关系，首先必须弄清授受公文机关之间的工作关系。任何机关之间根据其各自的组织关系或隶属关系、职责和权利范围等因素都可形成相应的工作关系，如领导与被领导关系、指导和被指导关系、平行关系、不相隶属关系等。工作关系决定行文关系，行文关系决定公文传递的基本方向，据此，通常可将公文划分为上行文、下行文和平行文。

上行文是下级机关向直接的上级机关报告工作、提出请示的公文，主要用于同一组织系统的下级机关对上级领导机关或同一专业系统的下级主管业务部门对上级主管业务部门呈报公文，如报告、请示、意见等。除了同一组织系统中上级机关与下级机关之间存在的领导与被领导关系外，在我国现行的管理体制中，常见的还有一种专业系统中存在的上下垂直关系，即某一个部门既受本级政府的直接领导，又受上级业务部门的间接领导，在这种双重领导关系体制中，上级业务部门与其存在业务上指导与被指导关系。

下行文是上级领导机关或上级主管业务部门对下级机关或下级主管业务部门发送的公文，如通知、批复等，用于对下级机关布置工作、提出要求。下行文的行文方向与上行文的行文方向正好相反。

平行文是指同一组织系统或专业系统的同级机关之间往来的公文，如国务院下辖的各部委之间、教育部下辖的各高等院校之间往来的公文；或者是非同一组织系统或专业系统的、无论级别高低均无隶属关系机关之间往来的公文，如军事机关与地方人民政府之间，一个省人民政府的教育厅与另外一个省人民政府的人事厅之间，往来的都是平行文，如函等。

在行文时，除根据是否具有隶属关系来确定行文关系外，同时还必须注意职权范围，各机关行文的内容必须是本单位职权范围内的事项，如超出本单位的职权即为越权。下级机关越级请示和报告是不允许的，越级干涉别的机关事务的公文同样是行不通的。如因特殊情况必须越级行文，应当同时抄送被越过的上级机关。在实际工作中，经常会遇到上一级政府业务部门的工作需要下一级政府及其相关部门协助与配合的情况，但从隶属关系和职权范围来讲，根据《条例》第十六条第三款规定，党委、政府的部门在各自职权范围内可以向下级党委、政府的相关部门行文。第二款规定，党委、政府的办公厅（室）的其他部门和单位不得向下级党委、政府发布指令性公文或者在公文中向下级党委、政府提出指令性要求。但实际工作中，这些部门和单位是需要指导下级党委、政府的工作的，要解决这一职权障碍，上一级政府的业务部门可以通过本级政府颁发文件对具体事项进行审批，从而实现对下一级政府及其相关业务部门布置工作，提出要求。通常的做法是：该部门先将文件拟好，经本部门领导签署后，呈请本级政府分管领导审批。经政府领导审批后的文稿，以本级政府或者办公厅（室）的名义印发至下级政府及相关业务主管部门贯彻执行，文中须注明已经获得政府同意。

对于各级党政机关办公厅（室）的行文权力，这里需要作特别说明。由于办公厅（室）的特殊职能和作用，在日常工作中，它们经常代表党委和政府行文，其效力与党委或政府相同。办公厅（室）的这种行文权力并非与生俱来，而是本级党委或政府授予的。《条例》第十六条第二款规定，党委、政府的办公厅（室）根据本级党委、政府授权，可以向下级党委、政府行文。《条例》第十七条规定，党委、政府的部门依据职权可以相互行文。部门内设机构除办公厅（室）外不得对外正式行文。

4. 按要求联合行文

《条例》第十七条规定，同级党政机关、党政机关与其他同级机关必要时可以联合行文。属于党委、政府各自职权范围内的工作，不得联合行文。根据行文必须遵守隶属关系和职权范围的原则，各级机关、部门原则上不能越级、越权、越位行文，但在实际工作中往往遇到需要党政齐抓共管、军地合作、下级政府与上级部门协作等情况，为了更有效地贯彻落实，经常需要联合行文。联合行文既可以联合向上行文，也可以联合向下行文。联合行文的单位并非越多越权威，应按是否确有必要的原则选择联合行文单位。联合行文应当明确主办部门。

5. 按要求使用"请示"

请示是上行文中最常见的一种公文，用于下级机关就某项工作向上级机关请求指示、批准。由于其使用的高频率和发挥的主要作用，因而对"请示"的使用规则有严格的要求。一是要求请示"一文一事"。根据分工负责的原则，各部门都有明确的分工和职权界限，不能越权办理各自职权范围以外的事项。要求请示一文一事，就是为了避免因一文多件事项而涉及多个不同的职能部门，造成部门之间无人牵头主办，相互推诿，既影响办文效率，又达不到事前的预期效果。二是要求请示只主送一个机关。请示的目的是就某件事得到指示或批准，受文单位必须就请示事项做出答复。如果请示多头主送，会造成相关单位之间相互等待或意见不统一，增加协调或执行难度，影响办文效果。因此，对多头主送的公文，上级单位一般不予受理或不做答复。三是请示不得抄送其下级机关。与下级单位无关的请示当然不必抄送其下级单位；与下级单位有关的请示，在没有得到上级单位答复前就将请示内容抄送给下级单位，会引起不必要的猜测和误解，从而给工作造成不必要的麻烦，甚至影响上级单位做出答复。因此，请示事项只能在上级单位给予答复后才可通知其下级单位。

6. 按要求拟写"报告"

这里说的按要求拟写报告，是指"报告"不得夹带请示事项。这在《条例》中已有明确要求，"报告"和"请示"是两种功能不同的文种，对两者的使用均有相应的要求。根据规定，上级单位对报告可以不做答复，只有对请示事项才会做出答复，所以在报告中夹带请示往往会误事。如果在向上级单位汇报工作、反映情况的同时，确有必要围绕相关事项请求指示、批准，既可将"报告"和"请示"分开形成两份公文上报，也可以请示为主，将报告作为请示的附件一起上报，这样既遵守了"不得在报告等非请示公文中夹带请示事项"的规定，又可以有效解决问题。

7. 按要求抄送公文

抄送就是将公文主送给受文单位的同时，又送给需要执行或知晓公文内容的其他机关的一种送文方式。公文抄送通常适用于以下几种情形：①在上行文中，有三种情况：一是受双重或多重领导的机关向上级机关请示，在主送一个机关的情况下，将其他上级机关列为抄送机关；二是因特殊情况越级请示时，应当抄送被越过的上级机关；三是向有关上级机关或领导人报告情况时，可以抄送其他需要了解情况的领导或不相隶属的机关。②在平行文中，依照管理职权范围函复平级机关审批事项，涉及重要的政策性规定或执行面较广的，应抄送上级机关，必要时也应抄送相关的平级单位及本系统的所属机构。③在下行文中，有三种情况：一是向下级制发重要行文，应当抄送上级机关以及与文件内容有关联的平级机关；二是向受双重领导的下级机关行文，必要时应当抄送该机关的另一上级机关；三是转发上级文件时，一般应抄送来文的上级机关。

对抄送公文的要求主要有三点：一是"向下级机关或者本系统的重要行文，应当同时抄送直接上级机关"。这样利于上级机关了解下级机关的工作情况，同时对下级机关的工作给予指导或监督。二是上级机关向受双重领导的下级机关行文，必要时应当抄送其另一上级机关。这样做便于另一上级机关了解发文单位的意见和态度，在指导工作时不至于因不了解情况做出不同决策而引起误会和矛盾。三是请示不得抄送下级机关，前面已有提及，不再赘述。

二、违反行文规则的常见情形

1. "文山"之患严重

现今，诸多单位不管事大事小，动辄下发"红头文件"，导致受文单位机关疲于应付，效果却适得其反。党和国家有关部门对此现象十分重视，多次发文要求精减文件数量，对于可发可不发的公文则不发。但目前来看，这种现象依然存在。

出现这一现象的原因主要有：一是有些单位认为用红头文件更具权威性，办事较为方便，因此动辄下发公文；二是将公文的数量作为衡量机关工作成绩的重要标准，认为公文越多表明工作做得越扎实；三是将发文作为分解责任的一种方式，认为只要发了文，责任就不在我；四是多头管理，多头行文。

《条例》明确要求，行文应当确有必要，讲究实效，可发可不发的公文则不发，可长可短的公文要短。没有必要的行文，一方面浪费人力、物力，另一方面也会将简单的事情复杂化，影响机关工作效率。因此，在公文处理工作中，务必要遵循《条例》的规定，结合工作实际，注重实效。

2. 多头主送

多头主送的现象常常表现为：将公文主送给上级单位和更上一级单位；或同时主送受双重领导的两个上级单位；或同时主送所有相关的职能部门，如"省委、省政府"、"市委并报省委"、"党委组织部、人事处"等。

《条例》第十五条规定，向上级机关行文，原则上主送一个上级机关。有的公文如确实需要其他相关的上级机关阅知，可以抄送；受双重领导的单位向上级机关行文，应当写明主送机关和抄送机关；如果是请示，由主送机关负责答复。对于多头主送的公文，上级机关要么不予受理，要么因职责不清而相互推诿。就算受文机关都对来文持积极态度，但因职责、立场、处事方式等情况的差异，最后做出的答复很难达到一致，往往会使问题复杂化，影响工作的效率。

例文

××〔2013〕××号

关于制止交通道路建设违法用地问题的请示

××省人民政府、省委：

近几年来，我省加快了交通建设步伐，对改善我省投资环境，促进经济发展做出了积极贡献。但一些地方在交通建设中忽视耕地保护，乱占滥用耕地的现象也比较突出。据我厅调查统计，全省××××年至××××年上半年交通道路建设占用土地达××万亩，其中占用耕地××万亩，基本农田保护区面积××万亩。全省预计到××××年交通道路建设还需占用土地××万亩，其中占用耕地××万亩，基本农田保护区面积××万亩。如不及时制止，后果十分严重。

一、交通道路建设用地存在的主要问题

（一）一些地方政府和主管部门的领导法制观念淡薄，片面强调交通建设的特殊性，没有依法履行用地手续，造成全省相当数量的交通道路建设用地未批先用，违法用地的现象比较严重。

（二）目前全省交通道路建设年均占用耕地××万亩，为总用地量的××%。一些地方交通道路建设项目在选线、设计和施工过程中，没有从保护耕地、节约用地的角度去考虑，使稳定全省耕地面积、实现总量平衡工作增加了很大的压力。在人多耕地少的地方，造成人均耕地水平迅速下降，出现一大批无地可耕的农民，给农村社会带来了不稳定因素。

二、加强交通道路建设用地管理的几点意见

（一）交通道路建设应该节约用地，保护耕地。交通道路建设用地应该得到保证，但交通部门必须贯彻实施"珍惜和合理利用土地，切实保护耕地"的基本国策，注意节约，特别是少占耕地和基本农田保护区。

（二）国土部门要在建设的前期提前介入，参与项目论证把关。根据新《土地管理法》的规定，交通部门在项目可行性研究阶段，应邀请国土部门参与论证。国土部门要对项目用地有关事项进行预审，并写出项目用地预审报告。交通部门在对项目的设计方案进行修改时，要认真考虑国土部门的意见。

（三）依法办理征用、使用土地手续。今后交通建设征用、使用土地必须依法到

国土部门办理申报审批手续，征用基本农田保护区的农田需报国务院批准。对×××
×年以前未依法办理用地手续的交通建设用地，必须在××××年6月底前到国土部
门补办用地手续，逾期不办的，按违法用地处理。

　　以上意见如无不妥，请批转各地各有关部门贯彻执行。

××省国土厅

2013 年 10 月 16 日

　　分析：如单纯从结构层次的角度，例文不失为一篇写得很成功的公文。文中首先
阐述了行文的缘由，指出因交通道路建设导致违法用地的现象十分严重。第二部分，
详细阐述了问题所在。第三部分提出解决上述问题的可行办法。

　　但从行文规则来看，例文存在多头主送的问题，容易导致推诿以及延误事情。起
草公文的××省国土厅作为政府的组成部门，就本部门管辖的国土问题提出意见，但
该事项涉及交通部门，而交通的管辖权不属于国土厅。对此，应向双方的共同上级部
门即省人民政府行文。国土资源和交通都属于政府事务，不属于党委系统的事务，因
此不能向省委行文。综上所述，本文的主送单位应为省人民政府，删掉"省委"。

　　此外，在内容方面，例文正文阐述的力度不够。在主要问题中，缺乏必要的数据
支撑材料，使得论述显得苍白乏力。其次，在具体措施方面，应提出一些具体、操作
性强的办法，否则相关部门无所适从。尤其是第一点意见中，可提出更为具体的
措施。

　　综上所述，例文可修改为：

×× 〔2013〕 ××号

关于制止交通道路建设违法用地问题的请示

××省人民政府：

　　近几年来，我省加快了交通建设步伐，对改善我省投资环境，促进经济发展做出
了积极贡献。但一些地方在交通建设中忽视耕地保护，乱占滥用耕地的现象也比较突
出。据我厅调查统计，全省××××年至××××年上半年交通道路建设占用土地达
××万亩，其中占用耕地××万亩，基本农田保护区面积××万亩。全省预计到××

××年交通道路建设还需占用土地××万亩，其中占用耕地××万亩，基本农田保护区面积××万亩。如不及时制止，后果十分严重。

一、交通道路建设用地存在的主要问题

（一）一些地方政府和主管部门的领导法制观念淡薄，片面强调交通建设的特殊性，没有依法履行用地手续，造成全省相当数量的交通道路建设用地未批先用，违法用地的现象比较严重。据调查发现，交通道路建设违法用地率高达××%，其中违法占用耕地××万亩，违法率达××%。一些地方要求采取先用后补办手续的办法解决交通建设用地，但建设部门用地后却不及时补办手续，有的公路已竣工多年，通了车收了费仍不补办用地手续。

（二）目前全省交通道路建设年均占用耕地××万亩，为总用地量的××%。一些地方交通道路建设项目在选线、设计和施工过程中，没有从保护耕地、节约用地的角度去考虑，使稳定全省耕地面积、实现总量平衡工作增加了很大的压力。在人多耕地少的地方，造成人均耕地水平迅速下降，出现一大批无地可耕的农民，给农村社会带来了不稳定因素。

（三）一些地方交通道路建设忽视基本农田的保护，近几年来已占用基本农田保护区面积达××万多亩，其中违法占用基本农田保护区面积××万亩，违法率达××%。

二、加强交通道路建设用地管理的几点意见

（一）交通道路建设应该节约用地，保护耕地。交通道路建设用地应该得到保证，但交通部门必须贯彻实施"珍惜和合理利用土地，切实保护耕地"的基本国策，注意节约，特别是少占耕地和基本农田保护区。要认真做好交通建设的规划，把交通建设用地纳入各级土地利用总体规划和年度计划。在道路规划、设计、选线上应尽可能避开耕地和基本农田保护区，确实无法避开的，应严格按照新的《土地管理法》的要求，负责开垦与所占耕地的数量与质量相当的耕地，或按照省的有关规定缴纳耕地开垦费；占用基本农田保护区的要加倍缴纳，专项用于开垦新耕地，以保证耕地总量动态平衡。经批准占用耕地的建设用地单位，所占耕地的耕作层土壤不能随意弃置，应用于新开垦耕地和劣地的土壤改良。

（二）国土部门要在建设的前期提前介入，参与项目论证把关。根据新《土地管理法》的规定，交通部门在项目可行性研究阶段，应邀请国土部门参与论证。国土部门要对项目用地有关事项进行预审，并写出项目用地预审报告。交通部门在对项目的设计方案进行修改时，要认真考虑国土部门的意见。

（三）依法办理征用、使用土地手续。今后交通建设征用、使用土地必须依法到国土部门办理申报审批手续，征用基本农田保护区的农田需报国务院批准。对×××年以前未依法办理用地手续的交通建设用地，必须在×××年6月底前到国土部门补办用地手续，逾期不办的，按违法用地处理。

以上意见如无不妥，请批转各地各有关部门贯彻执行。

××省国土厅
2013 年 10 月 16 日

3. 越级上报、越权行文

越级上报、越权行文即越过本单位的直接上级领导机关而向更上一级机关行文。譬如，在正常情况下将公文越过直接上级机关上报；未经本级党委、政府同意或授权，越过本级党委、政府向上级党委、政府主管部门请示重大问题。

《条例》规定，向上级机关行文，原则上主送一个上级机关；如需其他相关的上级机关阅知，可以抄送。除上级机关负责人直接交办的事项外，不得以本机关名义向上级机关负责人报送请示、意见和报告等公文。

不能越级行文中的"级"，指的是党的机关、行政机关之间具有隶属关系的领导与被领导关系的上下级和具有业务上指导与被指导关系的上下级。这符合实行层级制管理体制的前提下，应遵循上级领导下级、下级对上级负责的管理原则。否则，既破坏现有的管理秩序，又影响办事效率，所以如不是遇到特殊情况，通常不应当打破这种管理体制下的规范和约束。如遇紧急情况，来不及或没办法与直接的上级机关报告、请示工作，或对更上一级领导直接交办的工作，下级机关可以特殊情况特殊处理，越级行文，但同时要抄送被越过的机关，或事后向上级机关作出说明。受文机关对无特殊情况越级上报的公文应退回呈文单位或作为阅件处理，不做答复。

有些部门为贪图方便通常喜欢将公文直接送呈领导本人，认为可以引起领导的重视，提高办事效率，但事实并非如此，结果往往是弊大于利。首先，因公文未经办文部门签收、登记，公文的去向和办理进度往往无法跟进，有时还会因领导公务繁忙而延误了公文的办理。其次，因为直接报送领导的公文没有职能部门的审批意见，领导往往会面临批与不批或怎么批的选择。批则没有参考依据，而且会造成呈文单位与相关职能部门之间的矛盾；不批则影响呈文单位的工作。但大多数时候，领导出于工作规范和办文程序的考虑，通常会选择将文件转送办文单位统一处理，这就是办文中常见的"文件倒流"现象。这样一来不仅破坏了规范的办文程序，而且还会影响办文效率，正所谓"欲速则不达"。

　　除越级行文外，还有一种现象称为越权行文。一是事项涉及多个部门，但办文部门在未取得相关部门同意或一致意见的情况下，超出自身的职责范围单独向下级机关行文；另一种情况是下级机关超越自身的权限擅自作出应由上级机关作出的决定。

　　为防止造成不良后果，对于上述越权行文的行为，上级单位往往会做出限令纠正或撤销行文的处理。

　　例文 1

××〔2013〕××号

关于我县×××等三名领导干部出访日本的请示

省人民政府：

　　我县×××、×××、×××三名领导干部，应日本××协会邀请，拟于今年×月赴日本参加××艺术交流活动。在日时间×天。经中共××市委、××市政府研究，同意他们出访。现呈报你们，请批示。

××县人民政府

2013 年 10 月 10 日

　　例文 2

××〔2013〕××号

××省政府党组、××省人民政府转发省人大常委会关于办理加强农田水利基本建设议案的决议的通知

各地级以上市人民政府，各县（市、区）人民政府，省政府各部门、各直属机构：

　　省十届人大常委会第二十一次会议审议通过了省人民政府《关于加强农田水利基本建设议案的办理方案报告》，并做出了相应的《决议》。现转发给你们，请认真贯彻执行。

××省政府党组　××省人民政府

2013 年 11 月 1 日

例文 3

××〔2013〕××号

关于减免我市原体制中定额上缴的请示

××副省长：

　　我市财政因收入结构不合理，上划省级财政"两税"几乎占收入的一半，尽管收入总量在全省处于中等水平，但人均财力处于全省最后之列。我市财政老体制每年要定额上缴省级财政 1.2 亿多元，近几年每年要净上划省级财政"两税"几亿元。我市目前出现大量县乡欠发工资现象，原因固然很多，但体制上划、上缴省级财政多，财政"贫血"也是其中的一个重要原因。因此，请求省级财政分三年减免我市原体制中定额上缴××亿元。其中，××××年和×××年各减免××亿元，××××年全部予以免除。

　　妥否，请批复。

××市人民政府

2013 年 3 月 27 日

　　分析

　　上述例文存在三处不当：一是越级请示；二是越权；三是直接送呈领导者本人。

　　例文 1 中，××县政府直接越过上级部门——××市政府——向省政府请示工作，显然不符合公文的行文规则要求。正确的行文方式应为，县政府向上一级市政府行文请示，市政府向省政府行文请示。

　　例文 2 中，××省政府党组是党组织，无权管辖行政事务，更无权向其他行政职能部门行文。虽然地市级政府部门是省政府的下级单位，但作为政府党组而言，不存在行政管辖关系。因此，省政府转发此文比较合适。

　　例文 3 中，文件内容是请求财政部门减免财政上交，行文对象应该为财政厅，不能直接送呈省领导。

　　综上所述，以上例文可修改为：

例文 1

××〔2013〕××号

关于××县×××等三名领导干部出访日本的请示

省人民政府：

我市××县×××、×××、×××三名领导干部，应日本××协会邀请，拟于今年×月赴日本参加××艺术交流活动，在日时间×天。经我市委、市政府研究，同意他们出访。现呈报你们，可否，请批示。

××市人民政府
2013 年 10 月 10 日

例文 2

××〔2013〕××号

××省人民政府转发省人大常委会关于办理
加强农田水利基本建设议案的决议的通知

各地级以上市人民政府，各县（市、区）人民政府，省政府各部门、各直属机构：

省十届人大常委会第二十一次会议审议通过了省人民政府《关于加强农田水利基本建设议案的办理方案报告》，并做出了相应的《决议》。现转发给你们，请认真贯彻执行。

××省人民政府
2013 年 11 月 1 日

例文 3

××〔2013〕××号

关于减免我市原体制中定额上缴的请示

××省财政厅：

我市财政因收入结构不合理，上划省级财政"两税"几乎占收入的一半，尽管收入总量在全省处于中等水平，但人均财力处于全省最后之列。我市财政老体制每年要定额上缴省级财政 1.2 亿多元，近几年每年要净上划省级财政"两税"几亿元。我市目前出现大量县乡欠发工资现象，原因固然很多，但体制上划、上缴省级财政多，财政"贫血"也是其中的一个重要原因。因此，请求省级财政分三年减免我市原体制中定额上缴××亿元。其中，××××年和××××年各减免××亿元，×××× 年全部予以免除。

妥否，请批复。

××市人民政府

2013 年 2 月 27 日

4. 混淆行文关系

混淆行文关系主要表现为党政不分。譬如向上级反映行政工作事项，却向上级党委机关行文；党务工作内容却向上级行政部门行文。

党的机关、行政机关行文时既要注意机关之间的隶属关系，又要清楚机关的职责范围。隶属关系和职责范围不清，往往会造成行文关系混乱。如果机关之间是领导与被领导的关系，下级机关向上级机关行文就必须使用"请示"、"报告"、"意见"等文种；如果机关之间是非同一专业系统的因分工不同而形成的指导与被指导的关系，且不存在相隶属的关系，选择文种时则只能使用"函"或"意见"。

例文

×教办转〔2013〕××号

转发教育部办公厅关于加强校庆管理工作的通知

市属各高校党委，各区、县级市教育局，局属各中小学校、中职学校：

　　现将省教育厅《转发教育部办公厅关于加强校庆管理工作的通知》（×教办〔2013〕×××号）（以下简称《通知》）转发给你们，请各单位认真贯彻落实《通知》的要求，在工作中切实加强对校庆工作的管理，确保校庆活动规范、有序、健康开展。

××市教育局××科

2013 年 8 月 1 日

　　分析：例文存在下列不当之处：

　　（1）转发公文混淆党政关系。根据《条例》规定，党委办公室负责办理本级党委文件，行政办公室负责办理本级行政文件，党政各职能部门需要转发、批转上级的文件，须按党政系统分工分别在各自系统行文。而例文中的事项显然属于行政事务，不需转发到党委机关。

　　（2）行文权限不明确。根据《条例》规定，党政部门下设科室不得对外行文，而××科是××教育局的下设科室，按规定不能正式对外行文。

　　综上所述，可将例文修改为：

×教办转〔2013〕××号

转发教育部办公厅关于加强校庆管理工作的通知

市属各高校，各区、县级市教育局，局属各中小学校、中职学校：

　　现将省教育厅《转发教育部办公厅关于加强校庆管理工作的通知》（×教办

〔2013〕×××号）（以下简称《通知》）转发给你们，请各单位认真贯彻落实《通知》的要求，在工作中切实加强对校庆工作的管理，确保校庆活动规范、有序、健康开展。

××市教育局

2013 年 8 月 1 日

5. 抄送无序

抄送无序主要表现为：不分有无关系、有无必要，随意抄送上下左右诸多单位；把请示同时抄送下级机关；对受文单位领导一一抄送等。

发文机关要根据公文内容与性质、机关或领导人的职能或职权及工作的需要、保密需要来确定抄送名单，少了不利于工作，过多过滥会使受文机关以及发文机关本身不胜负担。请示件要慎列抄送单位。一是不能抄送下级机关；二是确实需要抄送平级单位的，也应严加控制抄送范围，因为上级未批准时，文件的内容尚未确定，还处于内部研究决策阶段，故不宜让信息扩散，否则会使工作被动甚至造成不良后果。抄送一般按机关性质和隶属关系把握，依据国家、省、市级单位层次顺排，如确需抄送上级领导的，可先排个人，再排单位。

例如，有一份××市××局写给市政府的上行文，其文尾的抄送栏是这样设计的：

抄报：省××局，各县（市）××局，市直各局（委）××室

分析： 此例不当之处在于上行文不能抄送给下级机关。除了抄送不规范外，抄送机关的标注也存在问题。

一是"抄报"应改为"抄送"。在 1994 年以前，抄送机关分为两种：送给平级、下级、不相隶属机关的叫"抄送"；送给上级机关的叫"抄报"，以示对上级机关的尊重。这种规定从 1994 年 1 月 1 日起就取消了。

二是应在最后一个抄送机关后标句号。而本例的最后一个抄送机关后没有任何标点符号。

综上所述，应修改为：

抄送：省××局。

例文

××部〔2013〕××号

××省关于完善城镇社会保障体系试点情况的报告

党中央、国务院：

　　根据中央的部署和要求，××省从××××年开始在全省进行完善城镇社会保障体系试点。党中央、国务院领导同志十分关心试点工作，多次赴××省考察试点情况，作出了一系列重要指示。国务院专门成立了完善城镇社会保障体系试点工作小组，对××省的试点工作进行指导。××省委、省政府高度重视试点工作，按照试点方案确定的目标任务和工作要求，精心组织，周密部署，积极推进，试点工作取得明显成效。现将有关情况报告如下：

　　一、××省试点进展情况

　　按照《国务院关于印发完善城镇社会保障体系试点方案的通知》（国发〔××××〕42号）的要求，××省制定了完善城镇社会保障体系试点实施方案，××××年7月1日起开始组织实施。

　　（一）下岗职工基本生活保障向失业保险并轨任务基本完成。

　　（具体内容略）

　　（二）基本养老保险个人账户基本做实。

　　（具体内容略）

　　（三）城市居民最低生活保障基本做到应保尽保。

　　（具体内容略）

　　（四）城镇职工基本医疗保险改革步伐加快。

　　（具体内容略）

　　（五）困难集体企业退休人员开始按低保标准领取生活费。

　　（具体内容略）

　　二、总体评价和主要做法

　　××试点是党中央、国务院的一项重要决策，是落实"三个代表"重要思想、完善中国特色社会保障体系的重要实践。（具体内容略）

××试点的主要做法是：

（一）加强领导，认真制订实施方案并精心组织实施。

（具体内容略）

（二）积极筹措资金，着力解决难点问题。

（具体内容略）

（三）加强生活保障和再就业工作，保持企业和社会稳定。

（具体内容略）

三、下一步的工作意见

××试点的成功经验，对其他地区具有重要的借鉴意义和示范作用。下一步工作的总体考虑是：认真贯彻党的十六大精神，以"三个代表"重要思想为指导，按照中央关于加快完善社会保障体系的部署和要求，圆满完成××试点任务，总结经验，逐步扩大试点，加强工作指导，研究新情况解决新问题，推进独立于企业事业单位之外、资金来源多元化、保障制度规范化、管理服务社会化的社会保障体系建设。

（一）圆满完成××试点任务。

（具体内容略）

（二）逐步扩大试点范围。扩大试点工作要按照量力而行、逐步扩大的原则，有计划有步骤、分期分批地稳步推行。

（具体内容略）

（三）继续落实完善社会保障体系的各项政策。对已有的各项社会保障政策，各地要全面落实。

（具体内容略）

××部　××办　中共××省委

2013 年 2 月 28 日

抄送：××同志、××同志；

　　××省委、省政府，××市委、市政府

分析：例文属于上行文，向上级部门报告工作。在拟制中出现下列突出问题：

（1）党政不分且多头主送。例文主要是向上级反映社会保障工作的试点情况，并提出意见。本应属于国务院职权范围的事务，但在行文关系方面，向党政机关联合行文而党政混杂一并主送，譬如主送单位党中央、行文单位中共××省委。显然这属于行政事务，不在党委的职权范围内，因此党委无权受文、行文。

（2）随意抄送。不分有无关系、有无必要，随意抄送上下左右诸多单位。此文为上行文，却向下级机关层层抄送，非常随意、混乱，显然不符合公文的行文规则。

综上所述，应将例文修改为：

××部〔2013〕××号

××省关于完善城镇社会保障体系试点情况的报告

国务院：

根据中央的部署和要求，××省从××××年开始在全省进行完善城镇社会保障体系试点。党中央、国务院领导同志十分关心试点工作，多次赴××省考察试点情况，作出了一系列重要指示。国务院专门成立了完善城镇社会保障体系试点工作小组，对××省试点工作进行指导。××省委、省政府高度重视试点工作，按照试点方案确定的目标任务和工作要求，精心组织，周密部署，积极推进，试点工作取得明显成效。现将有关情况报告如下：

（以下内容略）

××部××办
2013 年 2 月 28 日

6. 不对等单位之间联合行文

不对等单位之间联合行文主要表现为联合行文单位级别不对等。例如，××市财政局为了做好财务预算工作而与市政府联合行文。财政局虽然是独立的法人单位，但其级别要比市政府低，故两者不可联合行文，应以财政局单独行文为妥。

根据《条例》第十七条规定，联合行文的各单位必须是同一级别，级别不同的单位不能联合行文。联合行文必须坚持确有必要的原则。一般有党政联合行文、党政军联合行文、职能部门联合行文等。联合行文时，行文单位必须达成一致意见，并逐一履行会签手续，然后由各职能部门的领导签批，再交由签发人签发，最后用标有牵头部门的发文机关标志的文件纸或用标有各部门名称的发文机关标志的文件纸发文。公文制作完成后，由联合发文的各部门分别加盖公章后方可正式发文。

例文

××司〔2013〕××号

关于开展全省司法行政系统机构编制调研的通告

各地级以上市司法局、机构编制委员会办公室：

为进一步了解全省司法行政系统管理体制、机构编制和队伍建设情况，研究分析司法行政系统在管理体制、机构编制、队伍建设等方面存在的问题，更好地配置机构编制资源、理顺管理体制，充分履行职能，满足社会对司法行政的公共服务需要，省司法厅、省编办将于6月至9月开展专题调研。现就有关事项通知如下：

一、调研内容

（一）基本情况

1. 目前，市、县（区、市）司法局内设机构和直属行政单位、事业单位设置情况。

2. ×××年机构改革后各市、县（区、市）司法行政机关及直属单位的职能配置、编制和领导职数、实有人员情况。

3. 基层司法所承担的主要职责、管理体制以及开展社区矫正试点工作情况。

4. 基层司法所机构编制和队伍建设情况。

5. 人民调解工作现状、管理体制以及相关组织建设、队伍建设、经费配备等情况。

（二）困难与问题

1. 司法行政系统（含基层司法所）管理体制、职能配置与现有机构编制方面的存在问题及其原因分析。

2. 新时期人民调解工作面临的困难及其原因分析。

3. 开展社区矫正工作的主要困难、问题和原因分析。

（三）意见与建议

1. 司法行政机关如何进一步深化改革、转变职能、更好地履行社会管理、公共服务等职能。

2. 如何通过深化改革，使管理体制、机构设置和人员编制更符合司法行政工作需要。

3. 如何更好地理顺基层司法所管理体制，健全工作机制。

4. 如何更好地发挥基层司法所作用，推动人民调解工作发展。

5. 如何进一步完善人民调解制度，开展社区矫正，促进和谐社会建设。

二、调研方式

调研人员由省司法厅、省编办相关工作人员组成。调研方式包括实地调研、召开座谈会和书面反馈情况等方式。请地级以上市司法局会同级编制部门按照调研内容准备书面材料，连同填报统计表，于 6 月 30 日前分别报省编办综合处、省司法厅人事警务处。实地调研时间、地点另行通知。

附件：××省司法行政系统机构编制情况统计表

××省机构编制委员会办公室 ××省司法厅 ××市政府司法局
2013 年 5 月 8 日

分析：例文存在以下问题：

（1）联合行文的单位级别不对等。《条例》规定，同级党政机关、党政机关与其他同级机关可以联合行文。显然，例文中××市政府司法局为下级单位，与省司法厅及省机构编制委员会级别不对等，不能联合行文。

（2）联合行文的文种选用不妥。联合行文所用文种通常为通知、决定、报告和函等。行文时必须根据行文目的、联合行文各单位的职权范围和与受文单位之间的关系准确选用相应的文种，不可粗疏。例文中是向下级单位通知调研事项，通告用于在一定范围内公布应当遵守或者周知的事项，因此不能使用通告这一文种，而应该用通知。

（3）主办机关标注不正确。根据《条例》规定，在发文机关署名处主办机关应排在其他机关的前面。例文的主办机关应为××省司法厅，而在文尾排列时却被放置于中间的位置，不符合要求。

综上所述，例文可修改为：

××司〔2013〕××号

关于开展全省司法行政系统机构编制调研的通知

各地级以上市司法局、机构编制委员会办公室：

　　为进一步了解全省司法行政系统管理体制、机构编制和队伍建设情况，研究分析司法行政系统在管理体制、机构编制、队伍建设等方面的存在问题，更好地配置机构编制资源、理顺管理体制，充分履行职能，满足社会对司法行政的公共服务需要。省司法厅、省编办将于6月至9月开展专题调研。现就有关事项通知如下：

　　（以下内容略）

　　附件：××省司法行政系统机构编制情况统计表

××省司法厅　××省机构编制委员会办公室

2013 年 5 月 8 日

第二十四章　正文写作中常见病例分析

公文正文是公文信息的主要载体，也是公文读、写、教、学真正的重点、难点所在。正文撰写质量的好坏，直接体现出机关的工作水平和领导的工作能力。公文正文的草拟既要符合党和国家的政策方针，也要体现机关的工作职能和领导的意图。从事公文草拟的秘书人员不仅要具备一定的理论水平和语言功底，还要掌握公文的规范化要求，尤其要掌握正文的行文规律，其中包括文章内容、逻辑结构、语言风格、遣词造句乃至标点符号等。但在实践中，由于公文起草者水平参差不齐，导致出现了诸多不规范的现象。

一、内容残缺

从某种程度上来说，一篇公文内容的完整与否，既能直接体现拟稿人的公文写作水平，同时也会决定行文的效果。但凡内容完整、层次清晰、结构严谨、格式规范、语言简练的公文，使人读来不仅感觉非常舒服，并且可使领导者能快速明了事项原委，即刻作出判断。但有很多公文往往缺乏必要的内容支撑，论述不够充分，显得非常单薄，达不到行文目的。

例文

××府〔2013〕××号

关于表彰××省供销合作社改革发展先进集体的通报

各地级以上市人民政府，各县（市、区）人民政府，省政府各部门、各直属机构：

近年来，全省供销合作社在参与社会主义新农村建设等方面取得了可喜的成绩。为表彰先进，省人民政府决定对在全省供销合作社改革发展中做出突出贡献的××市供销合作总社等 40 个单位予以通报表彰。

　　附件：××省供销合作社改革发展先进集体名单

××省人民政府

2013 年 10 月 28 日

　　分析： 上述例文在内容方面存在两个常见的问题。

　　（1）缘由和背景交代不详细。例文显然是表彰全省供销合作社在社会主义新农村建设中取得的一些成绩，但一开头就交代此内容，显得非常突兀，应先交代清楚是如何克服困难，取得这些成绩的。否则缺乏说服力和根据，使得表彰的效果受到极大影响，也不符合公文的规范要求。本文应具体阐述缘由或背景，然后引出表彰的具体事项。

　　（2）缺乏要求和希望。公文内容一般包括缘由、原因分析、具体事项、希望和要求等。本文作为一个通报，其目的是表彰先进，激励大家积极做好相关工作，应提出一些具体的要求和希望。例文虽内容简洁，直接点题，但除了缺乏缘由的阐述外，更缺少希望和要求这一部分，从而使得公文失去了行文的根本目的。

　　综上所述，可将例文修改为：

××府〔2013〕××号

关于表彰××省供销合作社改革发展先进集体的通报

各地级以上市人民政府，各县（市、区）人民政府，省政府各部门、各直属机构：

　　近年来，全省供销合作社在省委、省政府的领导下，团结一致，切实转变观念、改革创新、奋力拼搏，克服了重重困难，在解决历史遗留问题、发展农村现代流通网络、参与社会主义新农村建设等方面取得了可喜的成绩。为表彰先进，省人民政府决定对在全省供销合作社改革发展中做出突出贡献的××市供销合作总社等 40 个单位予以通报表彰。

　　受表彰的单位要继续发扬成绩，再接再厉，为全省供销合作社改革发展做出更大贡献。全省各级供销合作社要以先进典型为榜样，解放思想，转变观念，开拓创新，真抓实干，进一步加快改革发展步伐，为我省供销合作事业、社会主义新农村建设做出积极贡献。

附件：××省供销合作社改革发展先进集体名单

××省人民政府

2013 年 10 月 28 日

二、条理不清、结构混乱

公文结构体现作者表达的思路，一般来说，相比文学作品而言，公文的结构较为程式化，有章可循。如严格按照公文写作的架构来行文，则可顺畅自如，较容易写出一篇合格的公文。但也有一些公文起草者不了解公文的基本架构，或者生搬硬套，使得公文的结构混乱，不知所云。

例文

关于在全省实施第二次全国经济普查的公告

根据《全国经济普查条例》和《国务院关于开展第二次全国经济普查的通知》（国发〔2013〕35 号）的规定和要求，我省经济普查即将全面启动。现公告如下：

一、普查对象为××省境内从事第二、第三产业的全部法人单位、产业活动单位和个体经营户。

二、经济普查是一项重大的国情国力调查。通过普查进一步摸清××省第二、第三产业的发展状况，为研究制定××省经济和社会发展规划、做出重大经济决策提供翔实的基础数据和依据。

三、经济普查中如有虚假行为，请向省第二次全国经济普查领导小组办公室举报。

四、第二次全国经济普查的标准时点为×××年 12 月 31 日 24 时，普查时期为×××年1月1日至12月31日。×××年10月至12月进行单位清查和个体经营户普查。×××年1月至3月进行普查登记，法人和产业活动单位填报普查表。

五、普查登记实行在地统计原则。普查指导员和普查员将佩戴经济普查机构统一制作的普查证件执行普查登记公务。所有普查对象都应依法接受登记、普查，如实提供相关数据和资料，不得虚报、瞒报、拒报。违者将依法予以处罚。

六、全省各地经济普查机构及其工作人员对在经济普查中所知悉的国家秘密和被调查对象的商业秘密，履行保密义务。普查取得的单位和个人资料，严格限定用于经济普查的目的，不作为任何单位对普查对象实施处罚的依据。

举报电话：×××××××；传真：×××××××××；电子邮箱：××××××××。

特此公告

××省人民政府

2013年××月××日

分析：例文内容是要在全省进行经济普查，公告有关事项。对于具体公告事项来说，一般的行文结构为：首先指出实施经济普查的原因或意义，其次是具体的对象、时间、原则，最后是要求以及有关注意事项。而例文中，上述内容前后颠倒，譬如把普查对象、有关注意事项放在缘由的前面，显得逻辑混乱，条理不清。

综上所述，可将例文修改为：

关于在全省实施第二次全国经济普查的公告

根据《全国经济普查条例》和《国务院关于开展第二次全国经济普查的通知》（国发〔2007〕35号）的规定和要求，我省经济普查即将全面启动。现公告如下：

一、经济普查是一项重大的国情国力调查。通过普查进一步摸清××省第二、第三产业的发展状况，为研究制定××省经济和社会发展规划、做出重大经济决策提供翔实的基础数据和依据。

　　二、普查对象为××省境内从事第二、第三产业的全部法人单位、产业活动单位和个体经营户。

　　三、第二次全国经济普查的标准时点为×××年12月31日24时，普查时期为×××年1月1日至12月31日。×××年10月至12月进行单位清查和个体经营户普查。×××年1月至3月进行普查登记，法人和产业活动单位填报普查表。

　　四、普查登记实行在地统计原则。普查指导员和普查员将佩戴经济普查机构统一制作的普查证件执行普查登记公务。所有普查对象都应依法接受登记、普查，如实提供相关数据和资料，不得虚报、瞒报、拒报。违者将依法予以处罚。

　　五、全省各地经济普查机构及其工作人员对在经济普查中所知悉的国家秘密和被调查对象的商业秘密，履行保密义务。普查取得的单位和个人资料，严格限定用于经济普查的目的，不作为任何单位对普查对象实施处罚的依据。

　　六、经济普查中如有虚假行为，请向省第二次全国经济普查领导小组办公室举报。

　　举报电话：×××××××；传真：×××××××××；电子邮箱：×××××
×××。

　　特此公告

××省人民政府
2013年××月××日

三、语法错误

　　语法是语言的构造规则，即词、词组和句子的组织规律。语法毛病主要指违反语言的结构方式，也就是人们共同理解、共同接受、共同遵守的语言组合法则。语法错误问题在公文中极易出现，分别有下列几种情况：

　　词语搭配不当

　　词语搭配是组成句子的重要前提，也是形成文章的基础。公文具有用语严谨的特点，要求词语搭配必须合理。在公文中经常有搭配不当的现象，但不易察觉。现就常用词语搭配不当的情况进行辨析。

（1）主谓搭配不当。主语是谓语的陈述对象，谓语是对主语加以陈述。以下列出几种典型错误：

例如：①这个问题，今后将进一步改进。

②激动人心的场面发生了。

③学校综合实力得到进一步加强。

④××大学与美国××大学人力资源规划项目合作举行了签约仪式。

分析：例1中，"问题"和"改进"不搭配，应将"改进"改为"解决"或"纠正"。例2中，"场面"和"发生"搭配不合适，应将"场面"改为"情况"，或者把"发生"改为"出现"。例3中，"综合实力"和"加强"不合适，应将"加强"改为"提高"。例4中，签约仪式和项目搭配不妥，应将此句改为"××大学与美国××大学举行了人力资源规划项目合作签约仪式"。

（2）动宾搭配不当。动词是动作支配的发生者，宾语是动作支配的对象，两者相互关联。

例如：①××大学跻身中国名校之一。

②××大学将进行××国际学术年会。

③一定要完成这一目标。

④要在地震来临前做好应急措施。

分析：例1中，"跻身"和"之一"搭配不当，应将"跻身"改为"成为"，或将"之一"改为"之列"。例2中，"进行"和"年会"搭配不当，应将"进行"改为"举行"。例3中，"完成"和"目标"不搭配，应将"完成"改为"实现"。例4中，"做好"和后面的"措施"搭配不当，应将"措施"改为"准备"。

（3）定语和中心语搭配不当。中心语是句子中被定语、状语或补语修饰、限制、补充的成分，定语是名词前面表示领属、性质、数量等的修饰、限制成分。

例如：①全体党员、师生、群众齐心协力，取得了抗震救灾的胜利。

②××先生一行来校访问，并参观了专门举办的主题为"××"的校史馆。

③保护国家、集体和公民的合法权益。

分析：例1中，"全体"和"群众"不搭配，应将"全体"改为"广大"。例2中，"参观"、"专门举办"和"校史馆"搭配不当，应将"校史馆"改为"校史展"。例3中，国家不存在合法权益一说，应改为"保护国家、集体的利益和公民的合法权益"。

（4）一面和两面搭配不当。有些词语是从正反两方面说的，和它配合的也应该是两面说的；如果用的是单方面的词语，就造成了一面和两面不搭配的毛病。

例如：①构思的好坏，能显示出作家的艺术本领。

②一个国家有没有明确的相关政策，是这个国家文明程度的重要标志。

分析：例 1 中，好坏是两面的，而后半句则是一面的，须对应起来，应改为"构思的好坏，能显示出作家艺术本领的高低"。例 2 中，前半句的"有没有"是两面的，后半句则是一面的，可将前后都统一为一面，应改为"一个国家有明确的相关政策，是这个国家文明程度的重要标志"。

（5）补语和中心语搭配不当。补语是动词或形容词后面用来补充说明效果的成分，也是中心语的附加成分。

例如：①这个问题处理得非常妥善、准确。

②办公室被打扫得干干净净、清清楚楚。

分析：例 1 中，"处理"和"准确"搭配不当，应将"准确"删掉。例 2 中，"打扫"和"清清楚楚"搭配不当，应将"清清楚楚"删掉。

（6）"是"字句主语和宾语搭配不当。主语和宾语虽没有直接的语法关系，但搭配不当，也会出现问题。

例如：①通过这次探讨，大家认为，地震云的确是一种值得探索的地震预报方法之一。

②图书馆是学校建设与发展取得的重要成果。

分析：例 1 中，"地震云"不是"地震预报方法之一"，"观测研究地震云"才是"地震预报方法"。另外，"之一"不必要，去掉。例 2 中，"图书馆"不是"取得的重要成果"，"图书馆的建成"才是"学校建设与发展取得的重要成果"。

（7）状语和宾语搭配不当。状语和后面的宾语搭配不当也会造成语病。

例如：学校将乱停乱放作为校园综合治理的一项举措。

分析：例中，显然后面的"举措"和前面的状语搭配不当，可改为"学校将整治乱停乱放作为校园综合治理的一项举措"。

2. 语序混乱

语序是指汉语中词语的排列顺序，它既反映了一定的语言习惯，又体现了事物之间的逻辑关系。当语序发生变化时，句子的语义往往会跟着发生变化，语言的表达效果也会有明显不同。

常见问题是，有些句子中定语、状语等修饰中心词的位置不当，产生语义上的混乱。

例如：①他们认真学习了两个国务院文件。

　　②九校领导参观了校史展。

　　③××学院召开表彰大会，院长和其他学院的领导出席了这次会议。

　　分析： 例 1 中，两个放在国务院前面，容易产生两个国务院的认识，实际上国务院只有一个。可改为"他们认真学习了国务院的两个文件"。例 2 中，原文意在表示九所学校的领导参观校史展，可改为"九所学校的领导参观了校史展"。例 3 中，显然是院长和学院其他领导出席，应改为"院长和学院的其他领导出席了这次会议"。

　　3. 成分残缺

　　语句中必要的成分缺少，造成意思不完整或不准确。

　　例如： ①香港的民风十分淳朴，待人也很真诚。

　　②按现行规定征地费用，我司确有实际困难。

　　③我们要努力提高产品质量，提高优质服务，提高经济效益和社会效益。

　　④我们的产品远销海外，质量达到了国际水平。

　　⑤放假之前，要给学生上防火安全课，燃放鞭炮注意安全。

　　⑥经过修改后的正式文件比原稿大大提高了。

　　分析： 例 1 中，"待人"前缺乏主语，联系前后，应加上"香港人"。例 2 属于谓语残缺，应在"我司"后加上"若按现行规定缴费"，将"按现行规定征地费用"删去。例 3 中，属于宾语残缺，"提高优质服务"可改为"提高优质服务水平"。例 4 中，属于定语残缺，"国际水平"描述不确切，应改为"国际先进水平"。例 5 中，可改为"……安全课，使他们燃放鞭炮时注意安全"。例 6 中，属于中心语残缺，可改为"经过修改后的正式文件质量比原稿大大提高了"。

　　4. 成分多余

　　如果句子中多了不必要的成分，就会使句子显得臃肿、别扭。

　　例如： ①××上任以来，他在管理体制改革方面勇于探索，取得了显著的成绩。

　　②全校副科级以上干部都在党校进修学习过。

　　③感受最深的是他自己本人。

　　④一个极其平常而普通的人做出了不平凡的事情。

　　⑤××动物几乎濒临灭绝。

　　⑥这些先进事迹都十分生动得很。

　　分析： 例 1 中，主语多余，可将"他"去掉。例 2 中，谓语多余，可将"进修"或者"学习"去掉。例 3 中，宾语多余，可将"自己"或者"本人"去掉。例 4 中，定语多余，可将"平常"或"普通"去掉。例 5 中，状语多余，可将"几乎"或"濒临"去掉。例 6 中，补语多余，可将"得很"二字去掉。

5. 句式杂糅

一般而言，一句话应使用同一句式，而不应把不同句式糅在一起，否则就会导致语句出现问题，词义表达不清。

例如：①目前我校中层以上的领导干部，都是"文革"后的大学毕业生担任的。

②我们要学习雷锋同志毫不利己、专门利人的精神是值得我们学习的。

③中国人民自从接受了马列主义思想之后，中国的革命就在毛泽东同志领导下大大改变了样子。

④反革命分子的阴谋活动是应当加以揭露，而且能够把它揭露。

⑤干起事来，他比谁都说得动听，可是做得比谁都差。

分析：例1中，句子结构混乱，此句中谓语用了两种句式："由……担任"及"是……毕业生"，用前一种，要在"是"后加上"由"，用后一种，则删去"担任的"。例2中，句子藕断丝连，一句话已经完整，却把它的最后一部分作为另一部分的开头。应改为"我们要学习雷锋同志毫不利己、专门利人的精神"或者"雷锋同志毫不利己、专门利人的精神是值得我们学习的"。例3中，语句偷梁换柱，暗换主语，可改为"自从中国人民接受了马列主义思想之后，中国的革命就在毛泽东同志领导下大大改变了样子"。例4中，反客为主，把上半句主语以外的成分用来作下半句的主语，因此纠缠不清。可在"是应当"前加上"我们"，删掉"是"。例5中，杂用不同句式，十分别扭。可改前一分句为"他说得比谁都动听"，或改后一分句为"可是比谁都做得差"。

6. 逻辑不清

逻辑要求是指人们进行思维活动必须概念准确、判断恰当、推理正确，这是人们正确思维、准确表述思想的前提，否则，就会出现思维错误。公文写作同样必须遵守逻辑的基本要求，以保证公文表述的准确、清晰，从而更好地发挥公文的严肃性、政策性和权威性。公文写作如果不能体现逻辑的要求，就会直接影响公文的效用。

例如：①有人认为公文写作要讲究格式的运用，我看这种形式主义的东西应该反对。

②我校十分重视防范事故工作，所以没有发生过重大事故，但最近有些部门忽视消防安全，以至学校家具仓库继上次失火之后，再次失火……

③由于《考勤办法》没有人手一份，所以，上班迟到的人还是比较多。

分析：例1中，没有保持思维同一性，即把"讲究格式"等同于"形式主义"。因此在公文写作过程中，运用概念、判断必须保持同一，使其有确定的内容，而不能随意偷换、转移。例2中，前后出现自相矛盾，前面说"没有发生过重大事故"，但后面却说"继上次失火之后，再次失火"。公文写作应避免前后矛盾，确保公文的严谨性、严肃性、权威性。例 3 中，推理不成立，即"《考勤办法》"和"上班迟到"之间如何推理出来，在例句中并未显示。事实上，两者之间的必要联系也没有充足的理由可以证明。

四、常见词的误用

1. "倍"的误用

在汉语中，"倍"通常只用于表示数量的增加，而不用于表示数量的减少。如"扩大了多少倍"、"增加了多少倍"、"现在是原来的多少倍"，但不能说减少了（降低了）多少倍。如"今年水稻的收成比去年减少了 5 倍"。减少（降低）通常用分数表示，如"现在是原来的 2/3"、"比原来减少了 50%"、"降到了原来的 1/2"。

2. "前"和"原"

"前"，例如"前国务院侨务办公室主任"、"国务院侨务办公室前主任"。"前任"一词意为"在现在担任某项职务的人之前担任这个职务的人"；在机构名称前加"前"，则表示机构名称现已改变。一般来说，上述两例主要表达是上一任、前任的意思，因此用"国务院侨务办公室前主任"较为合适。

"原"，例如"原国务院侨务办公室主任"、"国务院侨务办公室原主任"。在指人时，表示相对现在这个职务来说，以前担任的职务。若在机构前加上"原"，也极易产生歧义。指人的职务时，一般应将"原"放在职务前面，而不是放在机构前面。

3. "做"和"作"

"做"和"作"都有从事某种工作或活动的意思，因此，在"作（做）决定"、"作（做）贡献"等短语中有时混用。从使用习惯来看，短语中的宾语成分是双音节动名词（带有动作意义的名词），前面的动词多用"作"，如"作决定"用"作"较好。此外，"做"一般用作具体的活动或工作，而"作"则用作抽象的工作或者活动。

4. "备受关注"和"倍受关注"

例如"此前反映的某某问题备受关注"之类的话，其中的"备受关注"有时也被写成"倍受关注"。区别在于："备"有"完全，完备"的意思，"备受关注"的意思是"受到所有相关人士的关注"。而"倍"是"加倍"的意思。"关注"的程度是不宜用"加倍"来修饰的。所以，"倍受关注"是错误的用法。同样，"备受欢迎"、"关怀备至"等词语或短句中的"备"也不能写成"倍"。

5. "播撒"和"播洒"

"播撒"的本义是指耕作的一个程序,即把种子均匀地撒在田地里。后来用法上有了引申,如"播撒革命火种"、"播撒绿色"等。"播洒"为后起词,使用频率没有"播撒"高。从语意上看,"洒"多用于液体类东西,而"撒"多用于颗粒状的东西。因此,"播洒甘霖"、"播洒雨露"等多用"播洒"。由此可见,"播洒"多用于具体事物,而"播撒"则既可用于具体事物,亦可用于抽象事物。

6. "制订"和"制定"

前者意为"创制拟定",如制订汉语拼音方案。后者意为"定出(政策、法律、规程等)",如制定宪法、制定学会章程。"制订"侧重于从无到有的创制、拟定,意在订立,多强调行为过程;而"制定"则侧重于作出最后的决定,意为完全确定下来,多强调行为结果。"制订"常与方案等词搭配;"制定"常与法律、政策、方针、路线等词搭配。

7. "权利"与"权力"

"权利"和"权力"这一组词读音相同,但意义、用法都有差别。"权利"是指公民或法人依法行使的权力和享受的利益,着重指依法享有的不容侵犯的利益,适用范围较窄;多用于个人,常同合法、民主、维护、享受等词搭配。"权力"是指由地位和职责带来的一种控制、支配力量,着重指政治上的权柄、力量,适用范围较广,既可用于个人,也可用于国家机关,常同统治、最高、国家、利用、行使等词搭配。

8. "截止"与"截至"

两者常常混用。区别在于:首先,用法不同。"截止"是不及物动词,不能带宾语。表时间的词语一般都出现在"截止"的前面。"截至"是及物动词,要带宾语。表时间的词语都出现在"截至"的后面。其次,表意并不完全相同。"截止"是不再往前延伸、到一定期限停止的意思,即"到……为止"。"截至"是一个还没有结束的过程,在某个时段切断、停止的意思。

9. "凸显"与"凸现"

"凸显"和"凸现"二词均有清楚地显示之意,但其含义和用法还是有区别的。"凸显"是"清楚地显出","凸现"是"清楚地显现"。其不同之处在于:第一,"凸显"强调明显、表现,着重于"显";"凸现"强调出现,着重于"现"。第二,"凸显"强调过程,"凸现"强调现在。"凸显"侧重于一个逐步的过程,"凸现"侧重于现在清楚地呈现。第三,"凸显"常被副词所修饰,而"凸现"不被副词修饰。

10. "不负众望"与"不孚众望"

"不负众望"中的"负",原意为违背、背弃,后引申为辜负、对不起。"不负"

就是"不辜负"之意。而"孚"是"信服"的意思。而"不孚众望"中的"孚",原意为"啃用"。《诗经·大雅·下武》中有"泳言配命,成王之孚"一句,即是此意。后来又引申为"为人所信服、信任、相信,在群众中享有威望"。"不孚众望"整个成语的意思是"不能使大家信服",带有贬义。而"不负众望",意为"不辜负大家的期望",属褒义。在词义上来说,"不负众望"与"深孚众望"意义相近。

11. "有力保证"和"有力保障"

"保证"和"保障"含义略有不同。"保证"指担保、担保做到。"保障"指保护(生命、财产、权利等),使不受侵犯和破坏。"有力保证"和"有力保障"是动词名词化使用现象,"有力保证"指有力量、分量重的担保;"有力保障"指有力量、分量重的保护。两者在表示确保这个意义时,"保证"强调的是确保不打折扣,"保障"强调的是确保做到。

12. "简洁明快"和"简捷明快"

"简洁"指说话、行文等简明扼要,没有多余,其中"洁"指干净。"简捷"有两个含义:一是直截了当;二是简便快捷。其中"捷"指迅速、快捷。"明快"有两个含义:一是指(语言、文字等)明白通畅,不晦涩、不呆板,如笔法明快;二是指性格开朗直爽,办事果断。人们使用"简洁明快"是指说话、行文等简明扼要,明白通畅。"简捷明快"则有两种含义:一是指说话行文等直截了当、简便快捷;二是指(人的)性格开朗直爽、直截了当。

13. "编纂"和"编撰"

"编纂"指对资料或现成作品进行整理和加工,不进行撰写。其中"编"和"纂"都指"编辑"。"编撰"指编纂和撰写,就是编辑和写作的意思,包含"编"和"写"两项工作内容。其中"编"指"编辑","撰"指写作。使用时应根据实际情况选用。

14. "邻近"和"临近"

"邻近"具有静态色彩:①位置靠近,如"邻近边界"、"我国东部跟朝鲜接壤,跟日本邻近";②附近,如"学校邻近有文化馆"、"邻近的一家姓赵的搬走了"。其中"邻"指邻接的、相邻的。"临近"具有动态色彩:靠近、接近。如"端午节临近了"、"临近大桥时,车停了下来"。其中"临"指靠近、将要、快要。两词在表示"接近、靠近"这个意义时,由于词性不同,所表达的意思是不同的。

15. "乱用"和"滥用"

"乱用"指任意、随便地使用,其中"乱"指任意、随便、紊乱、无秩序。"滥用"指胡乱或过度地使用,其中"滥"指泛滥、过度、没有限制。强调胡乱、随意和无秩序时，应使用"乱用"；强调泛滥、过度和无节制时，应使用"滥用"。

16. "账"和"帐"

"账"是"帐"的分化字。古人常把账目记于布帛上悬挂起来以利保存，故称日用的账目为"帐"。后来为了与帷帐分开，另造形声字"账"，表示与钱财有关。"帐"字有两层含义：一是用布、纱或绸子等做成的遮蔽用的东西，如"帐幕"、"帐篷"；二是"帐"同"账"，用于货币和货物出入的记载、债务等，如"账本"、"报账"、"借账"、"还账"等。"账"字专用于关于货币、货物出入记载，如账本、账簿等。由此可见，"帐"字含义比"账"字含义广一些，"帐"字通"账"，换言之，有关货币、货物出入记载的用"账"或"帐"均可。要注意不是"账"同"帐"，"帐篷"是不能写成"账篷"的。

17. "必须"和"必需"

"必须"指事理上和情理上一定要这样做，表示动作行为或物质状态的必要性，在语法上作为能愿动词，一般只能作为状语，不作谓语或定语，使用时后面要跟上动词，还往往含有命令的语气。"必需"的意思是一定要有的，一定不可缺少的，在语法上多用定语，也可以跟别的词结合使用。

18. "决"和"绝"

"决"和"绝"有各自特定的意思，但都可以用在否定词前，并且意义和用法相近。两者的主要区别在于："决"强调主观态度，重在意志上的控制，多用于表示决心或心愿，如"决不罢休"、"决不反悔"、"决无二心"；而"绝"强调的是客观上必定如何，排除其他可能性，没有任何条件限制，不管人的主观意志如何，如"绝无此事"、"绝不可能"、"绝非偶然"。所以首先应判断所表达的意思是强调主观还是强调客观，再来判断用"决"还是"绝"。

19. "定"和"订"

"定"和"订"音同义近，所以经常看到有用法不当的情况。"定"表示决定、使确定，表示事情已经确定下来了，不会轻易更改，侧重的是结果；"订"表示经过研究商讨而立下（条约、契约、计划等），多指事先经过双方商讨的，只是约定，并非确定不变的，强调的是过程。所以，像"订婚"、"订货"等一般用"订"而不用"定"；"定金"、"定购"等则用"定"更合适一些。

20. "置疑"和"质疑"

"质"字本身有询问、责问，提出疑问的意思，如"提出质疑"。而"置疑"则意为怀疑、疑问，用于否定，比如"毋庸置疑"、"无可置疑"等。

21. "和"、"或"、"以及"

"和"：用"和"来连接三个以上的并列成分时，"和"应放在最后两个成分之间，而前边的各成分用顿号隔开。"和"作兼类词时，有连词和介词两种属性。"和"一般用来连接名词或名词性短语，如"小张和小李是一对好朋友"。"和"能连接各类实词和短语，但连接动词短语有明显的限制：动词必须是双音节的；两个动词必须有共同的状语或共同的宾语。

"或"：例如"解决黄河断流，一定要加强对黄河水源的统一管理，保护或恢复黄河全流域的植被。"在这个句子中，因为"保护""恢复"黄河全流域的植被是"解决黄河断流"必须要做的两项工作，从中选择一项是不行的，因此不能用表示选择关系的"或"来连接，而应改用表示递进关系的"并"。

"以及"："以及"多用于书面语，所连接的各项往往有先后、主次之分，通常"以及"前边的是主要的，后边的则是次要的。"以及"可以连接并列的名词、动词等，但不能连接形容词。

22. "法制"和"法治"

"法制"跟"法治"常有人分不清楚，这两个词究竟有什么区别呢？"法制"表"法律制度"，而"法治"则表示"根据法律来治理国家"，跟"人治"相对。例如"法制社会"是说"有法律制度的社会"；"法治社会"则是说不是"人治"的社会，而是"依法来进行治理的社会"。再如，"法制观念"是指"遵守法律的意识"；"法治观念"则是指"不是依据长官意志，而是依据法律来进行治理"的观念。

23. "含义"和"涵义"

"含义"跟"涵义"有什么不同呢？"含义"是指字、词、话语等所包含的意义。"涵义"跟"含义"的意思完全相同，两者是一对异形词。根据《现代汉语词典》等工具书的推荐，选择"含义"的写法比较妥当。

24. "成才"和"成材"

"成才"指成为"有才能"的人。"成材"的本意是指成为某种材料，用来指人，是一种比喻的说法，意思是成为"有用"的人。当语意上指成为"有才能"的人时，要用"成才"。例如"要学好本领，早日成才，报效祖国"。当语意上指成为"有用"的人时，要用"成材"。例如"要努力学习，早日成材，做对社会有用的人"。

25. "不止"与"不只"

"不只"是连词，相当于"不但"、"不仅"，表示除所说的以外，还有进一步的情况。表述的是语意上的递进。在后面的话里，要有与之呼应的"而且"、"并且"等词语。"不止"是动词，有两个意思：一个是"不停止"，例如"血流不止"。另一个意思是超出某个数量或范围，例如"不止一次"。

公文写作中用词要准确、清晰、果断，态度要明朗，立场要坚定，切忌含糊其辞、模棱两可。尽量避免使用"大概"、"几乎"、"差不多"、"也许"、"可能"等表示不确定的程度词语。尽量不用生僻词,如"圭臬"等。

五、省略和简称不规范

简称是现代汉语中一种较为特殊的语言表达形式,它与全称相对,可以由词充当,也可以是短语。在意义上与全称大体相等,又略有区别:简称随意,全称庄重。在公文处理中,常见的有以下几种不规范情况:

1. 该简不简

基于惯常的看法,人们可能认为,在文章里使用全称,会显得庄重。因此,在该使用简称的时候也不用。

例如:①在2013年普通高等学校招生全国统一考试中,该校升学率……

②中共××大学党委召开了中共××大学党委第八次全会,认真总结了中共××大学党委第七次全会以来的成绩和不足。

分析:例1中,"普通高等学校招生全国统一考试"实际上就是人们经常说的"高考",而后者更容易被人理解和接受,也是一贯的简称,应以"高考"来替代。例2中,多次出现"中共××大学党委"没有必要,应改为"中共××大学党委召开了校党委第八次全会,认真总结了校党委第七次全会以来的成绩和不足"。

2. 简称过度

与上例相反,过度使用简称,就会产生不规范的情况。

例如:在公文里对一些大学的简称,如"中农"(中国农业大学)、"首师"(首都师范大学)、"上交"(上海交通大学)。

分析:对于正式公文来说,应该使用规范化简称。上述例文中,首先在第一次出现时应使用全称,其次简称应规范化。而以"中农"来简称"中国农业大学"是不恰当的,一般使用较多的是"中国农大"。与此相类似,"首师"应简称为"首都师大","上交"应为"上海交大"。

3. 自造简称

简称通常都有其历史渊源,或为权威机构制定,大都是约定俗成,相对固定,一般不宜自造自用。

例如:"动保"指称"动物保护"。

分析:"上海"简称"沪"、"山西"简称"晋"、"成都"简称"蓉"都有历史渊源。"环境保护"简称"环保","综合治理"简称"综治",已是约定俗成,不会引起歧义，但如果用上述例文中的那样自造简称，就会不知所云。

4. 超出范围

有很多简称的使用是有范围限制的，在一定范围之内不会引起误解，但超出了这个范围，就会产生歧义。

例如："山大"在山西指"山西大学"，在山东则指"山东大学"，到河北就会引起歧义。"人大"作为立法机构是指"人民代表大会"，作为学校则是指"中国人民大学"，如果使用时上下文没有照应，就不宜使用这些简称。

六、时间和日期书写不规范

公文里的时间表述，往往是公文内容的重要因素。时间性表述应撰写规范，合乎要求。但在实践中常见的有以下几种不规范现象：

1. 滥用时间代词

例如：公文中经常出现"今后"、"明年"、"今天"、"本月"、"上月"等。

分析：使用时间代词要顾及公文成文以后的情况，使用时不能以起草文稿时间计算，而要以正式发文时间为准。特别是在年头年末时更要注意，以免造成时间错误。因此，一般情况下，应避免用时间代词而要用具体日期。

2. 时间交代不清

例如："上月以前"、"前年以后"、"最近"、"不久以前"。

分析：在交代时间点时，应写清楚，上述例文指代时间概念模糊，不知具体是什么时候。要避免使用交代不够清楚的时间概念。

3. 年份撰写不规范

例如："13 年"、"05 级"、"清道光二十年"。

分析：在写年份时要写具体，不能写概数。上述例文应改为"2013 年"、"2005级"。在运用我国历史上各个朝代年号时，一般应注明公历年份，应改为"清道光二十年（1840 年）"或"1840 年（清道光二十年）"。

七、数字体例使用不规范

2011 年 7 月，国家质量监督检验检疫总局和国家标准化管理委员会联合发布了《出版物上数字用法》，这一执行标准旨在使文本的数字用法得以规范，但现实情况是数字用法的混乱现象仍然在众多的公文中出现。

1. 汉字计数混乱

例如：①今年报考我校的学生达九千一百人，比去年增加了近两千人。

②按合同规定，今年 8 月应交付 8 千元订金，今年 12 月则应付清 8 万元货款。

分析：按《出版物上数字用法》的规定，一般情况下，文章中计数均应使用阿拉伯数字。如果用汉语数字计数，或者同时用汉语数字和阿拉伯数字计数，都不合乎规范。例 1 中，计数都用了汉字，应改成规范的阿拉伯数字，写成 "9100 人"和"2000 人"。例 2 中，同时用汉字和阿拉伯数字计数，同样不规范，应将"8 千元"改成"8000 元"。

2. 分数与小数不一致

例如：①××大学今年的学费收入比去年下降了百分之十，约有 8000 万元。

②今年科研经费达 300 多万，比去年增长了百分之八。

分析：分数与小数体例不一，是一种经常见到的数字用法的混乱现象。这一现象表现为，小数用了阿拉伯数字，分数却使用汉语数字，因而造成所用数字的体例混杂。上述例文中，应将汉字分数的表述改为阿拉伯数字，分别改为"10%"、"8%"。

3. 序数混乱

例如：①年终综合评比，××学院稳居第一，××处升至第 2。

②会务组设在××酒店 1 楼十五号房间。

分析：序数应该使用汉语数字还是阿拉伯数字，没有明文规定；但有一点是肯定的，序数中使用的数字必须前后一致，序数中的数字不能体例混杂。对公文而言，表示第几时，一般用汉字。例 1 中，应将"第 2"改为"第二"。例 2 中，应将"十五号房间"改为"15 号房间"。

4. 表示发文字号、证件号码和引文标注中版次、卷次、页码等所出现的混乱

例如：①你处《关于×××的请示》（××〔2013〕八号）收悉，经学校领导研究，现批复如下：……

②××大学今天与××公司签订了购买 10 台激光扫描仪的合同（合同号码五八七六）。

③××大学出版社出版的《××回忆录》第八卷第一百一十页。

分析：发文字号、证件号码和引文标注中版次、卷次、页码一般都应该使用阿拉伯数字。例 1 中，"八号"应该将"八"改为"8"。例 2 中，"合同号码五八七六"应改为"合同号码 5876"。例 3 中，"第八卷第一百一十页"应改为"第 8 卷第 110 页"。

5. 邻近数字表述不规范

例如：①今年的销售任务再过 3、4 天即可全部完成。

②这类图书由原来的七、八种增至目前的一、二十种。

分析：一般来说，邻近两个数字并列表示概数时，应使用汉语数字，而不能使用阿拉伯数字，也不能用顿号将它们隔开。例 1 中，应将"3、4"改为"三四"。例 2 中，应将"七、八"、"一、二十"分别改为"七八""一二十"。

八、标点符号使用不规范

公文中的标点符号是公文书面语言的重要组成部分，承担着在其他文体里所不曾承担的重任。但很多公文在标点符号的运用上存在着一些问题：

1. 逗号、顿号不分

例如：①对于稳定物价，促进经济正常运行，发挥了重要作用。

②严禁喧哗，保证安静，有序的教学环境。

分析：顿号表示句子内部并列词语之间很小的停顿，多用在并列的词和词组之间。逗号用来表示句子内部主语和谓语之间的停顿以及动词与宾语之间的停顿等。例 1 中，应将第一个逗号改为顿号。例 2 中，应将第二个逗号改为顿号。

2. 逗号、分号不分

例如：①今年报考我校的学生分布全国各地，其中四川 30 名；湖北 20 名；江西 26 名；浙江 20 名……

②解决定密工作中遇到的问题，要明确定密范围；明确公文定密等级依据；严格遵守定密的程序。

分析：分号一般用于表示复句内部并列分句之间的停顿以及非并列关系（如转折关系、因果关系等）的多重复句，第一层的前后两部分之间的停顿等。特别短的并列分句之间的停顿不用分号。例 1 中，应将分号改为逗号。例 2 中，分号前后是承接关系，不能用分号，应改为逗号。

3. 逗号、句号错用

例如：①为加强学风建设，增强学生的纪律观念。学校决定举办……

②××大学是教育部直属高校，是国家"211 工程"建设大学，学校现有在校学生×××人，其中研究生××人，本科生××人……

分析：句号一般用在陈述句的末尾，表示陈述句完了之后的停顿。例 1 中，句号处应改为逗号，一句话未表述完整。例 2 中，"大学"后逗号应改为句号。

4. 逗号、问号错用

例如：①不知贵校意见如何？请尽快答复。

②当否？请批复。

分析：问号一般表示一种询问的语气。而在上述例文中，并非询问或征求对方的意见，而是一种尊重、礼貌，应将问号改为逗号。

5. 顿号、分号错用

例如：①政府采购包括：物资采购；设备采购；公开采购；特殊采购。

②要使公文制作得规范，只注重内容也不行，还必须解决好行文程序违规；文种选用错误；公文格式错误等问题。

分析：分号用于分隔单重复句中的并列分句。例1中，四个词组之间是并列关系，并不是并列的分句，应将分号改为顿号。例2中，分号处是词组之间的并列关系，应将分号改为顿号。

6. 引号中句号的错用

例如：①《标点符号使用方法》中规定："引号用于有强调意味的对象，重要或有特定意义的词语"。

②在叙述事由后，转折统领下文，起承上启下的作用，如"现做如下决定。"

分析：引号用于有强调意味的对象，重要或有特定意义的词语。例1中，引号中的内容是完整引用，应把句号放在引号里面。例2中，是把引用的话作为自己话的一部分，句末句号应放在引号外面。

7. 问号的误用

例如：①座谈会上有人问他对目前相声表演中出现的新形式，如男女对口相声、电吉他相声、群口相声有什么看法？

②请问：到底是生来就盲的人比半道才盲的人幸福呢？还是恰恰相反。

③去北京哪天动身哪？张主任。

分析：例1中，句中虽然出现了"问"字，但整个句子只是陈述提问的情况，属于间接引语，并没有直接引用说话人的疑问句，语调也是平缓的，显然是个陈述句。句末的问号用得不对，应改为句号。例2中，是一个由关联词语"是……还是……"关联两个候选项的选择问句。既然是一个问句，不管有几个候选项，都只能在句末用问号，应把句中的问号移到句末，在句中原来问号的位置用逗号。例3中，这是个疑问句，应该用问号。但为了表达上的需要，是先说谓语，然后补出主语。在这种情况下，问号仍应该用在疑问句的末尾，谓语后边一般用逗号点断。如果句子很短，主语是个单音节词，同前边的谓语连得很紧，谓语后边也可以不点断。

书名号、标题标点符号的使用不规范

公文标题中除法规、规章名称加书名号外，一般不使用标点符号。但是，我们经常看见在一些公文标题中出现标点符号，而在一些转发、印发、批转的公文中尤为多见。如"××办公厅关于印发《环保工作会议纪要》的通知"。这里的书名号就属多余。

在实际工作中，也确有公文标题除书名号外还使用了其他标点符号，如顿号、括号、引号、破折号等。如出现上述需要，应注意两点：一是法律、法规、规章名称应加书名号；二是如果在事由部分出现多个机关、人名等并列时，每个机关名称、人名之间应用顿号分开，不能使用空格。

九、计量单位标准不统一

1. 使用非法定计量单位

常见使用非法定计量单位现象，如面积单位用"亩"，长度单位用"里"、"尺"、"公尺"、"公分"，重量单位用"斤"，容积单位用"公升"、"立升"，电能单位用"度"，功率单位用"马力"等。正确的用法是：面积单位应使用"平方公里"、"公顷"、"平方米"，长度单位应使用"公里"、"米"、"厘米"等，重量单位应使用"吨"、"公斤"，容积单位应使用"升"，电能单位应使用"千瓦时"，功率单位应使用"瓦特"。

2. 因符号引起的计量单位不规范

（1）法定单位符号转述成中文名称所引起的错误，如"$J/(kg \cdot K)$"的中文名称是"焦耳每千克开尔文"，而不是"每千克开尔文焦耳"；"m^2"的中文名称是"平方米"，而不是"米平方"；"$\Omega \cdot m$"的名称是"欧姆米"，而不是"欧姆·米"、"欧姆—米"或"〔欧姆〕〔米〕"。

（2）中文名称和中文符号混杂使用。凡是表示中文名称的就不应出现任何数学符号（如居中圆点、除线"/"、指数"X^n"），它可用简称，亦可用全称，如"牛米"或"牛顿米"；凡是表示中文符号的，若是组合单位则有相应的数学符号出现，强调使用简称，若没有简称的方可用全称，如"牛·米"。力矩单位若用"牛顿·米"表示，则是犯了中文名称和中文符号混用的错误。

（3）国际单位符号和中文符号混杂使用。单位符号的选用按惯例应优先使用国际单位符号，必要时亦可使用中文符号，但绝不能两种符号交叉混用，如速度单位不能用"m/秒"表示，只能表示成"m/s"或"米/秒"。

注：摄氏度（C）是特例，它既是国际单位符号，又可作为中文符号，具有双重性，所以类似"焦/（千克 C）"的形式不属于国际单位符号和中文符号混用范畴。

（4）误用符号代替符号名称或作为文字说明，如"每公斤鱼价 5 元"不能写成"每 kg 鱼价 5 元"。

3. 组合单位中计量单位的误用

（1）在相乘形式的组合单位中词头错位，如把词头 M 加在力矩单位 N·m 上时，误写成"N·Mm"。词头通常加在组合单位中第一个单位前，如"MN·m"。

（2）在相除形式的组合单位中，词头误加在分母中，如摩尔内能单位 J/mmol，应把词头加在分子的第一个单位之前 kJ/mol。但是以下三种情况例外（词头加在分母中）：

①以"kg"的形式存在于分母中，如"J/kg"（其实可把"kg"看成整个质量单位，不把其中的"k"看成词头）。

②分母是长度、面积或体积单位时，如"kg/dm^3"其中的"d"就是词头在分母中。

③分子为"1"的组合单位，词头只能加在分母的第一个单位前，如"1/mm"。

（3）分子、分母同时采用词头，如电场强度的单位误写成"kV/mm"，应改为只有分子加词头的形式："MV/m"。

（4）相除形式的组合单位误用多条斜线或拆开移开，如"J/kg/k"。

"J/（kg·k）"，相除形式组合单位只能使用一条斜线，并且分子、分母、斜线应处于同一行中，且分子不能高于分母（即不能用算术式）。

（5）词头的符号和单位的符号间误留间隙或以表示相乘的符号隔开，如"3 km"、"3k·m"，应改为"3km"。

（6）误把一个单位的符号分开书写，如"km"不能分开写成"k"、"m"。

（7）误把词头作单位，如"这个电容器电容为 10μ"，应补上单位为"10μF"。

（8）误把词头作因数，如"$10-3Sl$"误写成"1msl"。因为词头与单位组成的是整体"ms"，它右上角的负指数是对整个"ms"起作用的，所以"1msl"不等于"$10-3Sl$"。

（9）单位名称或单位符号误置于数值中间，或误置于同一计量单位的一系列数值中间，如"5kg~7kg"、"1m75"，数值中间不能插计量单位，应改为"5~7kg"、"1.75m"。又如"5.0mm，7.5mm，10.0mm，12.5mm"，同一计量单位在一系列数值中，只允许最后一个有计量单位，所以应改为"5.0，7.5，10.0，12.5mm"。

（10）十进制单位在一个量值中误用两个单位，如"1m81cm"，应改为"1.81m"。

注：在非十进制单位里允许在一个量值中同时使用多个单位，如时间单位"37'11″"。

（11）词头前的数值超过0.1～1 000范围应选用合适的词头，使数值处于规定的范围内，如"$1.2 \times 10^{4} N$"应改为"12kN"，"0.00394m"应改为"3.94mm"，"$3.1 \times 10^{8} s$"应改为"31ns"。

附录一　党政机关公文处理工作条例

党政机关公文处理工作条例

(2012 年 4 月 16 日中共中央办公厅　国务院办公厅联合发布
中办发〔2012〕14 号)

第一章　总则

第一条　为了适应中国共产党机关和国家行政机关（以下简称党政机关）工作需要，推进党政机关公文处理工作科学化、制度化、规范化，制定本条例。

第二条　本条例适用于各级党政机关公文处理工作。

第三条　党政机关公文是党政机关实施领导、履行职能、处理公务的具有特定效力和规范体式的文书，是传达贯彻党和国家方针政策，公布法规和规章，指导、布置和商洽工作，请示和答复问题，报告、通报和交流情况等的重要工具。

第四条　公文处理工作是指公文拟制、办理、管理等一系列相互关联、衔接有序的工作。

第五条　公文处理工作应当坚持实事求是、准确规范、精简高效、安全保密的原则。

第六条　各级党政机关应当高度重视公文处理工作，加强组织领导，强化队伍建设，设立文秘部门或者由专人负责公文处理工作。

第七条　各级党政机关办公厅（室）主管本机关的公文处理工作，并对下级机关的公文处理工作进行业务指导和督促检查。

第二章　公文种类

第八条　公文种类主要有：

（一）决议。适用于会议讨论通过的重大决策事项。

（二）决定。适用于对重要事项作出决策和部署、奖惩有关单位和人员、变更或者撤销下级机关不适当的决定事项。

（三）命令（令）。适用于公布行政法规和规章、宣布施行重大强制性措施、批准授予和晋升衔级、嘉奖有关单位和人员。

（四）公报。适用于公布重要决定或者重大事项。

（五）公告。适用于向国内外宣布重要事项或者法定事项。

（六）通告。适用于在一定范围内公布应当遵守或者周知的事项。

（七）意见。适用于对重要问题提出见解和处理办法。

（八）通知。适用于发布、传达要求下级机关执行和有关单位周知或者执行的事项，批转、转发公文。

（九）通报。适用于表彰先进、批评错误、传达重要精神和告知重要情况。

（十）报告。适用于向上级机关汇报工作、反映情况，回复上级机关的询问。

（十一）请示。适用于向上级机关请求指示、批准。

（十二）批复。适用于答复下级机关请示事项。

（十三）议案。适用于各级人民政府按照法律程序向同级人民代表大会或者人民代表大会常务委员会提请审议事项。

（十四）函。适用于不相隶属机关之间商洽工作、询问和答复问题、请求批准和答复审批事项。

（十五）纪要。适用于记载会议主要情况和议定事项。

第三章　公文格式

第九条　公文一般由份号、密级和保密期限、紧急程度、发文机关标志、发文字号、签发人、标题、主送机关、正文、附件说明、发文机关署名、成文日期、印章、附注、附件、抄送机关、印发机关和印发日期、页码等组成。

（一）份号。公文印制份数的顺序号。涉密公文应当标注份号。

（二）密级和保密期限。公文的秘密等级和保密的期限。涉密公文应当根据涉密程度分别标注"绝密"、"机密"、"秘密"和保密期限。

（三）紧急程度。公文送达和办理的时限要求。根据紧急程度，紧急公文应当分别标注"特急"、"加急"，电报应当分别标注"特提"、"特急"、"加急"、"平急"。

（四）发文机关标志。由发文机关全称或者规范化简称加"文件"二字组成，也可以使用发文机关全称或者规范化简称。联合行文时，发文机关标志可以并用联合发文机关名称，也可以单独用主办机关名称。

（五）发文字号。由发文机关代字、年份、发文顺序号组成。联合行文时，使用主办机关的发文字号。

（六）签发人。上行文应当标注签发人姓名。

（七）标题。由发文机关名称、事由和文种组成。

（八）主送机关。公文的主要受理机关，应当使用机关全称、规范化简称或者同类型机关统称。

（九）正文。公文的主体，用来表述公文的内容。

（十）附件说明。公文附件的顺序号和名称。

（十一）发文机关署名。署发文机关全称或者规范化简称。

（十二）成文日期。署会议通过或者发文机关负责人签发的日期。联合行文时，署最后签发机关负责人签发的日期。

（十三）印章。公文中有发文机关署名的，应当加盖发文机关印章，并与署名机关相符。有特定发文机关标志的普发性公文和电报可以不加盖印章。

（十四）附注。公文印发传达范围等需要说明的事项。

（十五）附件。公文正文的说明、补充或者参考资料。

（十六）抄送机关。除主送机关外需要执行或者知晓公文内容的其他机关，应当使用机关全称、规范化简称或者同类型机关统称。

（十七）印发机关和印发日期。公文的送印机关和送印日期。

第十条　公文的版式按照《党政机关公文格式》国家标准执行。

第十一条　公文使用的汉字、数字、外文字符、计量单位和标点符号等，按照有关国家标准和规定执行。民族自治地方的公文，可以并用汉字和当地通用的少数民族文字。

第十二条　公文用纸幅面采用国际标准 A4 型。特殊形式的公文用纸幅面，根据实际需要确定。

第四章　行文规则

第十三条　行文应当确有必要，讲求实效，注重针对性和可操作性。

第十四条　行文关系根据隶属关系和职权范围确定。一般不得越级行文，特殊情况需要越级行文的，应当同时抄送被越过的机关。

第十五条　向上级机关行文，应当遵循以下规则：

（一）原则上主送一个上级机关，根据需要同时抄送相关上级机关和同级机关，不抄送下级机关。

（二）党委、政府的部门向上级主管部门请示、报告重大事项，应当经本级党委、政府同意或者授权；属于部门职权范围内的事项应当直接报送上级主管部门。

（三）下级机关的请示事项，如需以本机关名义向上级机关请示，应当提出倾向性意见后上报，不得原文转报上级机关。

（四）请示应当一文一事。不得在报告等非请示性公文中夹带请示事项。

（五）除上级机关负责人直接交办事项外，不得以本机关名义向上级机关负责人报送公文，不得以本机关负责人名义向上级机关报送公文。

（六）受双重领导的机关向一个上级机关行文，必要时抄送另一个上级机关。

第十六条　向下级机关行文，应当遵循以下规则：

（一）主送受理机关，根据需要抄送相关机关。重要行文应当同时抄送发文机关的直接上级机关。

（二）党委、政府的办公厅（室）根据本级党委、政府授权，可以向下级党委、政府行文，其他部门和单位不得向下级党委、政府发布指令性公文或者在公文中向下级党委、政府提出指令性要求。需经政府审批的具体事项，经政府同意后可以由政府职能部门行文，文中须注明已经政府同意。

（三）党委、政府的部门在各自职权范围内可以向下级党委、政府的相关部门行文。

（四）涉及多个部门职权范围内的事务，部门之间未协商一致的，不得向下行文；擅自行文的，上级机关应当责令其纠正或者撤销。

（五）上级机关向受双重领导的下级机关行文，必要时抄送该下级机关的另一个上级机关。

第十七条　同级党政机关、党政机关与其他同级机关必要时可以联合行文。属于党委、政府各自职权范围内的工作，不得联合行文。

党委、政府的部门依据职权可以相互行文。部门内设机构除办公厅（室）外不得对外正式行文。

第五章　公文拟制

第十八条　公文拟制包括公文的起草、审核、签发等程序。

第十九条　公文起草应当做到：

（一）符合国家法律法规和党的路线方针政策，完整准确体现发文机关意图，并同现行有关公文相衔接。

（二）一切从实际出发，分析问题实事求是，所提政策措施和办法切实可行。

（三）内容简洁，主题突出，观点鲜明，结构严谨，表述准确，文字精练。

（四）文种正确，格式规范。

（五）深入调查研究，充分进行论证，广泛听取意见。

（六）公文涉及其他地区或者部门职权范围内的事项，起草单位必须征求相关地区或者部门意见，力求达成一致。

（七）机关负责人应当主持、指导重要公文起草工作。

第二十条　公文文稿签发前，应当由发文机关办公厅（室）进行审核。审核的重点是：

（一）行文理由是否充分，行文依据是否准确。

（二）内容是否符合国家法律法规和党的路线方针政策；是否完整准确体现发文机关意图；是否同现行有关公文相衔接；所提政策措施和办法是否切实可行。

（三）涉及有关地区或者部门职权范围内的事项是否经过充分协商并达成一致意见。

（四）文种是否正确，格式是否规范；人名、地名、时间、数字、段落顺序、引文等是否准确；文字、数字、计量单位和标点符号等用法是否规范。

（五）其他内容是否符合公文起草的有关要求。

需要发文机关审议的重要公文文稿，审议前由发文机关办公厅（室）进行初核。

第二十一条　经审核不宜发文的公文文稿，应当退回起草单位并说明理由；符合发文条件但内容需作进一步研究和修改的，由起草单位修改后重新报送。

第二十二条　公文应当经本机关负责人审批签发。重要公文和上行文由机关主要负责人签发。党委、政府的办公厅（室）根据党委、政府授权制发的公文，由受权机关主要负责人签发或者按照有关规定签发。签发人签发公文，应当签署意见、姓名和完整日期；圈阅或者签名的，视为同意。联合发文由所有联署机关的负责人会签。

第六章　公文办理

第二十三条　公文办理包括收文办理、发文办理和整理归档。

第二十四条　收文办理主要程序是：

（一）签收。对收到的公文应当逐件清点，核对无误后签字或者盖章，并注明签收时间。

（二）登记。对公文的主要信息和办理情况应当详细记载。

（三）初审。对收到的公文应当进行初审。初审的重点是：是否应当由本机关办理，是否符合行文规则，文种、格式是否符合要求，涉及其他地区或者部门职权范围内的事项是否已经协商、会签，是否符合公文起草的其他要求。经初审不符合规定的公文，应当及时退回来文单位并说明理由。

（四）承办。阅知性公文应当根据公文内容、要求和工作需要确定范围后分送。批办性公文应当提出拟办意见报本机关负责人批示或者转有关部门办理；需要两个以上部门办理的，应当明确主办部门。紧急公文应当明确办理时限。承办部门对交办的公文应当及时办理，有明确办理时限要求的应当在规定时限内办理完毕。

（五）传阅。根据领导批示和工作需要将公文及时送传阅对象阅知或者批示。办理公文传阅应当随时掌握公文去向，不得漏传、误传、延误。

（六）催办。及时了解掌握公文的办理进展情况，督促承办部门按期办结。紧急公文或者重要公文应当由专人负责催办。

（七）答复。公文的办理结果应当及时答复来文单位，并根据需要告知相关单位。

第二十五条　发文办理主要程序是：

（一）复核。已经发文机关负责人签批的公文，印发前应当对公文的审批手续、内容、文种、格式等进行复核；需作实质性修改的，应当报原签批人复审。

（二）登记。对复核后的公文，应当确定发文字号、分送范围和印制份数并详细记载。

（三）印制。公文印制必须确保质量和时效。涉密公文应当在符合保密要求的场所印制。

（四）核发。公文印制完毕，应当对公文的文字、格式和印刷质量进行检查后分发。

第二十六条　涉密公文应当通过机要交通、邮政机要通信、城市机要文件交换站或者收发件机关机要收发人员进行传递，通过密码电报或者符合国家保密规定的计算机信息系统进行传输。

第二十七条　需要归档的公文及有关材料，应当根据有关档案法律法规以及机关档案管理规定，及时收集齐全、整理归档。两个以上机关联合办理的公文，原件由主办机关归档，相关机关保存复制件。机关负责人兼任其他机关职务的，在履行所兼职务过程中形成的公文，由其兼职机关归档。

第七章　公文管理

第二十八条　各级党政机关应当建立健全本机关公文管理制度，确保管理严格规范，充分发挥公文效用。

第二十九条　党政机关公文由文秘部门或者专人统一管理。设立党委（党组）的县级以上单位应当建立机要保密室和机要阅文室，并按照有关保密规定配备工作人员和必要的安全保密设施设备。

第三十条　公文确定密级前，应当按照拟定的密级先行采取保密措施。确定密级后，应当按照所定密级严格管理。绝密级公文应当由专人管理。

公文的密级需要变更或者解除的，由原确定密级的机关或者其上级机关决定。

第三十一条　公文的印发传达范围应当按照发文机关的要求执行；需要变更的，应当经发文机关批准。

涉密公文公开发布前应当履行解密程序。公开发布的时间、形式和渠道，由发文机关确定。

经批准公开发布的公文，同发文机关正式印发的公文具有同等效力。

第三十二条 复制、汇编机密级、秘密级公文，应当符合有关规定并经本机关负责人批准。绝密级公文一般不得复制、汇编，确有工作需要的，应当经发文机关或者其上级机关批准。复制、汇编的公文视同原件管理。

复制件应当加盖复制机关戳记。翻印件应当注明翻印的机关名称、日期。汇编本的密级按照编入公文的最高密级标注。

第三十三条 公文的撤销和废止，由发文机关、上级机关或者权力机关根据职权范围和有关法律法规决定。公文被撤销的，视为自始无效；公文被废止的，视为自废止之日起失效。

第三十四条 涉密公文应当按照发文机关的要求和有关规定进行清退或者销毁。

第三十五条 不具备归档和保存价值的公文，经批准后可以销毁。销毁涉密公文必须严格按照有关规定履行审批登记手续，确保不丢失、不漏销。个人不得私自销毁、留存涉密公文。

第三十六条 机关合并时，全部公文应当随之合并管理；机关撤销时，需要归档的公文经整理后按照有关规定移交档案管理部门。

工作人员离岗离职时，所在机关应当督促其将暂存、借用的公文按照有关规定移交、清退。

第三十七条 新设立的机关应当向本级党委、政府的办公厅（室）提出发文立户申请。经审查符合条件的，列为发文单位，机关合并或者撤销时，相应进行调整。

第八章 附则

第三十八条 党政机关公文含电子公文。电子公文处理工作的具体办法另行制定。

第三十九条 法规、规章方面的公文，依照有关规定处理。外事方面的公文，依照外事主管部门的有关规定处理。

第四十条 其他机关和单位的公文处理工作，可以参照本条例执行。

第四十一条 本条例由中共中央办公厅、国务院办公厅负责解释。

第四十二条 本条例自 2012 年 7 月 1 日起施行。1996 年 5 月 3 日中共中央办公厅发布的《中国共产党机关公文处理条例》和 2000 年 8 月 24 日国务院发布的《国家行政机关公文处理办法》停止执行。

附录二 党政机关公文格式（GB/T 9704—2012）

ICS 35.240.20
A 13

GB

中华人民共和国国家标准

GB/T 9704—2012
代替 GB/T 9704—1999

党政机关公文格式

Layout key for official document of Party and government organs

2012 –06 –29 发布 　　　　　　　　　　2012 –07 –01 实施

中华人民共和国国家质量监督检验检疫总局
中国国家标准化管理委员会　发布

目　次

前 言

本标准按照 GB/T 1.1—09 给出的规则起草。

本标准根据中共中央办公厅、国务院办公厅印发的《党政机关公文处理工作条例》的有关规定对 GB/T 9704—1999《国家行政机关公文格式》进行修订。本标准相对 GB/T 9704—1999 主要作如下修订：

（a）标准名称改为《党政机关公文格式》，标准英文名称也作相应修改；

（b）适用范围扩展到各级党政机关制发的公文；

（c）对标准结构进行适当调整；

（d）对公文装订要求进行适当调整；

（e）增加发文机关署名和页码两个公文格式要素，删除主题词格式要素，并对公文格式各要素的编排进行较大调整；

（f）进一步细化特定格式公文的编排要求；

（g）新增联合行文公文首页版式、信函格式首页、命令（令）格式首页版式等式样。

本标准中公文用语与《党政机关公文处理工作条例》中的用语一致。

本标准为第二次修订。

本标准由中共中央办公厅和国务院办公厅提出。

本标准由中国标准化研究院归口。

本标准起草单位：中国标准化研究院、中共中央办公厅秘书局、国务院办公厅秘书局、中国标准出版社。

本标准主要起草人：房庆、杨雯、郭道锋、孙维、马慧、张书杰、徐成华、范一乔、李玲。

本标准代替了 GB/T 9704—1999。

GB/T 9704—1999 的历次版本发布情况为：

——GB/T 9704—1988。

党政机关公文格式

1　范围

本标准规定了党政机关公文通用的纸张要求、排版和印制装订要求、公文格式各要素的编排规则，并给出了公文的式样。

本标准适用于各级党政机关制发的公文。其他机关和单位的公文可以参照执行。

使用少数民族文字印制的公文，其用纸、幅面尺寸及版面、印制等要求按照本标准执行，其余可以参照本标准并按照有关规定执行。

2　规范性引用文件

下列文件对于本标准的应用是必不可少的。凡是注日期的引用文件，仅所注日期的版本适用于本标准。凡是不注日期的引用文件，其最新版本（包括所有的修改单）适用于本标准。

GB/T 148 印刷、书写和绘图纸幅面尺寸

GB 3100 国际单位制及其应用

GB 3101 有关量、单位和符号的一般原则

GB 3102 （所有部分）量和单位

GB/T 15834 标点符号用法

GB/T 15835 出版物上数字用法

3　术语和定义

下列术语和定义适用于本标准。

3.1 **字** word

标示公文中横向距离的长度单位。在本标准中，一字指一个汉字宽度的距离。

3.2 **行** line

标示公文中纵向距离的长度单位。在本标准中，一行指一个汉字的高度加 3 号汉字高度的 7/8 的距离。

4 公文用纸主要技术指标

公文用纸一般使用纸张定量为 60 g/m^2 ~ 80 g/m^2 的胶版印刷纸或复印纸。纸张白度 80% ~ 90%，横向耐折度≥15 次，不透明度≥85%，pH 值为 7.5 ~ 9.5。

5 公文用纸幅面尺寸及版面要求

5.1 幅面尺寸

公文用纸采用 GB/T 148 中规定的 A4 型纸，其成品幅面尺寸为：210 mm×297 mm。GB/T 9704—2012

5.2 版面

5.2.1 页边与版心尺寸

公文用纸天头（上白边）为 37mm ± 1mm，公文用纸订口（左白边）为 28mm ± 1mm，版心尺寸为 156mm × 225mm。

5.2.2 字体和字号

如无特殊说明，公文格式各要素一般用 3 号仿宋体字。特定情况可以作适当调整。

5.2.3 行数和字数

一般每面排 22 行，每行排 28 个字，并撑满版心。特定情况可以作适当调整。

5.2.4 文字的颜色

如无特殊说明，公文中文字的颜色均为黑色。

6 印制装订要求

6.1 制版要求
版面干净无底灰，字迹清楚无断划，尺寸标准，版心不斜，误差不超过 1mm。

6.2 印刷要求
双面印刷；页码套正，两面误差不超过 2mm。黑色油墨应当达到色谱所标 BL100%，红色油墨应当达到色谱所标 Y80%、M80%。印品着墨实、均匀；字面不花、不白、无断划。

6.3 装订要求
公文应当左侧装订，不掉页，两页页码之间误差不超过 4mm，裁切后的成品尺寸允许误差 ±2mm，四角成 90°，无毛茬或缺损。

骑马订或平订的公文应当：

a）订位为两钉外订眼距版面上下边缘各 70 处，允许误差 ±4mm；

b）无坏钉、漏钉、重钉，钉脚平伏牢固；

c）骑马订钉锯均订在折缝线上，平订钉锯与书脊间的距离为 3～5mm。

包本装订公文的封皮（封面、书脊、封底）与书芯应吻合、包紧、包平、不脱落。

7 公文格式各要素编排规则

7.1 公文格式各要素的划分
本标准将版心内的公文格式各要素划分为版头、主体、版记三部分。公文首页红色分隔线以上的部分称为版头；公文首页红色分隔线（不含）以下、公文末页首条分隔线（不含）以上的部分称为主体；公文末页首条分隔线以下、末条分隔线以上的部分称为版记。

页码位于版心外。

7.2 版头
7.2.1 份号
如需标注份号，一般用 6 位 3 号阿拉伯数字，顶格编排在版心左上角第一行。

7.2.2　密级和保密期限

如需标注密级和保密期限，一般用 3 号黑体字，顶格编排在版心左上角第二行；保密期限中的数字用阿拉伯数字标注。

7.2.3　紧急程度

如需标注紧急程度，一般用 3 号黑体字，顶格编排在版心左上角；如需同时标注份号、密级和保密期限、紧急程度，按照份号、密级和保密期限、紧急程度的顺序自上而下分行排列。

7.2.4　发文机关标志

由发文机关全称或者规范化简称加"文件"二字组成，也可以使用发文机关全称或者规范化简称。

发文机关标志居中排布，上边缘至版心上边缘为 35mm，推荐使用小标宋体字，颜色为红色，以醒目、美观、庄重为原则。

联合行文时，如需同时标注联署发文机关名称，一般应当将主办机关名称排列在前；如有"文件"二字，应当置于发文机关名称右侧，以联署发文机关名称为准上下居中排布。

7.2.5　发文字号

编排在发文机关标志下空二行位置，居中排布。年份、发文顺序号用阿拉伯数字标注；年份应标全称，用六角括号"〔〕"括入；发文顺序号不加"第"字，不编虚位（即 1 不编为 01），在阿拉伯数字后加"号"字。

上行文的发文字号居左空一字编排，与最后一个签发人姓名处在同一行。

7.2.6　签发人

由"签发人"三字加全角冒号和签发人姓名组成，居右空一字，编排在发文机关标志下空二行位置。"签发人"三字用 3 号仿宋体字，签发人姓名用 3 号楷体字。

如有多个签发人，签发人姓名按照发文机关的排列顺序从左到右、自上而下依次均匀编排，一般每行排两个姓名，回行时与上一行第一个签发人姓名对齐。

7.2.7　版头中的分隔线

发文字号之下 4mm 处居中印一条与版心等宽的红色分隔线。

7.3　**主体**

7.3.1　标题

一般用 2 号小标宋体字，编排于红色分隔线下空二行位置，分一行或多行居中排布；回行时，要做到词意完整，排列对称，长短适宜，间距恰当，标题排列应当使用梯形或菱形。

7.3.2　主送机关

编排于标题下空一行位置，居左顶格，回行时仍顶格，最后一个机关名称后标全角冒号。如主送机关名称过多导致公文首页不能显示正文时，应当将主送机关名称移至版记，标注方法见7.4.2。

7.3.3　正文

公文首页必须显示正文。一般用3号仿宋体字，编排于主送机关名称下一行，每个自然段左空二字，回行顶格。文中结构层次序数依次可以用"一、"、"（一）"、"1."、"（1）"标注；一般第一层用黑体字、第二层用楷体字、第三层和第四层用仿宋体字标注。

7.3.4　附件说明

如有附件，在正文下空一行左空二字编排"附件"二字，后标全角冒号和附件名称。如有多个附件，使用阿拉伯数字标注附件顺序号（如"附件：1.××××
×"）；附件名称后不加标点符号。附件名称较长需回行时，应当与上一行附件名称的首字对齐。

7.3.5　发文机关署名、成文日期和印章

7.3.5.1　加盖印章的公文

成文日期一般右空四字编排，印章用红色，不得出现空白印章。

单一机关行文时，一般在成文日期之上、以成文日期为准居中编排发文机关署名，印章端正、居中下压发文机关署名和成文日期，使发文机关署名和成文日期居印章中心偏下位置，印章顶端应当上距正文（或附件说明）一行之内。

联合行文时，一般将各发文机关署名按照发文机关顺序整齐排列在相应位置，并将印章一一对应、端正、居中下压发文机关署名，最后一个印章端正、居中下压发文机关署名和成文日期，印章之间排列整齐、互不相交或相切，每排印章两端不得超出版心，首排印章顶端应当上距正文（或附件说明）一行之内。

7.3.5.2　不加盖印章的公文

单一机关行文时，在正文（或附件说明）下空一行右空二字编排发文机关署名，在发文机关署名下一行编排成文日期，首字比发文机关署名首字右移二字，如成文日期长于发文机关署名，应当使成文日期右空二字编排，并相应增加发文机关署名右空字数。

联合行文时，应当先编排主办机关署名，其余发文机关署名依次向下编排。

7.3.5.3 加盖签发人签名章的公文

单一机关制发的公文加盖签发人签名章时，在正文（或附件说明）下空二行右空四字加盖签发人签名章，签名章左空二字标注签发人职务，以签名章为准上下居中排布。在签发人签名章下空一行右空四字编排成文日期。

联合行文时，应当先编排主办机关签发人职务、签名章，其余机关签发人职务、签名章依次向下编排，与主办机关签发人职务、签名章上下对齐；每行只编排一个机关的签发人职务、签名章；签发人职务应当标注全称。

签名章一般用红色。

7.3.5.4 成文日期中的数字

用阿拉伯数字将年、月、日标全，年份应标全称，月、日不编虚位（即1不编为01）。

7.3.5.5 特殊情况说明

当公文排版后所剩空白处不能容下印章或签发人签名章、成文日期时，可以采取调整行距、字距的措施解决。

7.3.6 附注

如有附注，居左空二字加圆括号编排在成文日期下一行。

7.3.7 附件

附件应当另面编排，并在版记之前，与公文正文一起装订。"附件"二字及附件顺序号用3号黑体字顶格编排在版心左上角第一行。附件标题居中编排在版心第三行。附件顺序号和附件标题应当与附件说明的表述一致。附件格式要求同正文。

如附件与正文不能一起装订，应当在附件左上角第一行顶格编排公文的发文字号并在其后标注"附件"二字及附件顺序号。

7.4 版记

7.4.1 版记中的分隔线

版记中的分隔线与版心等宽，首条分隔线和末条分隔线用粗线（推荐高度为0.35mm），中间的分隔线用细线（推荐高度为0.25mm）。首条分隔线位于版记中第一个要素之上，末条分隔线与公文最后一面的版心下边缘重合。

7.4.2 抄送机关

如有抄送机关，一般用4号仿宋体字，在印发机关和印发日期之上一行、左右各空一字编排。"抄送"二字后加全角冒号和抄送机关名称，回行时与冒号后的首字对齐，最后一个抄送机关名称后标句号。

如需把主送机关移至版记，除将"抄送"二字改为"主送"外，编排方法同抄送机关。既有主送机关又有抄送机关时，应当将主送机关置于抄送机关之上一行，之间不加分隔线。

7.4.3 印发机关和印发日期

印发机关和印发日期一般用4号仿宋体字，编排在末条分隔线之上，印发机关左空一字，印发日期右空一字，用阿拉伯数字将年、月、日标全，年份应标全称，月、日不编虚位（即1不编为01），后加"印发"二字。

版记中如有其他要素，应当将其与印发机关和印发日期用一条细分隔线隔开。

7.5 页码

一般用4号半角宋体阿拉伯数字，编排在公文版心下边缘之下，数字左右各放一条一字线；一字线上距版心下边缘7mm。单页码居右空一字，双页码居左空一字。公文的版记页前有空白页的，空白页和版记页均不编排页码。公文的附件与正文一起装订时，页码应当连续编排。

8 公文中的横排表格

A4纸型的表格横排时，页码位置与公文其他页码保持一致，单页码表头在订口一边，双页码表头在切口一边。

9 公文中计量单位、标点符号和数字的用法

公文中计量单位的用法应当符合GB 3100、GB 3101和GB 3102（所有部分），标点符号的用法应当符合GB/T 15834，数字用法应当符合GB/T 15835。

10 公文的特定格式

10.1 信函格式

发文机关标志使用发文机关全称或者规范化简称，居中排布，上边缘至上页边为30mm，推荐使用红色小标宋体字。联合行文时，使用主办机关标志。

发文机关标志下4mm处印一条红色双线（上粗下细），距下页边20mm处印一条

红色双线（上细下粗），线长均为170mm，居中排布。

如需标注份号、密级和保密期限、紧急程度，应当顶格居版心左边缘编排在第一条红色双线下，按照份号、密级和保密期限、紧急程度的顺序自上而下分行排列，第一个要素与该线的距离为3号汉字高度的7/8。

发文字号顶格居版心右边缘编排在第一条红色双线下，与该线的距离为3号汉字高度的7/8。

标题居中编排，与其上最后一个要素相距二行。

第二条红色双线上一行如有文字，与该线的距离为3号汉字高度的7/8。

首页不显示页码。

版记不加印发机关和印发日期、分隔线，位于公文最后一面版心内最下方。

10.2　命令（令）格式

发文机关标志由发文机关全称加"命令"或"令"字组成，居中排布，上边缘至版心上边缘为20mm，推荐使用红色小标宋体字。

发文机关标志下空二行居中编排令号，令号下空二行编排正文。

签发人职务、签名章和成文日期的编排见7.3.5.3。

10.3　纪要格式

纪要标志由"×××××纪要"组成，居中排布，上边缘至版心上边缘为35mm，推荐使用红色小标宋体字。

标注出席人员名单，一般用3号黑体字，在正文或附件说明下空一行左空二字编排"出席"二字，后标全角冒号，冒号后用3号仿宋体字标注出席人单位、姓名，回行时与冒号后的首字对齐。

标注请假和列席人员名单，除依次另起一行并将"出席"二字改为"请假"或"列席"外，编排方法同出席人员名单。

纪要格式可以根据实际制定。

11　式样

A4型公文用纸页边及版心尺寸见图1；公文首页版式见图2；联合行文公文首页版式1见图3；联合行文公文首页版式2见图4；公文末页版式1见图5；公文末页版式2见图6；联合行文公文末页版式1见图7；联合行文公文末页版式2见图8；附件

说明页版式见图9；带附件公文末页版式见图10；信函格式首页版式见图11；命令（令）格式首页版式见图12。

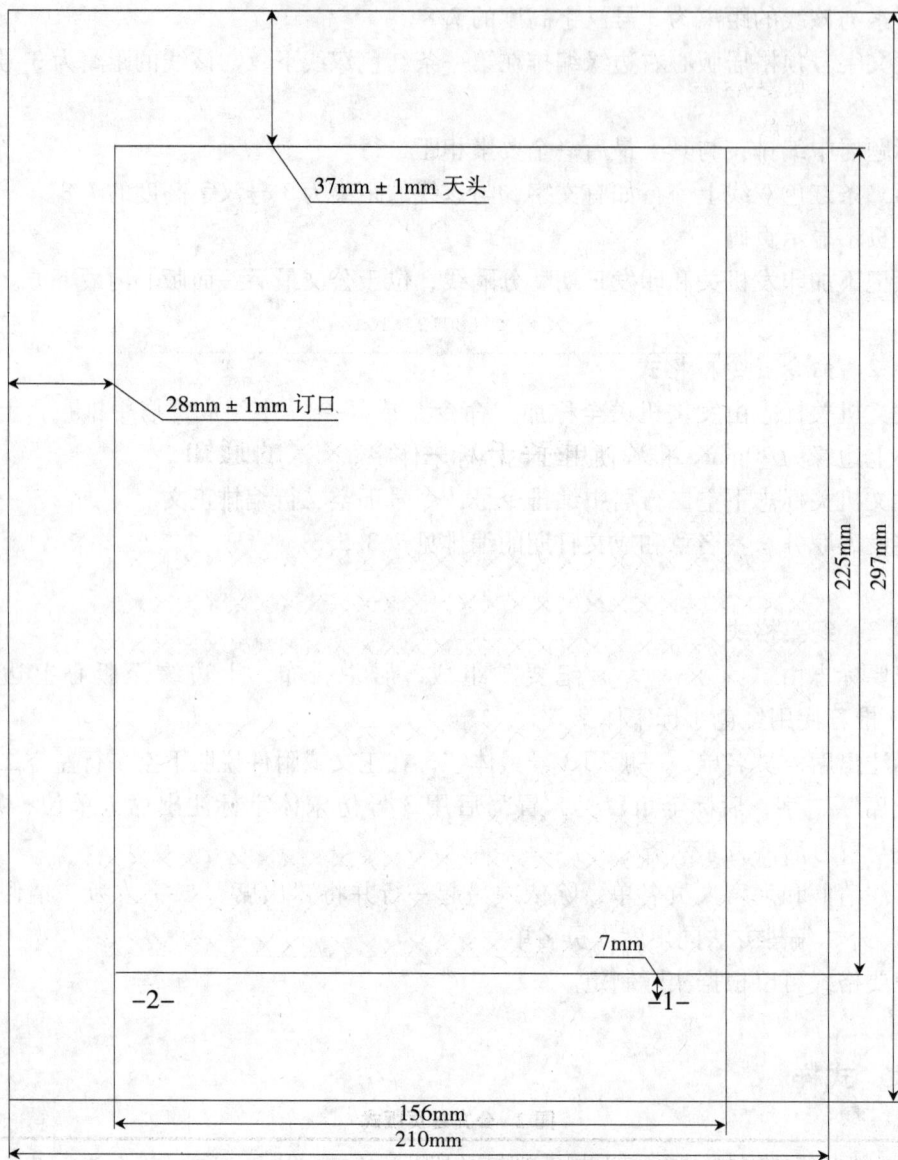

37mm ± 1mm 天头

28mm ± 1mm 订口

225mm

297mm

7mm

–2–

–1–

156mm

210mm

图1　A4型公文用纸页边及版心尺寸

000001

机密★1年

特急

××××× 文件

××× 〔2012〕 10 号

×××××关于××××××的通知

×××××××××:

　　××××××××××××××××××××××××
××××××××××××××××××××××××××
××××。

　　××××××××××××××××××××××××
×××××××××××。

　　××××××××××××。

　　××××××××。××××××××××××××
××××××××××××××××××××××××××
×××××××××××××××××××××××××××

— 1 —

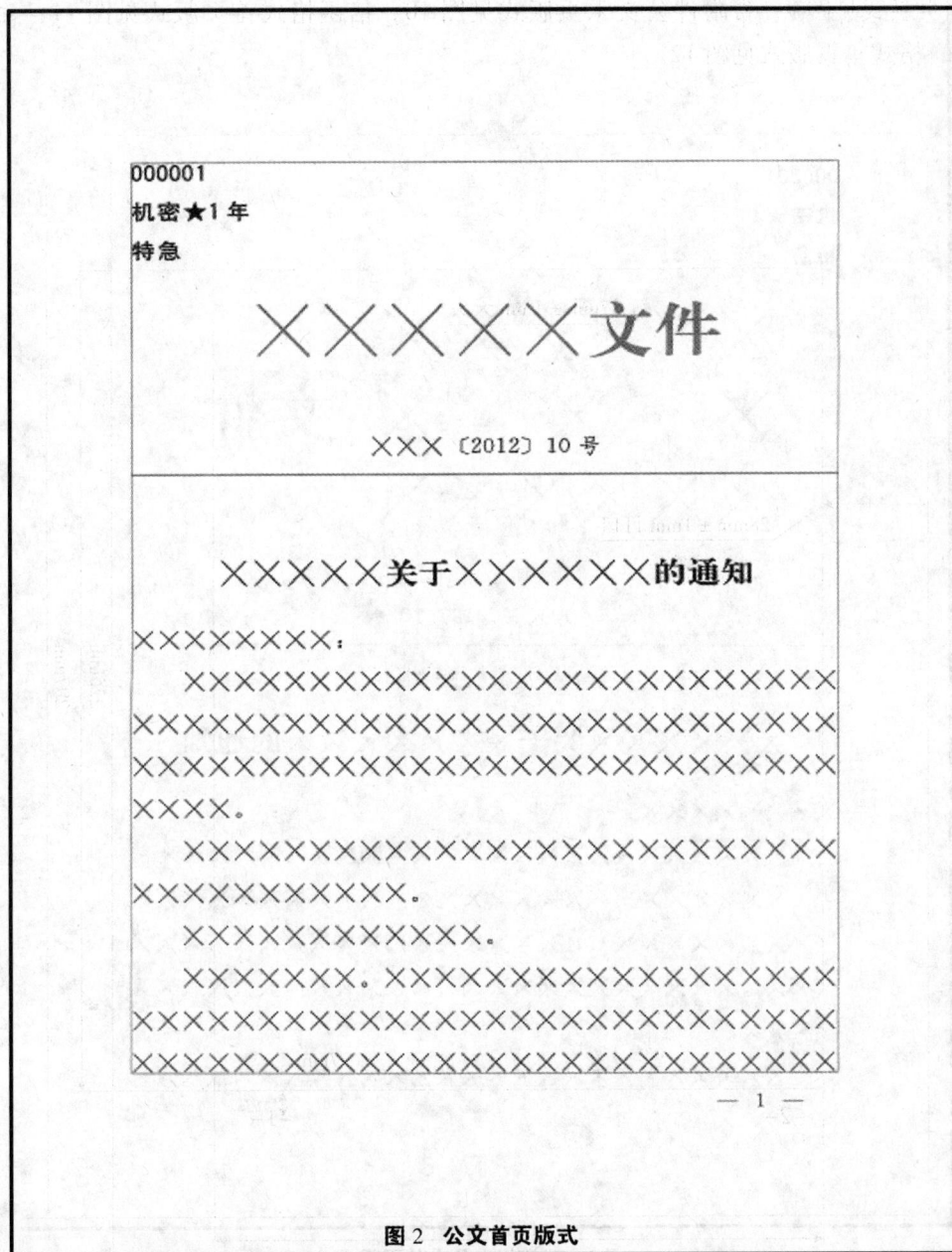

图2 公文首页版式

注：版心实线框仅为示意，在印刷公文时并不印出。

000001

机密★1年

特急

×××××

× × × 文件

×××××

×××〔2012〕10号

×××××关于××××××的通知

××××××××：

    ××××××××××××××××××××××。

    ×××××××××××××××××××××××××。

    ××××××××××××××××××××××××××××

××××。

    ×××××××××××××××××××××××××

— 1 —

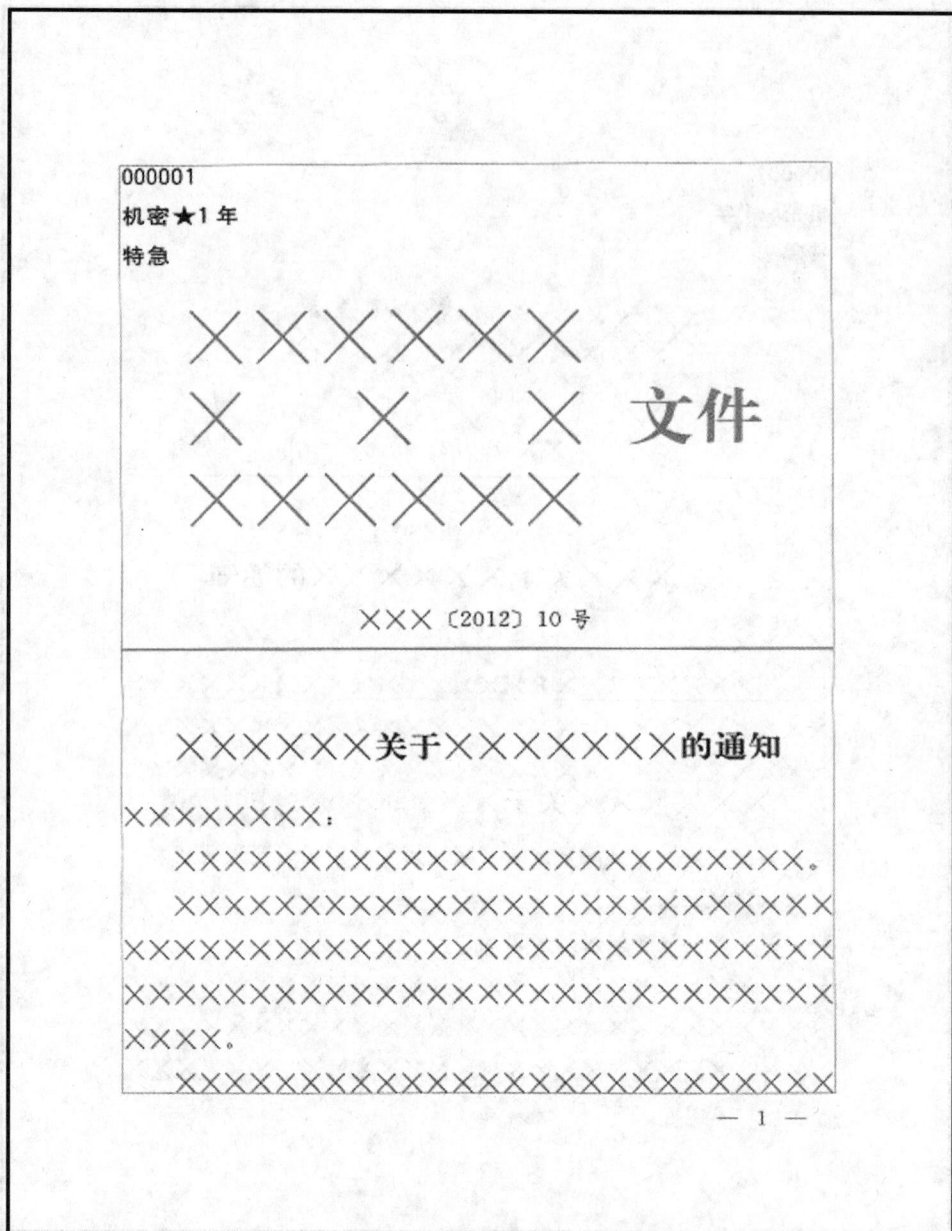

图3　联合行文公文首页版式1

注：版心实线框仅为示意，在印刷公文时并不印出。

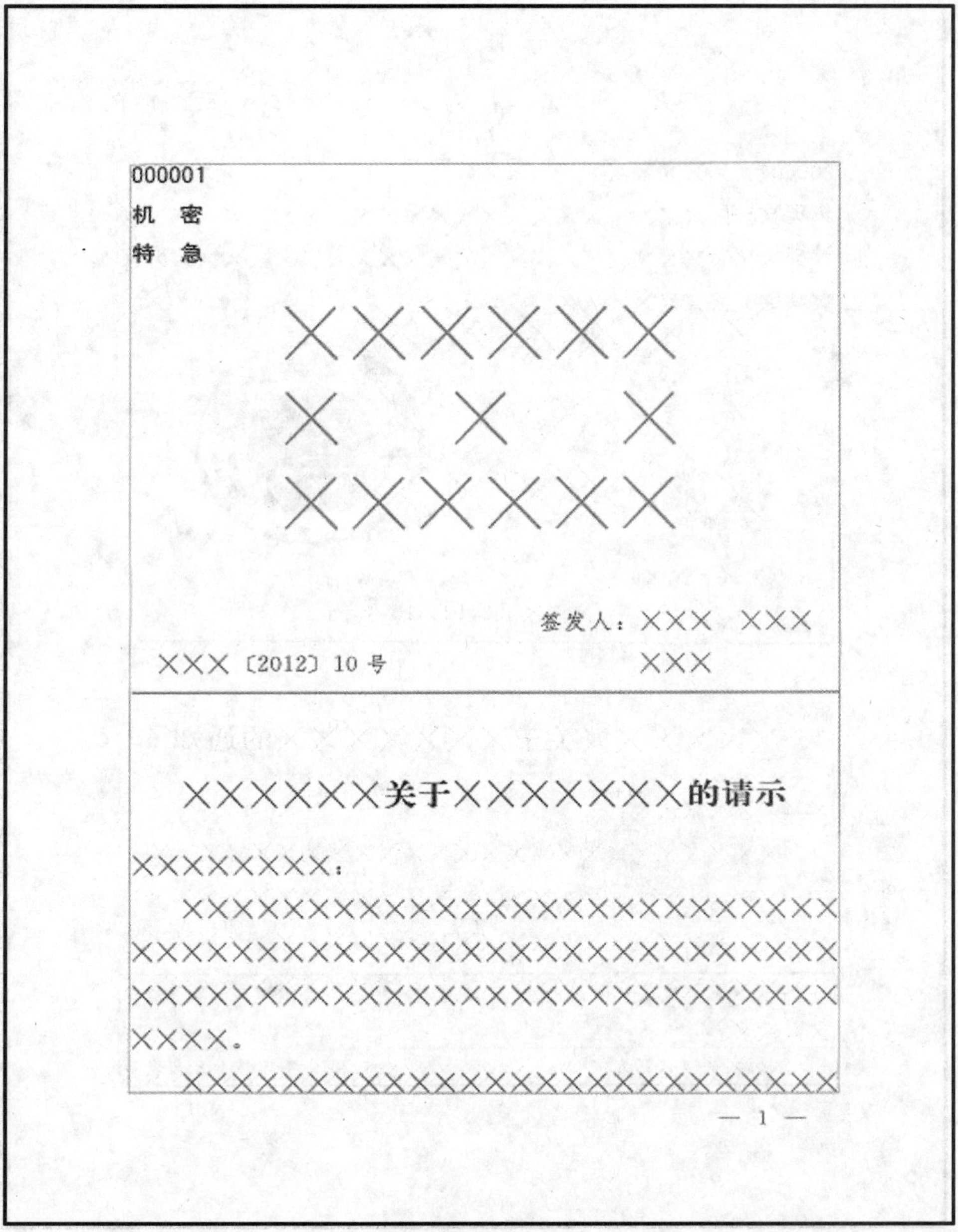

000001

机　密

特　急

×××××

×　×　×

×××××

签发人：×××　×××

×××〔2012〕10 号　　　　　　　×××

×××××**关于**×××××××**的请示**

×××××××：

　　×××××××××××××××××××××××××××

×××××××××××××××××××××××××××××

×××××××××××××××××××××××××××××

××××。

　　×××××××××××××××××××××××××××

— 1 —

图4　联合行文公文首页版式 2

注：版心实线框仅为示意，在印刷公文时并不印出。

××××××××××××××。

　　××××××××××××××××××××

×××××××××××××××××××××××

××××××××××。

　　2012 年 7 月 1 日

（×××××）

抄送：×××××××，××××××，×××××，×××××，
×××××。

×××××××× 　　　　　　2012 年 7 月 1 日印发

— 2 —

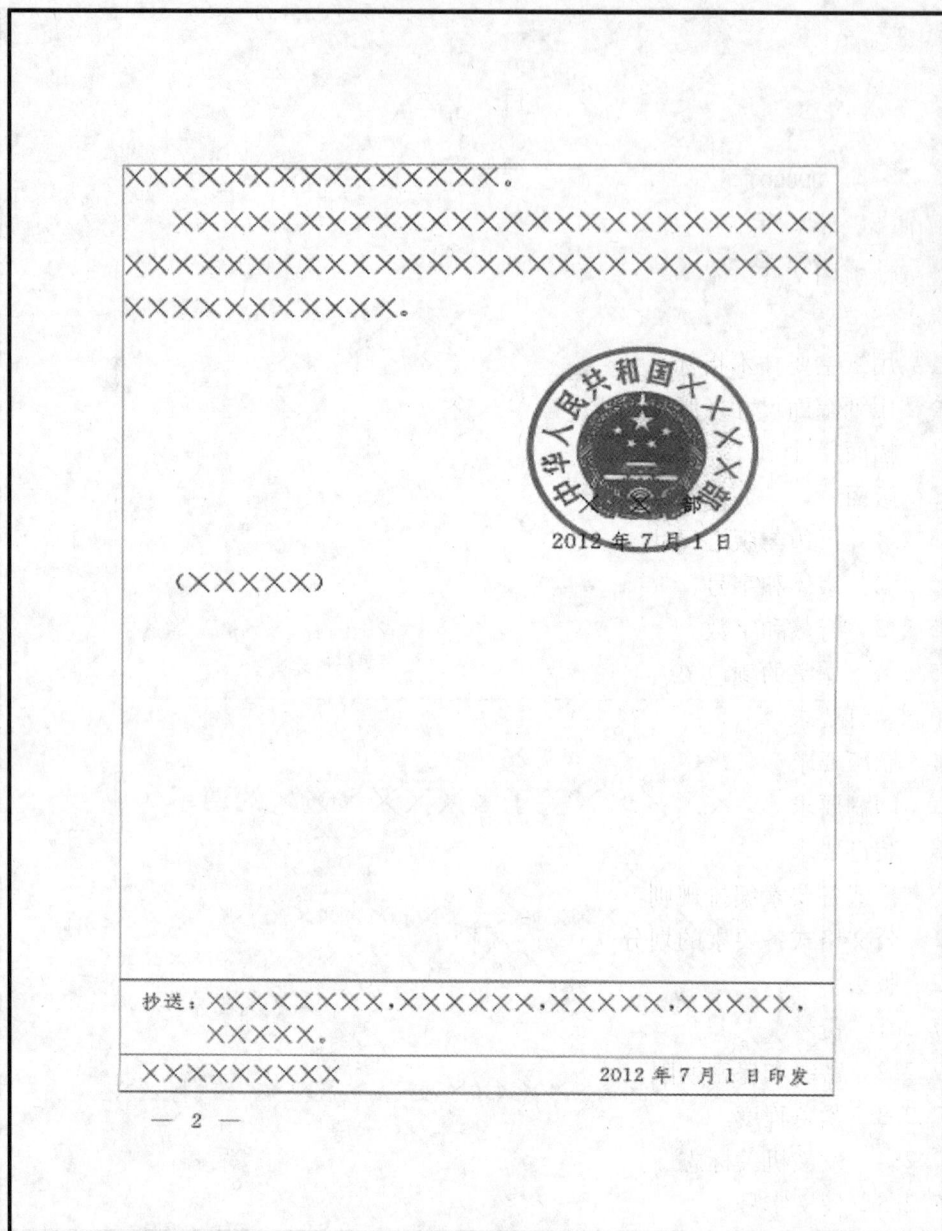

图 5　公文末页版式1

注：版心实线框仅为示意，在印刷公文时并不印出。

×××××××××××××××。
　×××××××××××××××××××××
×××××××××××××××××××××
××××××××。

　　　　　　　　　××××××××××
　　　　　　　　　2012 年 7 月 1 日

（×××××）

抄送：×××××××.××××××.×××××.×××××,
　×××××.

×××××××××　　　　　　2012 年 7 月 1 日印发

— 2 —

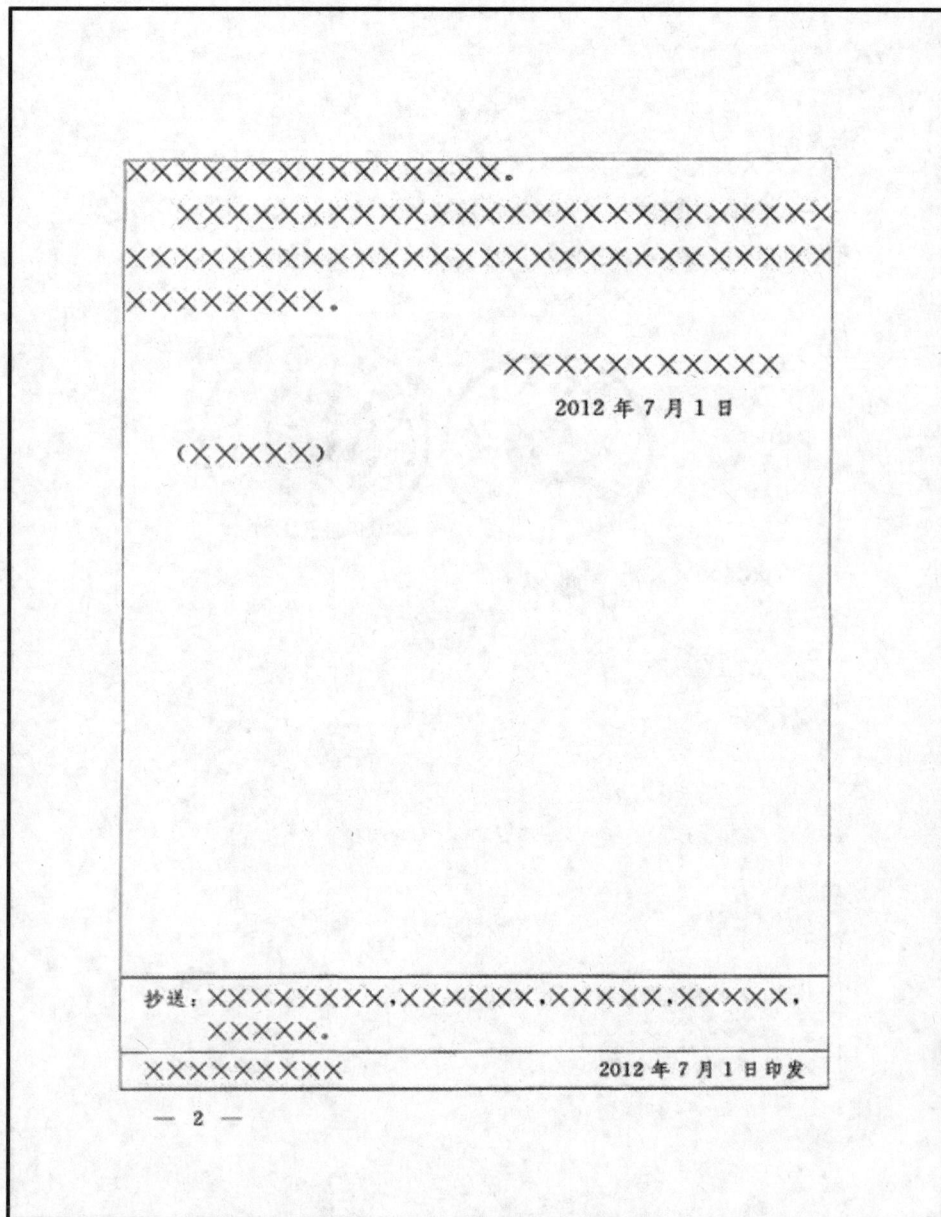

图 6　公文末页版式 2

注：版心实线框仅为示意，在印刷公文时并不印出。

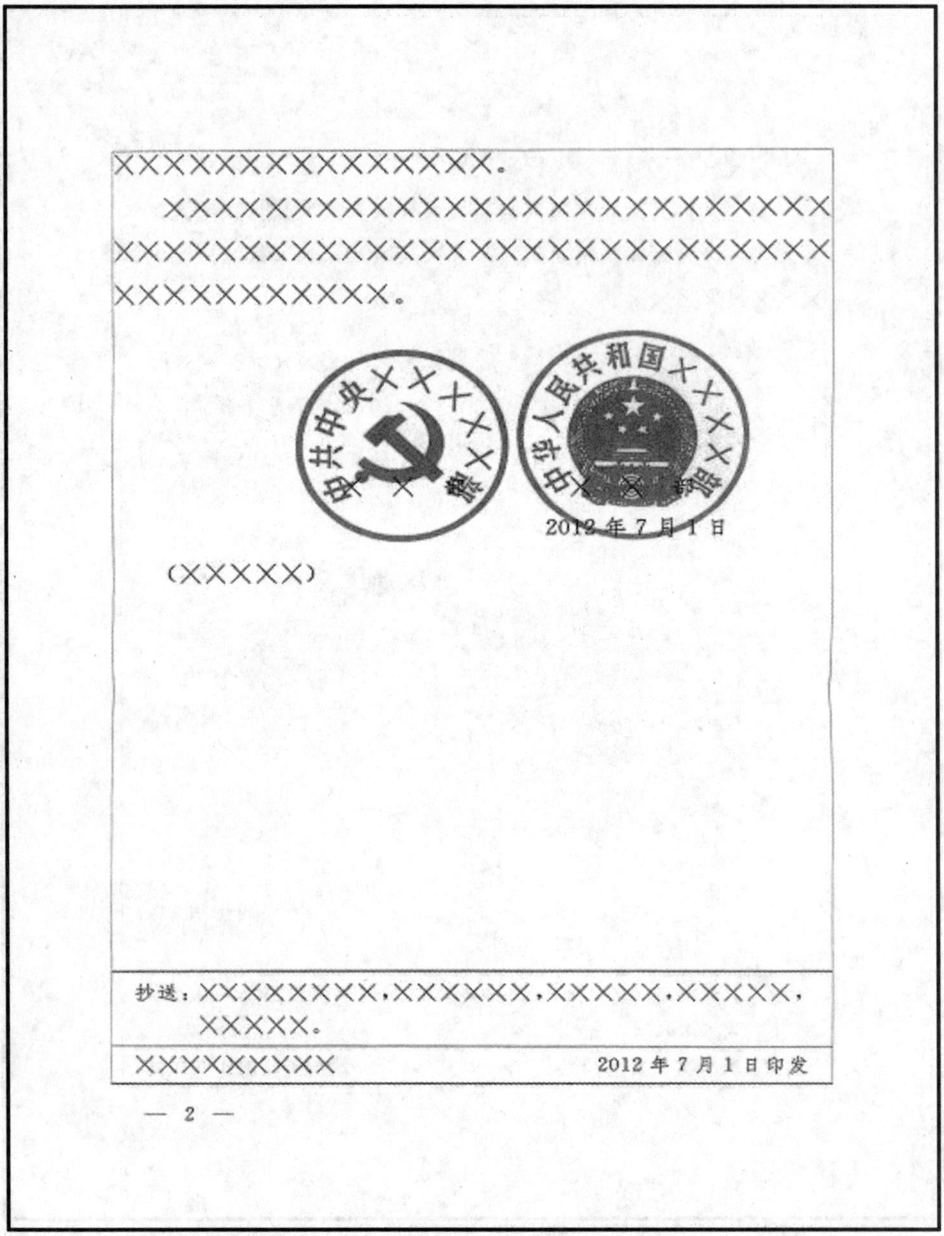

×××××××××××××。
　　×××××××××××××××××××××××
×××××××××××××××××××××××××××
××××××××××。

（×××××）

抄送：××××××××，××××××，×××××，×××××，
　　　×××××。

××××××××　　　　　　　　　　2012 年 7 月 1 日印发

图 7　联合行文公文末页版式 1
注：版心实线框仅为示意，在印刷公文时并不印出。

××××××××××××××××。
　　××××××××××××××××××××××××××
××××××××××××××××××××××××××××
×××××××××。

（×××××）

抄送：×××××××，××××××，×××××，×××××，
　　　×××××。

×××××××× 　　　　　　　2012 年 7 月 1 日印发

— 2 —

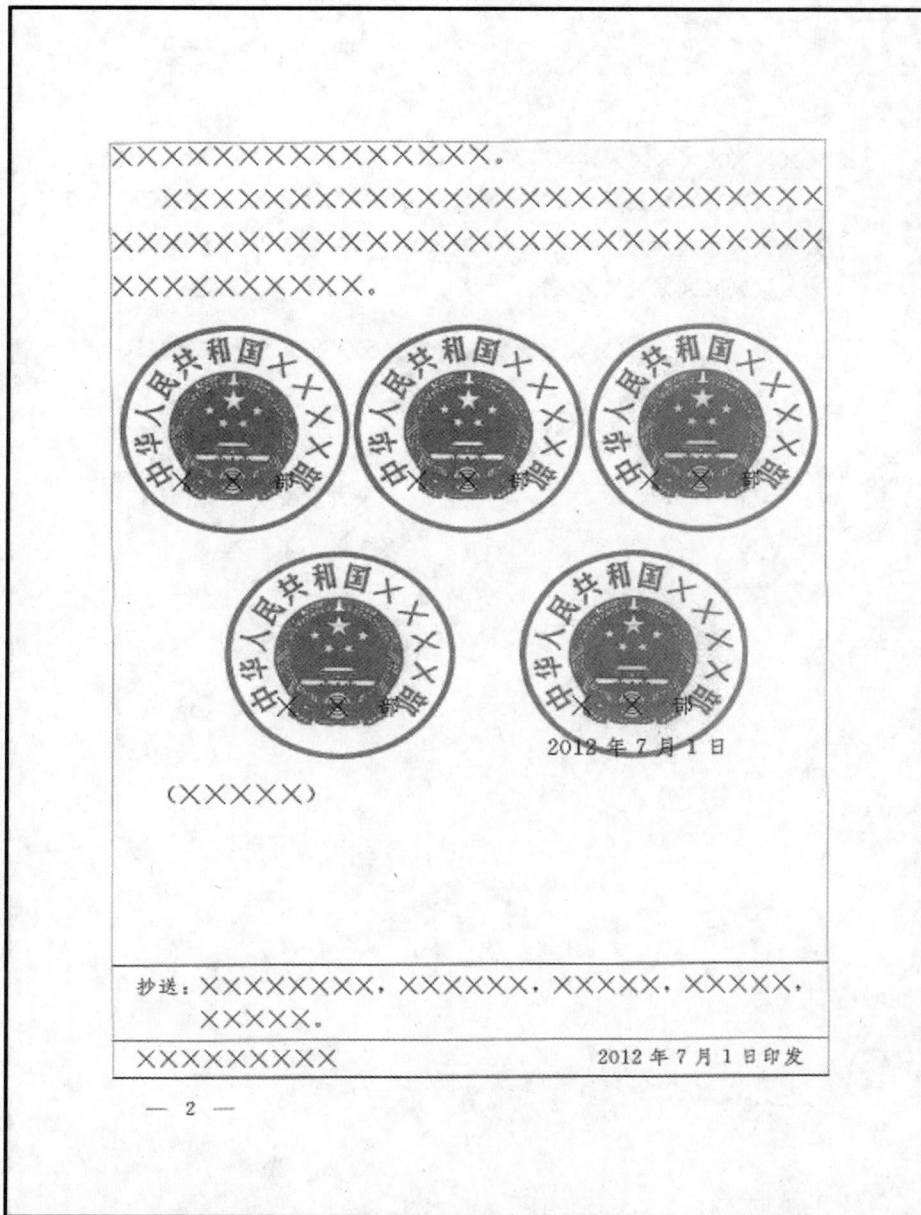

图 8 联合行文公文末页版式 2

注：版心实线框仅为示意，在印刷公文时并不印出。

×××××××××××××。
　　××××××××××××××××××××
×××××××××××××××××××××
××××××××××。
　　附件：1. ×××××××××××××××
　　　　　　××××
　　　　　2. ×××××××××××

　　　　　　　　　　×××××××
　　　　　　　　　　× × × ×
　　　　　　　　　　2012 年 7 月 1 日
　（×××××）

— 2 —

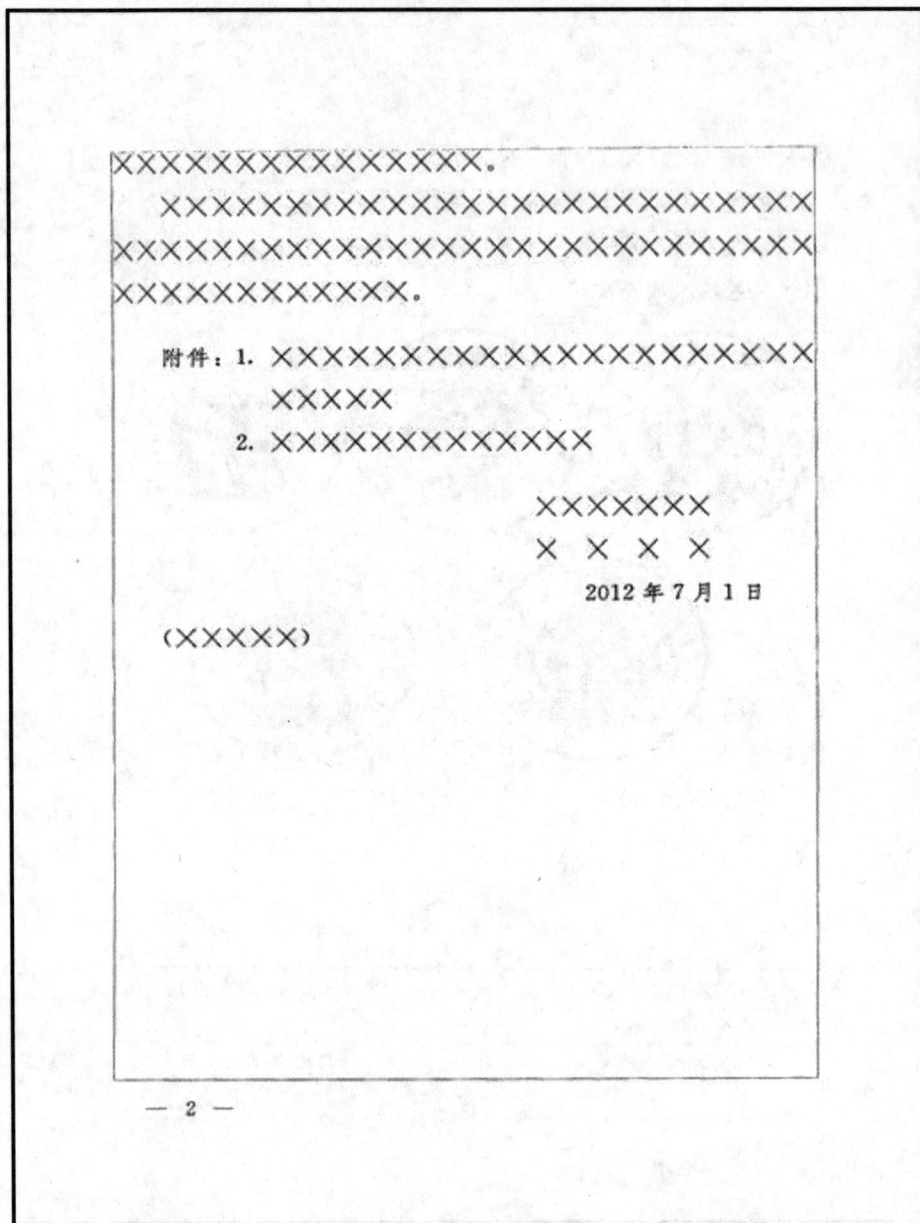

图 9　附件说明页版式

注：版心实线框仅为示意，在印刷公文时并不印出。

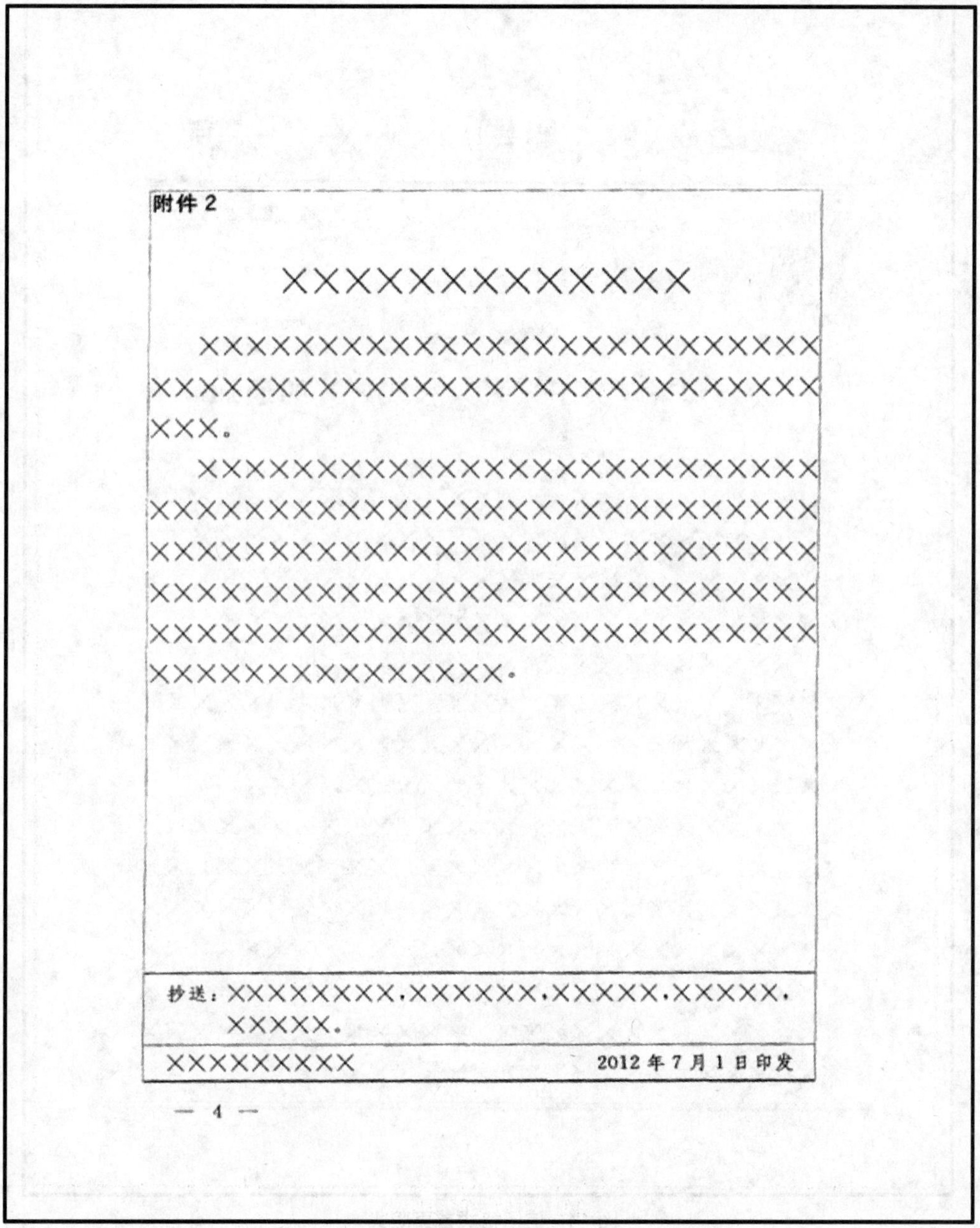

附件2

××××××××××

×××。

×××。

抄送：××××××，××××××，×××××，×××××，×××××。

××××××××   2012年7月1日印发

— 4 —

图10 带附件公文末页版式

注：版心实线框仅为示意，在印刷公文时并不印出。

中华人民共和国×××××部

000001   ××× 〔2012〕10 号

机　密

特　急

×××××关于×××××××的通知

×××××××：

　　×××××××××××××××××××××××××××××
×××××××××××××××××××××××××××××××××
×××××××××××××××××××××××××××××××××
×××××××××××××××××××××××××××。

　　×××××××××××××××××××××××××××××××
×××××××××××××××××××××××××××××××××
×××××××××××××××××××××××××××××。

　　×××××××××××××××××××××××××××××××
×××××××××××××××××××××××××××××××××
×××××××××××××××××××××××××××××××××
×××××××××××××××××××××××××××××××××
×××××××××××××××××××××××××××××××××
××××××××××××××××××××××××××××××××。

图 11　信函格式首页版式

注：版心实线框仅为示意，在印刷公文时并不印出。

×××××令

第×××号

×××××××××××××××××××××
××××××××××××××××××××××。
×××××××××××××××××××××
×××××××××××××××××××。

部 长 ×××

2012 年 7 月 1 日

— 1 —

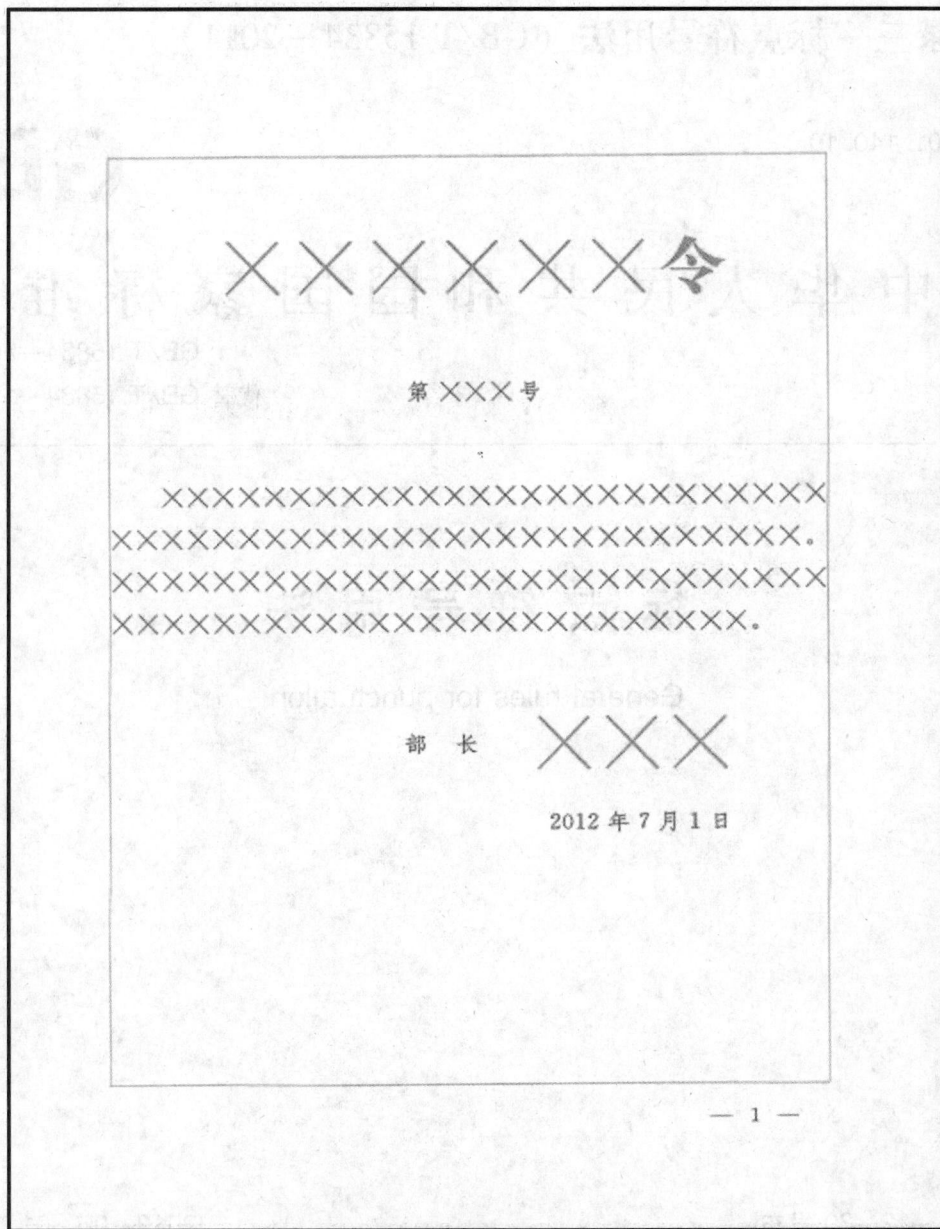

图 12 命令（令）格式首页版式

注：版心实线框仅为示意，在印刷公文时并不印出。

附录三 标点符号用法（GB/T 15834—2011）

ICS 01. 140. 10
A 19

GB

中华人民共和国国家标准

GB/T 15834—2011
代替 GB/T 15834—1995

标 点 符 号 用 法

General rules for punctuation

2011 –12 –30 发布　　　　　　　　　　　2012 –06 –01 实施

中华人民共和国国家质量监督检验检疫总局
中国国家标准化管理委员会　发布

前　言

本标准按照 GB/T 1.1—2009 给出的规则起草。

本标准代替 GB/T 15834—1995，与 GB/T 15834—1995 相比，主要变化如下：

——根据我国国家标准编写规则（GB/T 1.1—2009），对本标准的编排和表述做了全面修改；

——更换了大部分示例，使之更简短、通俗、规范；

——增加了对术语"标点符号"和"语段"的定义（2.1/2.5）；

——对术语"复句"和"分句"的定义做了修改（2.3/2.4）；

——对句末点号（句号、问号、叹号）的定义做了修改，更强调句末点号与句子语气之间的关系（4.1.1/4.2.1/4.3.1）；

——对逗号的基本用法做了补充（4.4.3）；

——增加了不同形式括号用法的示例（4.9.3）；

——省略号的形式统一为六连点"……"，但在特定情况下允许连用（4.11）；

——取消了连接号中原有的二字线，将连接号形式规范为短横线" - "、一字线"—"和浪纹线"～"，并对三者的功能做了归并与划分（4.13）；

——明确了书名号的使用范围（4.15/A.13）；

——增加了分隔号的用法说明（4.17）；

——"标点符号的位置"一章的标题改为"标点符号的位置和书写形式"，并增加了使用中文输入软件处理标点符号时的相关规范（第5章）；

——增加了"附录"：附录 A 为规范性附录，主要说明标点符号不能怎样使用和对标点符号用法加以补充说明，以解决目前使用混乱或争议较大的问题。附录 B 为资料性附录，对功能有交叉的标点符号的用法做了区分，并对标点符号误用高发环境下的规范用法做了说明。

本标准由教育部语言文字信息管理司提出并归口。

本标准主要起草单位：北京大学。

本标准主要起草人：沈阳、刘妍、于泳波、翁姗姗。

本标准所代替标准的历次版本发布情况为：

——GB/T 15834—1995。

标点符号用法

1 范围

本标准规定了现代汉语标点符号的用法。

本标准适用于汉语的书面语（包括汉语和外语混合排版时的汉语部分）。

2 术语和定义

下列术语和定义适用于本文件。

2.1 标点符号 punctuation

辅助文字记录语言的符号，是书面语的有机组成部分，用来表示语句的停顿、语气以及标示某些成分（主要是词语）的特定性质和作用。

注：数学符号、货币符号、校勘符号、辞书符号、注音符号等特殊领域的专门符号不属于标点符号。

2.2 句子 sentence

前后都有较大停顿、带有一定的语气和语调、表达相对完整意义的语言单位。

2.3 复句 complex sentence

由两个或多个在意义上有密切关系的分句组成的语言单位，包括简单复句（内部只有一层语义关系）和多重复句（内部包含多层语义关系）。

2.4 分句 clause

复句内两个或多个前后有停顿、表达相对完整意义、不带有句末语气和语调、有的前面可添加关联词语的语言单位。

2.5　**语段** expression

指语言片段，是对各种语言单位（如词、短语、句子、复句等）不做特别区分时的统称。

3　标点符号的种类

3.1　**点号**

点号的作用是点断，主要表示停顿和语气。分为句末点号和句内点号。

3.1.1　**句末点号**

用于句末的点号，表示句末停顿和句子的语气。包括句号、问号、叹号。

3.1.2　**句内点号**

用于句内的点号，表示句内各种不同性质的停顿。包括逗号、顿号、分号、冒号。

3.2　**标号**

标号的作用是标明，主要标示某些成分（主要是词语）的特定性质和作用。包括引号、括号、破折号、省略号、着重号、连接号、间隔号、书名号、专名号、分隔号。

4　标点符号的定义、形式和用法

4.1　**句号**

4.1.1　**定义**

句末点号的一种，主要表示句子的陈述语气。

4.1.2　**形式**

句号的形式是"。"。

4.1.3　**基本用法**

4.1.3.1　用于句子末尾，表示陈述语气。使用句号主要是根据语段前后有较大停顿、带有陈述语气和语调，并不取决于句子的长短。

示例1：北京是中华人民共和国的首都。

示例2：（甲：咱们走着去吧？）乙：好。

4.1.3.2 有时也可表示较缓和的祈使语气和感叹语气。

示例1：请您稍等一下。

示例2：我不由地感到，这些普通劳动者也是同样很值得尊敬的。

4.2 问号

4.2.1 定义

句末点号的一种，主要表示句子的疑问语气。

4.2.2 形式

问号的形式是"？"。

4.2.3 基本用法

4.2.3.1 用于句子末尾，表示疑问语气（包括反问、设问等疑问类型）。使用问号主要根据语段前后有较大停顿、带有疑问语气和语调，并不取决于句子的长短。

示例1：你怎么还不回家去呢？

示例2：难道这些普通的战士不值得歌颂吗？

示例3：（一个外国人，不远万里来到中国，帮助中国的抗日战争。）这是什么精神？这是国际主义的精神。

4.2.3.2 选择问句中，通常只在最后一个选项的末尾用问号，各个选项之间一般用逗号隔开。当选项较短且选项之间几乎没有停顿时，选项之间可不用逗号。当选项较多或较长，或有意突出每个选项的独立性时，也可每个选项之后都用问号。

示例1：诗中记述的这场战争究竟是真实的历史描述，还是诗人的虚构？

示例2：这是巧合还是有意安排？

示例3：要一个什么样的结尾；现实主义的？传统的？大团圆的？荒诞的？民族形式的？有象征意义的？

示例4：（他看着我的作品称赞了我。）但到底是称赞我什么：是有几处画得好？还是什么都敢画？抑或只是一种对于失败者的无可奈何的安慰？我不得而知。

示例5：这一切都是由客观的条件造成的？还是由行为的惯性造成的？

4.2.3.3 在多个问句连用或表达疑问语气加重时，可叠用问号。通常应先单用，再叠用，最多叠用三个问号。在没有异常强烈的情感表达需要时不宜叠用问号。

示例：这就是你的做法吗？你这个总经理是怎么当的？？你怎么竟敢这样欺骗消

费者？？？

4.2.3.4　问号也有标号的用法，即用于句内，表示存疑或不详。

示例1：马致远（1250？—1321），大都人，元代戏曲家、散曲家。

示例2：钟嵘（？—518），颍川长社人，南朝梁代文学批评家。

示例3：出现这样的文字错误，说明作者（编者？校者？）很不认真。

4.3　叹号

4.3.1　定义

句末点号的一种，主要表示句子的感叹语气。

4.3.2　形式

叹号的形式是"！"。

4.3.3　基本用法

4.3.3.1　用于句子末尾，主要表示感叹语气，有时也可表示强烈的祈使语气、反问语气等。使用叹号主要根据语段前后有较大停顿、带有感叹语气和语调或带有强烈的祈使、反问语气和语调，并不取决于句子的长短。

示例1：才一年不见，这孩子都长这么高啦！

示例2：你给我住嘴！

示例3：谁知道他今天是怎么搞的！

4.3.3.2　用于拟声词后，表示声音短促或突然。

示例1：咔嚓！一道闪电划破了夜空。

示例2：咚！咚咚！突然传来一阵急促的敲门声。

4.3.3.3　表示声音巨大或声音不断加大时，可叠用叹号；表达强烈语气时，也可叠用叹号，最多叠用三个叹号。在没有异常强烈的情感表达需要时不宜叠用叹号。

示例1：轰！！在这天崩地塌的声音中，女娲猛然醒来。

示例2：我要揭露！我要控诉！！我要以死抗争！！！

4.3.3.4　当句子包含疑问、感叹两种语气且都比较强烈时（如带有强烈感情的反问句和带有惊愕语气的疑问句），可在问号后再加叹号（问号、叹号各一）。

示例1：这么点困难就能把我们吓倒吗？！

示例2：他连这些最起码的常识都不懂，还敢说自己是高科技人才？！

4.4 逗号

4.4.1 定义

句内点号的一种,表示句子或语段内部的一般性停顿。

4.4.2 形式

逗号的形式是","。

4.4.3 基本用法

4.4.3.1 复句内各分句之间的停顿,除了有时用分号(见4.6.3.1),一般都用逗号。

示例1:不是人们的意识决定人们的存在,而是人们的社会存在决定人们的意识。

示例2:学历史使人更明智,学文学使人更聪慧,学数学使人更精细,学考古使人更深沉。

示例3:要是不相信我们的理论能反映现实,要是不相信我们的世界有内在和谐,那就不可能有科学。

4.4.3.2 用于下列各种语法位置:

(a)较长的主语之后。

示例1:苏州园林建筑各种门窗的精美设计和雕镂功夫,都令人叹为观止。

(b)句首的状语之后。

示例2:在苍茫的大海上,狂风卷集着乌云。

(c)较长的宾语之前。

示例3:有的考古工作者认为,南方古猿生存于上新世至更新世的初期和中期。

(d)带句内语气词的主语(或其他成分)之后,或带句内语气词的并列成分之间。

示例4:他呢,倒是很乐意地、全神贯注地干起来了。

示例5:(那是个没有月亮的夜晚。)可是整个村子——白房顶啦,白桦木啦,雪堆啦,全都看得见。

(e)较长的主语中间、谓语中间或宾语中间。

示例6:母亲沉痛的诉说,以及亲眼见到的事实,都启发了我幼年时期追求真理的思想。

示例7:那姑娘头戴一顶草帽,身穿一条绿色的裙子,腰间还系着一根橙色的腰带。

示例8:必须懂得,对于文化传统,既不能不分青红皂白统统抛弃,也不能不管精华糟粕全盘继承。

（f）前置的谓语之后或后置的状语、定语之前。

示例9：真美啊，这条蜿蜒的林间小路。

示例10：她吃力地站了起来，慢慢地。

示例11：我只是一个人，孤孤单单的。

4.4.3.3　用于下列各种停顿处：

（a）复指成分或插说成分前后。

示例1：老张，就是原来的办公室主任，上星期已经调走了。

示例2：车，不用说，当然是头等。

（b）语气缓和的感叹语、称谓语或呼唤语之后。

示例3：哎哟，这儿，快给我揉揉。

示例4：大娘，您到哪儿去啊？

示例5：喂，你是哪个单位的？

（c）某些序次语（"第"字头、"其"字头及"首先"类序次语）之后。

示例6：为什么许多人都有长不大的感觉呢？原因有三：第一，父母总认为自己比孩子成熟；第二，父母总要以自己的标准来衡量孩子；第三，父母出于爱心而总不想让孩子在成长的过程中走弯路。

示例7：《玄秘塔碑》所以成为书法的范本，不外乎以下几方面的因素：其一，具有楷书点画、构体的典范性；其二，承上启下，成为唐楷的极致；其三，字如其人，爱人及字，柳公权高尚的书品、人品为后人所崇仰。

示例8：下面从三个方面讲讲语言的污染问题：首先，是特殊语言环境中的语言污染问题；其次，是滥用缩略语引起的语言污染问题；再次，是空话和废话引起的语言污染问题。

4.5　顿号

4.5.1　定义

句内点号的一种，表示语段中并列词语之间或某些序次语之后的停顿。

4.5.2　形式

顿号的形式是"、"。

4.5.3　基本用法

4.5.3.1　用于并列词语之间。

示例1：这里有自由、民主、平等、开放的风气和氛围。

示例 2：造型科学、技艺精湛、气韵生动，是盛唐石雕的特色。

4.5.3.2　用于需要停顿的重复词语之间。

示例：他几次三番、几次三番地辩解着。

4.5.3.3　用于某些序次语（不带括号的汉字数字或"天干地支"类序次语）之后。

示例 1：我准备讲两个问题：一、逻辑学是什么？二、怎样学好逻辑学？

示例 2：风格的具体内容主要有以下四点：甲、题材；乙、用字；丙、表达；丁、色彩。

4.5.3.4　相邻或相近两数字连用表示概数通常不用顿号。若相邻两数字连用为缩略形式，宜用顿号。

示例 1：飞机在 6000 米高空水平飞行时，只能看到两侧八九公里和前方一二十公里范围内的地面。

示例 2：这种凶猛的动物常常三五成群地外出觅食和活动。

示例 3：农业是国民经济的基础，也是二、三产业的基础。

4.5.3.5　标有引号的并列成分之间、标有书名号的并列成分之间通常不用顿号。若有其他成分插在并列的引号之间或并列的书名号之间（如引语或书名号之后还有括注），宜用顿号。

示例 1："日""月"构成"明"字。

示例 2：店里挂着"顾客就是上帝""质量就是生命"等横幅。

示例 3：《红楼梦》《三国演义》《西游记》《水浒传》，是我国长篇小说的四大名著。

示例 4：李白的"白发三千丈"（《秋浦歌》）、"朝如青丝暮成雪"（《将进酒》）都是脍炙人口的诗句。

示例 5：办公室里订有《人民日报》（海外版）、《光明日报》和《时代周刊》等报刊。

4.6　分号

4.6.1　定义

句内点号的一种，表示复句内部并列关系分句之间的停顿，以及非并列关系的多重复句中第一层分句之间的停顿。

4.6.2　形式

分号的形式是"；"。

4.6.3　基本用法

4.6.3.1　表示复句内部并列关系的分句（尤其当分句内部还有逗号时）之间的停顿。

示例 1：语言文字的学习，就理解方面说，是得到一种知识；就运用方面说，是养成一种习惯。

示例 2：内容有分量，尽管文章短小，也是有分量的；内容没有分量，即使写得再长也没有用。

4.6.3.2　表示非并列关系的多重复句中第一层分句（主要是选择、转折等关系）之间的停顿。

示例 1：人还没看见，已经先听见歌声了；或者人已经转过山头望不见了，歌声还余音袅袅。

示例 2：尽管人民革命的力量在开始时总是弱小的，所以总是受压的；但是由于革命的力量代表历史发展的方向，因此本质上又是不可战胜的。

示例 3：不管一个人如何伟大，也总是生活在一定的环境和条件下；因此，个人的见解总难免带有某种局限性。

示例 4：昨天夜里下了一场雨，以为可以凉快些；谁知没有凉快下来，反而更热了。

4.6.3.3　用于分项列举的各项之间。

示例：特聘教授的岗位职责为：一、讲授本学科的主干基础课程；二、主持本学科的重大科研项目；三、领导本学科的学术队伍建设；四、带领本学科赶超或保持世界先进水平。

4.7　冒号

4.7.1　定义

句内点号的一种，表示语段中提示下文或总结上文的停顿。

4.7.2　形式

冒号的形式是"："。

4.7.3　基本用法

4.7.3.1　用于总说性或提示性词语（如"说""例如""证明"等）之后，表示提示下文。

示例 1：北京紫禁城有四座城门：午门、神武门、东华门和西华门。

示例 2：她高兴地说："咱们去好好庆祝一下吧！"

示例3：小王笑着点了点头："我就是这么想的。"

示例4：这一事实证明：人能创造环境，环境同样也能创造人。

4.7.3.2　表示总结上文

示例：张华上了大学，李萍进了技校，我当了工人：我们都有美好的前途。

4.7.3.3　用在需要说明的词语之后，表示注释和说明。

示例1：（本市将举办首届大型书市。）主办单位：市文化局；承办单位：市图书进出口公司；时间：8月15—20日；地点：市体育馆观众休息厅。

示例2：（做阅读理解题有两个办法。）办法之一：先读题干，再读原文，带着问题有针对性地读课文。办法之二：直接读原文，读完再做题，减少先入为主的干扰。

4.7.3.4　用于书信、讲话稿中称谓语或称呼语之后。

示例1：广平先生：……

示例2：同志们、朋友们：……

4.7.3.5　一个句子内部一般不应套用冒号。在列举式或条文式表述中，如不得不套用冒号时，宜另起段落来显示各个层次。

示例：第十条　遗产按照下列顺序继承：

第一顺序：配偶、子女、父母。

第二顺序：兄弟姐妹、祖父母、外祖父母。

4.8　引号

4.8.1　定义

标号的一种，标示语段中直接引用的内容或需要特别指出的成分。

4.8.2　形式

引号的形式有双引号""""和单引号"''"两种。前者的为前引号，后者的为后引号。

4.8.3　基本用法

4.8.3.1　标示语段中直接引用的内容。

示例：李白诗中就有"白发三千丈"这样极尽夸张的语句。

4.8.3.2　标示需要着重论述或强调的内容。

示例：这里所谓的"文"，并不是指文字，而是指文采。

4.8.3.3　标示语段中具有特殊含义而需要特别指出的成分，如别称、简称、反语等。

示例1：电视被称作"第九艺术"。

示例2：人类学上常把古人化石统称为尼安德特人，简称"尼人"。

示例3：有几个"慈祥"的老板把捡来的菜叶用盐浸浸就算作工友的菜肴。

4.8.3.4　当引号中还需要使用引号时，外面一层用双引号，里面一层用单引号。

示例：他问："老师，'七月流火'是什么意思？"

4.8.3.5　独立成段的引文如果只有一段，段首和段尾都用引号；不止一段时，每段开头仅用前引号，只在最后一段末尾用后引号。

示例：我曾在报纸上看到有人这样谈幸福：

"幸福是知道自己喜欢什么和不喜欢什么。……

"幸福是知道自己擅长什么和不擅长什么。……

"幸福是在正确的时间做了正确的选择。……"

4.8.3.6　在书写带月、日的事件、节日或其他特定意义的短语（含简称）时，通常只标引其中的月和日；需要突出和强调该事件或节日本身时，也可连同事件或节日一起标引。

示例1："5·12"汶川大地震

示例2："五四"以来的话剧，是我国戏剧中的新形式。

示例3：纪念"五四运动"90周年

4.9　括号

4.9.1　定义

标号的一种，标示语段中的注释内容、补充说明或其他特定意义的语句。

4.9.2　形式

括号的主要形式是圆括号"（）"，其他形式还有方括号"［］"、六角括号"〔〕"和方头括号"【】"等。

4.9.3　基本用法

4.9.3.1　标示下列各种情况，均用圆括号：

（a）标示注释内容或补充说明。

示例1：我校拥有特级教师（含已退休的）17人。

示例2：我们不但善于破坏一个旧世界，我们还将善于建设一个新世界！（热烈鼓掌）

（b）标示订正或补加的文字。

示例3：信纸上用稚嫩的字体写着："阿夷（姨），你好！"。

示例4：该建筑公司负责的建设工程全部达到优良工程（的标准）。

（c）标示序次语。

示例5：语言有三个要素：（1）声音；（2）结构；（3）意义。

示例6：思想有三个条件：（一）事理；（二）心理；（三）伦理。

（d）标示引语的出处。

示例7：他说得好："未画之前，不立一格；既画之后，不留一格。"（《板桥集·题画》）

（e）标示汉语拼音注音。

示例8："的（de）"这个字在现代汉语中最常用。

4.9.3.2　标示作者国籍或所属朝代时，可用方括号或六角括号。

示例1：〔英〕赫胥黎《进化论与伦理学》

示例2：〔唐〕杜甫著

4.9.3.3　报刊标示电讯、报道的开头，可用方头括号。

示例：【新华社南京消息】

4.9.3.4　标示公文发文字号中的发文年份时，可用六角括号。

示例：国发〔2011〕3号文件

4.9.3.5　标示被注释的词语时，可用六角括号或方头括号。

示例1：〔奇观〕奇伟的景象。

示例2：【爱因斯坦】物理学家。生于德国，1933年因受纳粹政权迫害，移居美国。

4.9.3.6　除科技书刊中的数学、逻辑公式外，所有括号（特别是同一形式的括号）应尽量避免套用。必须套用括号时，宜采用不同的括号形式配合使用。

示例：〔茸（róng）毛〕很细很细的毛。

4.10　破折号

4.10.1　**定义**

标号的一种，标示语段中某些成分的注释、补充说明或语音、意义的变化。

4.10.2　**形式**

破折号的形式是"——"。

4.10.3　**基本用法**

4.10.3.1　标示注释内容或补充说明（也可用括号，见4.9.3.1；二者的区别另见B.1.7）。

示例1：一个矮小而结实的日本中年人——内山老板走了过来。

示例2：我一直坚持读书，想借此唤起弟妹对生活的希望——无论环境多么困难。

4.10.3.2　标示插入语（也可用逗号，见4.4.3.3）。

示例：这简直就是——说得不客气点——无耻的勾当！

4.10.3.3　标示总结上文或提示下文（也可用冒号，见4.7.3.1、4.7.3.2）。

示例1：坚强，纯洁，严于律己，客观公正——这一切都难得地集中在一个人身上。

示例2：画家开始娓娓道来——

数年前的一个寒冬，……

4.10.3.4　标示话题的转换。

示例："好香的干菜，——听到风声了吗？"赵七爷低声说道。

4.10.3.5　标示声音的延长。

示例："嘎——"传过来一声水禽被惊动的鸣叫。

4.10.3.6　标示话语的中断或间隔。

示例1："班长他牺——"小马话没说完就大哭起来。

示例2："亲爱的妈妈，您不知道我多爱您。——还有你，我的孩子！"

4.10.3.7　标示引出对话。

示例：——你长大后想成为科学家吗？

——当然想了！

4.10.3.8　标示事项列举分承。

示例：根据研究对象的不同，环境物理学分为以下五个分支学科：

——环境声学；

——环境光学；

——环境热学；

——环境电磁学；

——环境空气动力学。

4.10.3.9　用于副标题之前。

示例：飞向太平洋

——我国新型号运载火箭发射目击记

4.10.3.10　用于引文、注文后，标示作者、出处或注释者。

示例1：先天下之忧而忧，后天下之乐而乐。

——范仲淹

示例2：乐浪海中有倭人，分为百余国。

——《汉书》

示例3：很多人写好信后把信笺折成方胜形，我看大可不必。（方胜，指古代妇女戴的方形首饰，用彩绸等制作，由两个斜方部分叠合而成。——编者注）

4.11 省略号

4.11.1 定义
标号的一种，标示语段中某些内容的省略及意义的断续等。

4.11.2 形式
省略号的形式是"……"。

4.11.3 基本用法
4.11.3.1 标示引文的省略。

示例：我们齐声朗诵起来："……俱往矣，数风流人物，还看今朝。"

4.11.3.2 标示列举或重复词语的省略。

示例1：对政治的敏感，对生活的敏感，对性格的敏感，……这都是作家必须要有的素质。

示例2：他气得连声说："好，好……算我没说。"

4.11.3.3 标示语意未尽。

示例1：在人迹罕至的深山密林里，假如突然看见一缕炊烟，……

示例2：你这样干，未免太……！

4.11.3.4 标示说话时断断续续。

示例：她磕磕巴巴地说："可是……太太……我不知道……你一定是认错了。"

4.11.3.5 标示对话中的沉默不语。

示例："还没结婚吧？"

"……"他飞红了脸，更加忸怩起来。

4.11.3.6 标示特定的成分虚缺。

示例：只要……就……

4.11.3.7 在标示诗行、段落的省略时，可连用两个省略号（即相当于十二连点）。

示例1：从隔壁房间传来缓缓而抑扬顿挫的吟咏声——

床前明月光，疑是地上霜。

…… ……

示例2：该刊根据工作质量、上稿数量、参与程度等方面的表现，评选出了高校十佳记者站。还根据发

稿数量、提供新闻线索情况以及对刊物的关注度等，评选出了十佳通讯员。

……　……

4.12　着重号

4.12.1　定义

标号的一种，标示语段中某些重要的或需要指明的文字。

4.12.2　形式

着重号的形式是"·"，标注在相应的文字下方。

4.12.3　基本用法

4.12.3.1　标示语段中重要的文字。

示例1：诗人需要表现，而不是证明。

示例2：下面对本文的理解，不正确的一项是：……

4.12.3.2　标示语段中需要指明的文字。

示例：下边加点的字，除了在词中的读法外，还有哪些读法？

着急　子弹　强调

4.13　连接号

4.13.1　定义

标号的一种，标示某些相关联成分之间的连接。

4.13.2　形式

连接号的形式有短横线"－"（占半个字符位置）、一字线"—"（占一个字符位置）、浪纹线"～"（占一个字符位置）三种。

4.13.3　基本用法

4.13.3.1　标示下列各种情况，均用短横线：

（a）化合物的名称或表格、插图的编号。

示例1：3－戊酮为无色液体，对眼及皮肤有强烈的刺激性。

示例2：参见下页表2－8、表2－9。

（b）连接号码，包括门牌号码、电话号码，以及用阿拉伯数字表示年月日等。

示例3：安宁里东路26号院3－2－11室

示例4：联系电话：010－88842603

示例 5：2011 – 02 – 15

（c）在复合名词中起连接作用。

示例 6：吐鲁番 – 哈密盆地

（d）某些产品的名称和型号。

示例 7：WZ – 10 直升机具有复杂天气和夜间作战的能力。

（e）汉语拼音、外来语内部的分合。

示例 8：shuōshuō – xiàoxiào（说说笑笑）

示例 9：盎格鲁 – 撒克逊人

示例 10：让 – 雅克·卢梭（"让 – 雅克"为双名）

示例 11：皮埃尔·孟戴斯 – 弗朗斯（"孟戴斯 – 弗朗斯"为复姓）

4.13.3.2　标示下列各种情况，一般用一字线，有时也可用浪纹线：

（a）标示相关项目（如时间、地域等）的起止。

示例 1：沈括（1031—1095），宋朝人。

示例 2：2011 年 2 月 3 日—10 日

示例 3：北京—上海特别旅客快车

（b）标示数值范围（由阿拉伯数字或汉字数字构成）的起止。

示例 4：25 ~ 30g

示例 5：第五 ~ 八课

4.14　间隔号

4.14.1　定义

标号的一种，标示某些相关联成分之间的分界。

4.14.2　形式

间隔号的形式是"·"。

4.14.3　基本用法

4.14.3.1　标示外国人名或少数民族人名内部的分界。

示例 1：克里斯蒂娜·罗塞蒂

示例 2：阿依古丽·买买提

4.14.3.2　标示书名与篇（章、卷）名之间的分界。

示例：《淮南子·本经训》

4.14.3.3　标示词牌、曲牌、诗体名等和题名之间的分界。

示例 1：《沁园春·雪》

示例2：《天净沙·秋思》

示例3：《七律·冬云》

4.14.3.4　用在构成标题或栏目名称的并列词语之间。

示例：《天·地·人》

4.14.3.5　以月、日为标志的事件或节日，用汉字数字表示时，只在一、十一和十二月后用间隔号；当直接用阿拉伯数字表示时，月、日之间均用间隔号（半角字符）。

示例1："九一八"事变　　"五四"运动

示例2："一·二八"事变　　"一二·九"运动

示例3："3·15"消费者权益日　　"9·11"恐怖袭击事件

4.15　书名号

4.15.1　**定义**

标号的一种，标示语段中出现的各种作品的名称。

4.15.2　**形式**

书名号的形式有双书名号"《　》"和单书名号"〈　〉"两种。

4.15.3　**基本用法**

4.15.3.1　标示书名、卷名、篇名、刊物名、报纸名、文件名等。

示例1：《红楼梦》（书名）

示例2：《史记·项羽本纪》（卷名）

示例3：《论雷峰塔的倒掉》（篇名）

示例4：《每周关注》（刊物名）

示例5：《人民日报》（报纸名）

示例6：《全国农村工作会议纪要》（文件名）

4.15.3.2　标示电影、电视、音乐、诗歌、雕塑等各类用文字、声音、图像等表现的作品的名称。

示例1：《渔光曲》（电影名）

示例2：《追梦录》（电视剧名）

示例3：《勿忘我》（歌曲名）

示例4：《沁园春·雪》（诗词名）

示例5：《东方欲晓》（雕塑名）

示例6：《光与影》（电视节目名）

示例7：《社会广角镜》（栏目名）

示例8：《庄子研究文献数据库》（光盘名）

示例9：《植物生理学系列挂图》（图片名）

4.15.3.3　标示全中文或中文在名称中占主导地位的软件名。

示例：科研人员正在研制《电脑卫士》杀毒软件。

4.15.3.4　标示作品名的简称。

示例：我读了《念青唐古拉山脉纪行》一文（以下简称《念》），收获很大。

4.15.3.5　当书名号中还需要书名号时，里面一层用单书名号，外面一层用双书名号。

示例：《教育部关于提请审议〈高等教育自学考试试行办法〉的报告》

4.16　专名号

4.16.1　定义

标号的一种，标示古籍和某些文史类著作中出现的特定类专有名词。

4.16.2　形式

专名号的形式是一条直线"——"，标注在相应文字的下方。

4.16.3　基本用法

4.16.3.1　标示古籍、古籍引文或某些文史类著作中出现的专有名词，主要包括人名、地名、国名、民族名、朝代名、年号、宗教名、官署名、组织名等。

示例1：孙坚人马被刘表率军围得水泄不通。（人名）

示例2：于是聚集冀、青、幽、并四州兵马七十多万准备决一死战。（地名）

示例3：当时乌孙及西域各国都向汉派遣了使节。（国名、朝代名）

示例4：从咸宁二年到太康十年，匈奴、鲜卑、乌桓等族人徙居塞内。（年号、民族名）

4.16.3.2　现代汉语文本中的上述专有名词，以及古籍和现代文本中的单位名、官职名、事件名、会议名、书名等不应使用专名号。必须使用标号标示时，宜使用其他相应标号（如引号、书名号等）。

4.17　分隔号

4.17.1　定义

标号的一种，标示诗行、节拍及某些相关文字的分隔。

4.17.2　形式

分隔号的形式是"/"。

4.17.3　基本用法

4.17.3.1　诗歌接排时分隔诗行（也可使用逗号和分号，见 4.4.3.1/4.6.3.1）。

示例：春眠不觉晓/处处闻啼鸟/夜来风雨声/花落知多少。

4.17.3.2　标示诗文中的音节节拍。

示例：横眉/冷对/千夫指，俯首/甘为/孺子牛。

4.17.3.3　分隔供选择或可转换的两项，表示"或"。

示例：动词短语中除了作为主体成分的述语动词之外，还包括述语动词所带的宾语和/或补语。

4.17.3.4　分隔组成一对的两项，表示"和"。

示例 1：13/14 次特别快车

示例 2：羽毛球女双决赛中国组合杜婧/于洋两局完胜韩国名将李孝贞/李敬元。

4.17.3.5　分隔层级或类别。

示例：我国的行政区划分为：省（直辖市、自治区）/省辖市（地级市）/县（县级市、区、自治州）/乡（镇）/村（居委会）。

5　标点符号的位置和书写形式

5.1　横排文稿标点符号的位置和书写形式

5.1.1　句号、逗号、顿号、分号、冒号均置于相应文字之后，占一个字位置，居左下，不出现在一行之首。

5.1.2　问号、叹号均置于相应文字之后，占一个字位置，居左，不出现在一行之首。两个问号（或叹号）叠用时，占一个字位置；三个问号（或叹号）叠用时，占两个字位置；问号和叹号连用时，占一个字位置。

5.1.3　引号、括号、书名号中的两部分标在相应项目的两端，各占一个字位置。其中前一半不出现在一行之末，后一半不出现在一行之首。

5.1.4　破折号标在相应项目之间，占两个字位置，上下居中，不能中间断开分处上行之末和下行之首。

5.1.5　省略号占两个字位置，两个省略号连用时占四个字位置并须单独占一行。省略号不能中间断开分处上行之末和下行之首。

5.1.6　连接号中的短横线比汉字"一"略短，占半个字位置；一字线比汉字"一"略长，占一个字位置；浪纹线占一个字位置。连接号上下居中，不出现在一行之首。

5.1.7　间隔号标在需要隔开的项目之间，占半个字位置，上下居中，不出现在一行之首。

5.1.8　着重号和专名号标在相应文字的下边。

5.1.9　分隔号占半个字位置，不出现在一行之首或一行之末。

5.1.10　标点符号排在一行末尾时，若为全角字符则应占半角字符的宽度（即半个字位置），以使视觉效果更美观。

5.1.11　在实际编辑出版工作中，为排版美观、方便阅读等需要，或为避免某一小节最后一个汉字转行或出现在另外一页开头等情况（浪费版面及视觉效果差），可适当压缩标点符号所占用的空间。

5.2　竖排文稿标点符号的位置和书写形式

5.2.1　句号、问号、叹号、逗号、顿号、分号和冒号均置于相应文字之下偏右。

5.2.2　破折号、省略号、连接号、间隔号和分隔号置于相应文字之下居中，上下方向排列。

5.2.3　引号改用双引号"﹁""﹂"和单引号"﹁""﹂"，括号改用"︵""︶"，标在相应文字的上下。

5.2.4　竖排文稿中使用浪线式书名号"＿＿＿"，标在相应文字的左侧。

5.2.5　着重号标在相应文字的右侧，专名号标在相应文字的左侧。

5.2.6　横排文稿中关于某些标点不能居行首或行末的要求，同样适用于竖排文稿。

附录 A（规范性附录） 标点符号用法的补充规则

A.1 句号用法补充规则

图或表的短语式说明文字，中间可用逗号，但末尾不用句号。即使有时说明文字较长，前面的语段已出现句号，最后结尾处仍不用句号。

示例1：行进中的学生方队

示例2：经过治理，本市市容市貌焕然一新。这是某区街道一景

A.2 问号用法补充规则

使用问号应以句子表示疑问语气为依据，而并不根据句子中包含有疑问词。当含有疑问词的语段充当某种句子成分，而句子并不表示疑问语气时，句末不用问号。

示例1：他们的行为举止、审美趣味，甚至读什么书，坐什么车，都在媒体掌握之中。

示例2：谁也不见，什么也不吃，哪儿也不去。

示例3：我也不知道他究竟躲到什么地方去了。

A.3 逗号用法补充规则

用顿号表示较长、较多或较复杂的并列成分之间的停顿时，最后一个成分前可用"以及（及）"进行连接，"以及（及）"之前应用逗号。

示例：压力过大、工作时间过长、作息不规律，以及忽视营养均衡等，均会导致健康状况的下降。

A.4 顿号用法补充规则

A.4.1 表示含有顺序关系的并列各项间的停顿，用顿号，不用逗号。下例解释"对于"一词用法，"人""事物""行为"之间有顺序关系（即人和人、人和事物、人和行为、事物和事物、事物和行为、行为和行为等六种对待关系），各项之间应用顿号。

示例：（对于）表示人，事物，行为之间的相互对待关系。（误）

（对于）表示人、事物、行为之间的相互对待关系。（正）

A.4.2 用阿拉伯数字表示年月日的简写形式时，用短横线连接号，不用顿号。

示例：2010、03、02（误）

2010 – 03 – 02（正）

A.5 分号用法补充规则

分项列举的各项有一项或多项已包含句号时，各项的末尾不能再用分号。

示例：本市先后建立起三大农业生产体系：一是建立甘蔗生产服务体系。成立糖业服务公司，主要给农民提供机耕等服务；二是建立蚕桑生产服务体系。……；三是建立热作服务体系。……。（误）

本市先后建立起三大农业生产体系：一是建立甘蔗生产服务体系。成立糖业服务公司，主要给农民提供机耕等服务。二是建立蚕桑生产服务体系。……。三是建立热作服务体系。……。（正）

A.6 冒号用法补充规则

A.6.1 冒号用在提示性话语之后引起下文。表面上类似但实际不是提示性话语的，其后用逗号。

示例1：郦道元《水经注》记载："沼西际山枕水，有唐叔虞祠。"（提示性话语）

示例2：据《苏州府志》载，苏州城内大小园林约有150多座，可算名副其实的园林之城。（非提示性话语）

A.6.2 冒号提示范围无论大小（一句话、几句话甚至几段话），都应与提示性话语保持一致（即在该范围的末尾要用句号点断）。应避免冒号涵盖范围过窄或过宽。

示例：艾滋病有三个传播途径：血液传播，性传播和母婴传播，日常接触是不会传播艾滋病的。（误）

艾滋病有三个传播途径：血液传播，性传播和母婴传播。日常接触是不会传播艾滋病的。（正）

A.6.3 冒号应用在有停顿处，无停顿处不应用冒号。

示例1：他头也不抬，冷冷地问："你叫什么名字?"（有停顿）

示例2：这事你得拿主意，光说"不知道"怎么行?（无停顿）

A.7 引号用法补充规则

"丛刊""文库""系列""书系"等作为系列著作的选题名，宜用引号标引。当

"丛刊"等为选题名的一部分时，放在引号之内，反之则放在引号之外。

示例1："汉译世界学术名著丛书"

示例2："中国哲学典籍文库"

示例3："20世纪心理学通览"丛书

A.8　括号用法补充规则

括号可分为句内括号和句外括号。句内括号用于注释句子里的某些词语，即本身就是句子的一部分，应紧跟在被注释的词语之后。句外括号则用于注释句子、句群或段落，即本身结构独立，不属于前面的句子、句群或段落，应位于所注释语段的句末点号之后。

示例：标点符号是辅助文字记录语言的符号，是书面语的有机组成部分，用来表示语句的停顿、语气以及标示某些成分（主要是词语）的特定性质和作用。（数学符号、货币符号、校勘符号等特殊领域的专门符号不属于标点符号。）

A.9　省略号用法补充规则

A.9.1　不能用多于两个省略号（多于12点）连在一起表示省略。省略号须与多点连续的连珠号相区别（后者主要是用于表示目录中标题和页码对应和连接的专门符号）。

A.9.2　省略号和"等""等等""什么的"等词语不能同时使用。在需要读出来的地方用"等""等等""什么的"等词语，不用省略号。

示例：含有铁质的食物有猪肝、大豆、油菜、菠菜……等。（误）

含有铁质的食物有猪肝、大豆、油菜、菠菜等。（正）

A.10　着重号用法补充规则

不应使用文字下加直线或波浪线等形式表示着重。文字下加直线为专名号形式（4.16）；文字下加浪纹线是特殊书名号（A.13.6）。着重号的形式统一为相应项目下加小圆点。

示例：下面对本文的理解，不正确的一项是（误）

下面对本文的理解，不正确的一项是（正）

A.11　连接号用法补充规则

浪纹线连接号用于标示数值范围时，在不引起歧义的情况下，前一数值附加符号或计量单位可省略。

示例：5 公斤~100 公斤（正）

5~100 公斤（误）

A. 12　间隔号用法补充规则

当并列短语构成的标题中已用间隔号隔开时，不应再用"和"类连词。

示例：《水星·火星和金星》（误）

《水星·火星·金星》（正）

A. 13　书名号用法补充规则

A. 13. 1　不能视为作品的课程、课题、奖品奖状、商标、证照、组织机构、会议、活动等名称，不应用书名号。下面均为书名号误用的示例：

示例 1：下学期本中心将开设《现代企业财务管理》《市场营销》两门课。

示例 2：明天将召开《关于"两保两挂"的多视觉理论思考》课题立项会。

示例 3：本市将向 70 岁以上（含 70 岁）老年人颁发《老年证》。

示例 4：本校共获得《最佳印象》《自我审美》《卡拉 OK》等六个奖项。

示例 5：《闪光》牌电池经久耐用。

示例 6：《文史杂志社》编辑力量比较雄厚。

示例 7：本市将召开《全国食用天然色素应用研讨会》。

示例 8：本报将于今年暑假举行《墨宝杯》书法大赛。

A. 13. 2　有的名称应根据指称意义的不同确定是否用书名号。如文艺晚会指一项活动时，不用书名号；而特指一种节目名称时，可用书名号。再如展览作为一种文化传播的组织形式时，不用书名号；特定情况下将某项展览作为一种创作的作品时，可用书名号。

示例 1：2008 年重阳联欢晚会受到观众的称赞和好评。

示例 2：本台将重播《2008 年重阳联欢晚会》。

示例 3："雪域明珠——中国西藏文化展"今天隆重开幕。

示例 4：《大地飞歌艺术展》是一部大型现代艺术作品。

A. 13. 3　书名后面表示该作品所属类别的普通名词不标在书名号内。

示例：《我们》杂志

A. 13. 4　书名有时带有括注。如果括注是书名、篇名等的一部分，应放在书名号之内，反之则应放在书名号之外。

示例1：《琵琶行（并序）》

示例2：《中华人民共和国民事诉讼法（试行）》

示例3：《新政治协商会议筹备会组织条例（草案）》

示例4：《百科知识》（彩图本）

示例5：《人民日报》（海外版）

A. 13. 5　书名、篇名末尾如有叹号或问号，应放在书名号之内。

示例1：《日记何罪！》

示例2：《如何做到同工又同酬？》

A. 13. 6　在古籍或某些文史类著作中，为与专名号配合，书名号也可改用浪线式"＿"，标注在书名下方。这可以看作是特殊的专名号或特殊的书名号。

A. 14　分隔号用法补充规则

分隔号又称正斜线号，须与反斜线号"＼"相区别（后者主要是用于编写计算机程序的专门符号）。使用分隔号时，紧贴着分隔号的前后通常不用点号。

附录　B（资料性附录）　标点符号若干用法的说明

B.1　易混标点符号用法比较

B.1.1　逗号、顿号表示并列词语之间停顿的区别

逗号和顿号都表示停顿，但逗号表示的停顿长，顿号表示的停顿短，并列词语之间的停顿一般用顿号，但当并列词语较长或其后有语气词时，为了表示稍长一点的停顿，也可以用逗号。

示例1：我喜欢吃的水果有苹果、桃子、香蕉和菠萝。

示例2：我们需要了解全局和局部的统一，必然和偶然的统一，本质和现象的统一。

示例3：看游记最难弄清位置和方向，前啊，后啊，左啊，右啊，看了半天，还是不明白。

B.1.2　逗号、顿号、在表示列举省略的"等""等等"之类词语前的使用

并列成分之间用顿号，末尾的并列成分之后用"等""等等"之类词语时，"等"类词前不用顿号或其他点号；并列成分之间用逗号，末尾的并列成分之后用"等"类词时，"等"类词前应用逗号。

示例1：现代生物学、物理学、化学、数学等基础科学的发展，带动了医学科学的进步。

示例2：写文章前要想好，文章的主题是什么，用哪些材料，哪些详写，哪些略写，等等。

B.1.3　逗号、分号表示分句间停顿的区别

当复句的表达不复杂、层次不多，相连的分句语气比较紧凑，分句内部也没有使用逗号表示停顿时，分句间的停顿多用逗号。当用逗号不易分清多重复句内部的层次（如分句内部已有逗号），而用句号又可能割裂前后关系的地方，应用分号表示停顿。

示例1：她拿起钥匙，开了箱子上的锁，又开了首饰盒上的锁，往老地方放钱。

示例2：纵比，即以一事物的各个发展阶段作比；横比，则以此事物与彼事物相比。

B.1.4　顿号、逗号、分号在标示层次关系时的区别

句内点号中，顿号表示的停顿最短、层次最低，通常只能表示并列词语之间的停顿；分号表示的停顿最长、层次最高，可以用来表示复句的第一层分句之间的停顿；

逗号介于两者之间，既可表示并列词语之间的停顿，也可表示复句中分句之间的停顿。若分句内部已用逗号，分句之间就应用分号（见 B.1.3 示例2）。用分号隔开的几个并列分句不能由逗号统领或总结。

示例1：有的学会烤烟，自己做挺讲究的纸烟和雪茄烟，有的学会蔬菜加工，做的番茄酱能吃到冬天；有的学会蔬菜腌渍、窖藏，使秋菜接上春菜。

示例2：动物吃植物的方式多种多样，有的是把整个植物吃掉，如原生动物；有的是把植物的大部分吃掉，如鼠类；有的是吃掉植物的要害部位，如鸟类吃掉植物的嫩芽。（误）。

动物吃植物的方式多种多样；有的是把整个植物吃掉，如原生动物；有的是把植物的大部分吃掉，如鼠类；有的是吃掉植物的要害部位，如鸟类吃掉植物的嫩芽。（正）。

B.1.5 **冒号、逗号用于"说""道"之类词语后的区别**

位于引文之前的"说""道"后用冒号。位于引文之后的"说""道"分两种情况：处于句末时，其后用句号；"说""道"后还有其他成分时，其后用逗号。插在话语中间的"说""道"类词语后只能用逗号表示停顿。

示例1：他说："晚上就来家里吃饭吧。"

示例2："我真的很期待。"他说。

示例3："我有件事忘了说……"他说，表情有点为难。

示例4："现在请皇上脱下衣服，"两个骗子说，"好让我们为您换上新衣。"

B.1.6 **不同点号表示停顿长短的排序**

各种点号都表示说话时的停顿。句号、问号、叹号都表示句子完结，停顿最长。分号用于复句的分句之间，停顿长度介于句末点号和逗号之间，而短于冒号。逗号表示一句话中间的停顿，又短于分号。顿号用于并列词语之间，停顿最短。通常情况下，各种点号表示的停顿由长到短为：

句号＝问号＝叹号 ＞冒号（指涵盖范围为一句话的冒号）＞分号＞逗号＞顿号。

B.1.7 **破折号与括号表示注释或补充说明时的区别**

破折号用于表示比较重要的解释说明，这种补充是正文的一部分，可与前后文连读；而括号表示比较一般的解释说明，只是注释而非正文，可不与前后文连读。

示例1：在今年——农历虎年，必须取得比去年更大的成绩。

示例2：哈雷在牛顿思想的启发下，终于认出了他所关注的彗星（该星后人称为哈雷彗星）。

B.1.8 **书名号、引号在"题为……""以……为题"格式中的使用**

"题为……""以……为题"中的"题"，如果是诗文、图书、报告或其他作品可作为篇名、书名看待时，可用书名号；如果是写作、科研、辩论、谈话的主题，非特定作品的标题，应用引号。即"题为……""以……为题"中的"题"应根据其类别分别按书名号和引号的用法处理。

示例1：有篇题为《柳宗元的诗》的文章，全文才2 000字，引文不实却达11处之多。

示例2：今天一个以"地球·人口·资源·环境"为题的大型宣传活动在此间举行。

示例3：《我的老师》写于1956年9月，是作者应《教师报》之约而写的。

示例4："我的老师"这类题目，同学们也许都写过。

B.2　两个标点符号连用的说明

B.2.1　行文中表示引用的引号内外的标点用法

当引文完整且独立使用，或虽不独立使用但带有问号或叹号时，引号内句末点号应保留。除此之外，引号内不用句末点号。当引文处于句子停顿处（包括句子末尾）且引号内未使用点号时，引号外应使用点号；当引文位于非停顿处或者引号内已使用句末点号时，引号外不用点号。

示例1："沉舟侧畔千帆过，病树前头万木春。"他最喜欢这两句诗。

示例2：书价上涨令许多读者难以接受，有些人甚至发出"还买得起书吗?"的疑问。

示例3：他以"条件还不成熟，准备还不充分"为由，否决了我们的提议。

示例4：你这样"明日复明日"地要拖到什么时候?

示例5：司马迁为了完成《史记》的写作，使之"藏之名山"，忍受了人间最大的侮辱。

示例6：在施工中要始终坚持"把质量当生命"。

示例7："言之无文，行而不远"这句话，说明了文采的重要。

示例8：俗话说："墙头一根草，风吹两边倒。"用这句话来形容此辈再恰当不过。

B.2.2　行文中括号内外的标点用法

括号内行文末尾需要时可用问号、叹号和省略号。除此之外，句内括号行文末尾通常不用标点符号。句外括号行文末尾是否用句号由括号内的语段结构决定；若语段较长、内容复杂，应用句号。句内括号外是否用点号取决于括号所处位置；若句内括号处于句子停顿处，应用点号。句外括号外通常不用点号。

示例1：如果不采取（但应如何采取呢？）十分具体的控制措施，事态将进一步扩大。

示例2：3分钟过去了（仅仅才3分钟！），从眼前穿梭而过的出租车竟达32辆！

示例3：她介绍时用了一连串比喻（有的状如树枝，有的貌似星海……），非常形象。

示例4：科技协作合同（包括科研、试制、成果推广等）根据上级主管部门或有关部门的计划签订。

示例5：应把夏朝看作原始公社向奴隶制国家过渡的时期。（龙山文化遗址里，也有俯身葬。俯身者很可能就是奴隶。）

示例6：问：你对你不喜欢的上司是什么态度？

答：感情上疏远，组织上服从。（掌声，笑声）

示例7：古汉语（特别是上古汉语），对于我来说，有着常人无法想象的吸引力。

示例8：由于这种推断尚未经过实践的考验，我们只能把它作为假设（或假说）提出来。

示例9：人际交往过程就是使用语词传达意义的过程。（严格说，这里的"语词"应为语词指号。）

B.2.3 破折号前后的标点用法

破折号之前通常不用点号；但根据句子结构和行文需要，有时也可分别使用句内点号或句末点号。破折号之后通常不会紧跟着使用其他点号；但当破折号表示语音的停顿或延长时，根据语气表达的需要，其后可紧接问号或叹号。

示例1：小妹说："我现在工作得挺好，老板对我不错，工资也挺高。——我能抽支烟吗？"（表示话题的转折）

示例2：我不是自然主义者，我主张文学高于现实，能够稍稍居高临下地去看现实，因为文学的任务不仅在于反映现实。光描写现存的事物还不够，还必须记住我们所希望的和可能产生的事物。必须使现象典型化。应该把微小而有代表性的事物写成重大的和典型的事物。——这就是文学的任务。（表示对前几句话的总结）

示例3："是他——？"石一川简直不敢相信自己的耳朵。

示例4："我终于考上大学啦！我终于考上啦——！"金石开兴奋得快要晕过去了。

B.2.4 省略号前后的标点用法

省略号之前通常不用点号。以下两种情况例外：省略号前的句子表示强烈语气、句末使用问号或叹号时；省略号前不用点号就无法标示停顿或表明结构关系时。省略号之后通常也不用点号，但当句末表达强烈的语气或感情时，可在省略号后用问号或叹号；当省略号后还有别的话、省略的文字和后面的话不连续且有停顿时，应在省略号后用点号；当表示特定格式的成分虚缺时，省略号后可用点号。

示例1：想起这些，我就觉得一辈子都对不起你。你对梁家的好，我感激不尽！……

示例2：他进来了，……一身军装，一张朴实的脸，站在我们面前显得很高大，很年轻。

示例3：这，这是……?

示例4：动物界的规矩比人类还多，野骆驼、野猪、黄羊……，直至塔里木兔、跳鼠，都是各行其路，决不混淆。

示例5：大火被渐渐扑灭，但一片片油污又旋即出现在遇难船旁……。清污船迅速赶来，并施放围栏以控制油污。

示例6：如果……，那么……。

B.3　序次语之后的标点用法

B.3.1　"第""其"字头序次语，或"首先""其次""最后"等做序次语时，后用逗号（见4.4.3.3）

B.3.2　不带括号的汉字数字或"天干地支"做序次语时，后用顿号（见4.5.3.2）

B.3.3　不带括号的阿拉伯数字、拉丁字母或罗马数字做序次语时，后面用下脚点（该符号属于外文的标点符号）

示例1：总之，语言的社会功能有三点：1. 传递信息，交流思想；2. 确定关系，调节关系；3. 组织生活，组织生产。

示例2：本课一共讲解三个要点：A. 生理停顿；B. 逻辑停顿；C. 语法停顿。

B.3.4　加括号的序次语后面不用任何点号

示例1：受教育者应履行以下义务：（一）遵守法律、法规；（二）努力学习，完成规定的学习任务；（三）遵守所在学校或其他教育机构的制度。

示例2：科学家很重视下面几种才能：（1）想象力；（2）直觉的理解力；（3）数学能力。

B.3.5　阿拉伯数字与下脚点结合表示章节关系的序次语末尾不用任何点号

示例：3　停顿

3.1　生理停顿

3.2　逻辑停顿

B.3.6　用于章节、条款的序次语后宜用空格表示停顿

示例：第一课 春天来了

B.3.7　序次简单、叙述性较强的序次语后不用标点符号

示例：语言的社会功能共有三点：一是传递信息；二是确定关系；三是组织生活。

B.3.8　同类数字形式的序次语，带括号的通常位于不带括号的下一层。通常第一层是带有顿号的汉字数字；第二层是带括号的汉字数字；第三层是带下脚点的阿拉伯数字；第四层是带括号的阿拉伯数字；再往下可以是带圈的阿拉伯数字或小写拉丁字母。一般可根据文章特点选择从某一层序次语开始行文，选定之后应顺着序次语的层次向下行文，但使用层次较低的序次语之后不宜反过来再使用层次更高的序次语

示例：一、……

（一）……

1.……

（1）……

①/a.……

B.4　文章标题的标点用法

文章标题的末尾通常不用标点符号，但有时根据需要可用问号、叹号或省略号。

示例1：看看电脑会有多聪明，让它下盘围棋吧

示例2：猛龙过江：本店特色名菜

示例3：严防"电脑黄毒"危害少年

示例4：回家的感觉真好

　　　　　　　　　　　　　　　　——访大赛归来的本市运动员

示例5：里海是湖，还是海？

示例6：人体也是污染源！

示例7：和平协议签署之后……

附录四　校对符号及其用法（GB/T 14706—93）

UDC 655. 251（004. 14）
A 19

GB

中华人民共和国国家标准

GB/T 14706—93

校 对 符 号 及 其 用 法

Proofreader's marks and their application

1993 –11 –16 发布　　　　　　　　　　1994 –07 –01 实施

国家技术监督局　　发布

1　主题内容与适用范围

本标准规定了校对各种排版校样的专用符号及其用法。
本标准适用于中文（包括少数民族文字）各类校样的校对工作。

2　引用标准

GB 9851　印刷技术术语

3　术语

3.1　校对符号 proofreader's mark
以特定图形为主要特征的、表达校对要求的符号。

4　校对符号及用法示例

编号	符号形态	符号作用	符号在文中和页边用法示例	说明
一、字符的改动			
1		改　正	增高出版物质量。提 改革开妙 放	改正的字符较多，圈起来有困难时，可用线在页边画清改正的范围 必须更换的损、坏、污字也用改正符号画出
2		删　除	提出出版物物画质量。	
3		增　补	要搞好校工作。对	增补的字符较多，圈起来有困难时，可用线在页边画清增补的范围
4		改正上下角	16 = 4² H₂SO₄ 尼古拉·费欣 0.25 + 0.25 = 0.5 举例 2 × 3 = 6 X : Y = 1 : 2	

编号	符号形态	符号作用	符号在文中和页边用法示例	说明
二、字符方向位置的移动				
5		转　正	字符顺序要转正。	
6		对　调	认真经验总结。 认真总结经验。	用于相邻的字词 用于隔开的字词
7		接　排	要重视校对工作， 提高出版物质量。	
8		另起段	完成了任务。明年……	
9		转　移	样对工作，提高出 版物质量要重视。	用于行间附近的转移
			"，以上引文均见中文新版 列宁全集）。	用于相邻行首末衔接字符的推移
			编者 年 月 各位纲要	用于相邻页首末衔接行段的推移
10	或	上下移	序号　名　称　数量 01　显微镜　2	字符上移到缺口左右水平线处 字符下移到箭头所指的短线处
11	或	左右移	要重视校对工 作，提高出版物质量。 3 4 56 5 欢呼 题唱	字符左移到箭头所指的短线处 字符左移到缺口上下垂直线处 符号画得太小时，要在页边重标
12		排　齐	校对工作 非常重要 必须提高印刷 质量，缩短印制周 期。 国家标准	

编号	符号形态	符号作用	符号在文中和页边用法示例	说明
13		排阶梯形	RH	
14		正图		符号横线表示水平位置，竖线表示垂直位置，符头表示上方
三、字符间空距的改动				
15	∨　∨	放大空距	一、校对程序 校对胶印读物、影印书刊的注意事项：	表示在一定范围内适当加大空距 横式文字画在字头和行头之间
16	∧　∧	减小空距	二、校对程　序 校对胶印读物、影印书刊的注意事项：	表示不空或在一定范围内适当减小空距 横式文字画在字头和行头之间
17		空1字距 空1/2字距 空1/3字距 空1/4字距	第一章校对职责和方法 1.责任校对	多个空距相同的，可用引线连出，只标示一个符号。
18	Y	分　开	Goodmorning!	用于外文
四、其　他				
19	△	保留	认真做好校对工作。	除在原删除的字符下画△外，并在原删除符号上面再竖线
20	○=	代替	蓝色的程度不同，从淡蓝色到深蓝色具有多种层次，如天蓝色、靛蓝色、海蓝色、宝蓝色……　○=蓝	同页内有两个或多个相同的字符需要改正的，可用符号代替，并在页边注明
21	○○○	说明	第一章 校对的职责	说明或指令性文字不要圈起来，在其字下画圈，表示不作为改正的文字。如说明文字较多时，可在首末各三字下画圈

5　使用要求

5.1　校对校样，必须用色笔（墨水笔、圆珠笔等）书写校对符号和示意改正的字符，但是不能用灰色铅笔书写。

5.2　校样上改正的字符要书写清楚。校改外文，要用印刷体。

5.3　校样中的校对引线要从行间画出。墨色相同的校对引线不可交叉。

附　录　A
校对符号应用实例
（参考件）

（例）今用伏安士法测一线圈的电感，当接入 36 V 直流电源时，的过稳电流为 6 A；当插入 220 V、50 Hz 的交流电源时，流过的电流为 22 A，计线圈的电感。

（解）在直流电路中电感不起作用，即 $X_L = 2\pi f = 0$（直流电也可看成是频率 $f = 0$ 的交流电）。由此可算出线圈的电阻为

$$R = \frac{U}{I} = \frac{36}{6} = 6 \,\Omega$$

接在交流电源上，线圈的阻抗为

$$Z = \frac{U}{I} = \frac{220}{22} = 10 \,\Omega$$

线圈的感抗为 $X_L = \sqrt{Z^2 - R^2} = \sqrt{10^2 - 6^2} = 8 \,\Omega$

故线圈的电感为

$$L = \frac{X_L}{2\pi f} = \frac{8}{2\pi \times 50} = 0.025 \,H = 25 \,mH$$

第七节　电容电路

电容器接在直流电源上，如图 3-13 甲所示，电路呈断路状态。若把它接在交流电源上，情况就不一样。电容器板上的电荷与其两端电压的关系为 $q = c_e$，当电压升高时，极板上

附加说明：

本标准由中华人民共和国新闻出版署提出。

本标准由全国印刷标准化委员会归口。

本标准由人民出版社负责起草。

附录五　出版物上数字用法（GB/T 15835—2011）

ICS 01. 140. 10
A 19

GB

中华人民共和国国家标准

GB/T 15835—2011
代替 GB/T 15835—1995

出版物上数字用法

General rules for writing numerals in public texts

2011 –07 –29 发布　　　　　　　　　2011 –11 –01 实施

中华人民共和国国家质量监督检验检疫总局
中国国家标准化管理委员会　　发布

前　言

本标准按照 GB/T 1.1—2009 给出的规则起草。

本标准代替 GB/T 15835—1995《出版物上数字用法的规定》，与 GB/T 15835—1995《出版物上数字用法的规定》相比，主要变化如下：

——原标准在汉字数字与阿拉伯数字中，明显倾向于阿拉伯数字。本标准不再强调这种倾向性。

——在继承原标准中关于数字用法应遵循"得体原则"和"局部体例一致原则"的基础上，通过措辞上的适当调整，以及更为具体的规定和示例，进一步明确了具体操作规范。

——将原标准的平级罗列式行文结构改为层次分类式行文结构。

——删除了原标准的基本术语"物理量"与"非物理量"，增补了"计量""编号""概数"作为基本术语。

本标准由教育部语言文字信息管理司提出并归口。

本标准主要起草单位：北京大学。

本标准主要起草人：詹卫东、覃士娟、曾石铭。

本标准所代替标准历次版本发布情况为：

——GB/T 15835—1995。

出版物上数字用法

1 范围

本标准规定了出版物上汉字数字和阿拉伯数字的用法。

本标准适用于各类出版物（文艺类出版物和重排古籍除外）。政府和企事业单位公文，以及教育、媒体和公共服务领域的数字用法，也可参照本标准执行。

2 规范性引用文件

下列文件对于本文件的应用是必不可少的。凡是注日期的引用文件，仅注日期的版本适用于本文件。凡是不注日期的引用文件，其最近版本（包括所有的修改单）适用于本文件。

GB/T 7408—2005 数据元和交换格式 信息交换 日期和时间表示法

3 术语和定义

下列术语和定义适用于本文件。

3.1 **计量** measuring
将数字用于加、减、乘、除等数学运算。

3.2 **编号** numbering
将数字用于为事物命名或排序，但不用于数学运算。

3.3 **概数** approximate number
用于模糊计量的数字。

4 数字形式的选用

4.1 选用阿拉伯数字

4.1.1 用于计量的数字

在使用数字进行计量的场合，为达到醒目、易于辨识的效果，应采用阿拉伯数字。

示例1：－125.03　34.05%　63%~68%　1：500　97/108

当数值伴随有计量单位时，如：长度、容积、面积、体积、质量、温度、经纬度、音量、频率等等，特别是当计量单位以字母表达时，应采用阿拉伯数字。

示例2：523.56km（523.56千米）　346.87L（346.87升）

$\quad$5.34m^2（5.34平方米）　567mm^3（567立方毫米）

$\quad$605g（605克）　100~150kg（100~150千克）

$\quad$34℃~39℃（34~39摄氏度）　北纬40°（40度）　120dB（120分贝）

4.1.2 用于编号的数字

在使用数字进行编号的场合，为达到醒目、易于辨识的效果，应采用阿拉伯数字。

示例：电话号码：98888

$\quad$邮政编码：100871

$\quad$通信地址：北京市海淀区复兴路11号

$\quad$电子邮件地址：x186@186.net

$\quad$网页地址：http://127.0.0.1

$\quad$汽车号牌：京A00001

$\quad$公交车号：302路公交车

$\quad$道路编号：101国道

$\quad$公文编号：国办发〔1987〕9号

$\quad$图书编号：ISBN 978－7－80184－224－4

$\quad$刊物编号：CN11－1399

$\quad$章节编号：4.1.2

$\quad$产品型号：PH—3000型计算机

$\quad$产品序列号：C84XB—JYVFD—P7HC4—6XKRJ—7M6XH

$\quad$单位注册号：02050214

$\quad$行政许可登记编号：0684D10004—828

4.1.3　已定型的含阿拉伯数字的词语

现代社会生活中出现的事物、现象、事件，其名称的书写形式中包含阿拉伯数字，已经广泛使用而稳定下来，应采用阿拉伯数字。

示例：3G 手机　MP3 播放器　G8 峰会　维生素 B_{12}
　　　97 号汽油　"5·27"事件　"12·5"枪击案

4.2　选用汉字数字

4.2.1　非公历纪年

干支纪年、农历月日、历史朝代纪年及其他传统上采用汉字形式的非公历纪年等等，应采用汉字数字。

示例：丙寅年十月十五日　庚辰年八月五日　腊月二十三日　正月初五
　　　八月十五中秋　秦文公四十四年　太平天国庚申十年九月二十四日
　　　清咸丰十年九月二十日　藏历阳木龙年八月二十六日　日本庆应三年

4.2.2　概数

数字连用表示的概数、含"几"的概数，应采用汉字数字。

示例：三四个月　一二十个　四十五六岁　五六万套　五六十年前
　　　几千　二十几　一百几十　几万分之一

4.2.3　已定型的含汉字数字的词语

汉语中长期使用已经稳定下来的包含汉字数字形式的词语，应采用汉字数字。

示例：万一　一律　一旦　三叶虫　四书五经　星期五　四氧化三铁　八国联军
　　　七上八下　一心一意　不管三七二十一　一方面　二百五　半斤八两
　　　五省一市　五讲四美　相差十万八千里　八九不离十　白发三千丈
　　　不二法门　二八年华　五四运动　"一·二八"事变
　　　"一二·九"运动

4.3　选用阿拉伯数字与汉字数字均可

如果表达计量或编号所需要用到的数字个数不多，选择汉字数字还是阿拉伯数字在书写的简洁性和辨识的清晰性两方面没有明显差异时，两种形式均可使用。

示例1：17 号楼（十七号楼）　3 倍（三倍）　第 5 个工作日（第五个工作日）
　　　　100 多件（一百多件）　20 余次（二十余次）　约 300 人（约三百人）
　　　　40 左右（四十左右）　50 上下（五十上下）　第 25 页（第二十五页）
　　　　第 8 天（第八天）　第 4 季度（第四季度）　50 多人（五十多人）

　　　　　　第 45 份（第四十五份）　　共 235 位同学（共二百三十五位同学）

　　　　　　0.5（零点五）　　76 岁（七十六岁）　　120 周年（一百二十周年）

　　　　　　1/3（三分之一）　　公元前 8 世纪（公元前八世纪）

　　　　　　20 世纪 80 年代（二十世纪八十年代）

　　　　　　公元 253 年（公元二百五十三年）

　　　　　　1997 年 7 月 1 日（一九九七年七月一日）　　下午 4 点 40 分（下午四点四十分）

　　　　　　4 个月（四个月）　　12 天（十二天）

　　如果要突出简洁醒目的表达效果，应使用阿拉伯数字；如果要突出庄重典雅的表达效果，应使用汉字数字。

　　示例 2：北京时间 2008 年 5 月 12 日 14 时 28 分

　　　　　　十一届全国人大一次会议（不写为"11 届全国人大 1 次会议"）

　　　　　　六方会谈（不写为"6 方会谈"）

　　在同一场合出现的数字，应遵循"同类别同形式"原则来选择数字的书写形式。如果两数字的表达功能类别相同（比如都是表达年月日时间的数字），或者两数字在上下文中所处的层级相同（比如文章目录中同级标题的编号），应选用相同的形式。反之，如果两数字的表达功能不同，或所处层级不同，可以选用不同的形式。

　　示例 3：2008 年 8 月 8 日　二〇〇八年八月八日（不写为"二〇〇八年 8 月 8 日"）

　　　　　　第一章 第二章……第十二章（不写为"第一章 第二章……第 12 章"）

　　　　　　第二章的下一级标题可以用阿拉伯数字编号：2.1，2.2，……

　　应避免相邻的两个阿拉伯数字造成歧义的情况。

　　示例 4：高三 3 个班　高三三个班（不写为"高 33 个班"）

　　　　　　高三 2 班　高三（2）班（不写为"高 32 班"）

　　有法律效力的文件、公告文件或财务文件中可同时采用汉字数字和阿拉伯数字。

　　示例 5：2008 年 4 月保险账户结算日利率为万分之一点五七五零（0.015750%）

　　　　　　35.5 元（35 元 5 角　三十五元五角　叁拾伍圆伍角）

5　数字形式的使用

5.1　阿拉伯数字的使用

5.1.1　多位数

为便于阅读，四位以上的整数或小数，可采用以下两种方式分节：

——第一种方式：千分撇

整数部分每三位一组，以"，"分节。小数部分不分节。四位以内的整数可以不分节。

示例1：624,000　92,300,000　19,351,235.235767　1256

——第二种方式：千分空

从小数点起，向左和向右每三位数字一组，组间空四分之一个汉字，即二分之一阿拉伯数字的位置。四位以内的整数可以不加千分空。

示例2：55 235 367.346 23　98 235 358.238 368

注：各科学技术领域的多位数分节方式参照 GB3101—1993 的规定执行。

5.1.2　纯小数

纯小数必须写出小数点前定位的"0"，小数点是齐阿拉伯数字底线的实心点"."。

示例：0.46 不写为 .46 或 0。46

5.1.3　数值范围

在表示数值的范围时，可采用浪纹式连接号"～"或一字线连接号"—"。前后两个数值的附加符号或计量单位相同时，在不造成歧义的情况下，前一个数值的附加符号或计量单位可省略。如果省略数值的附加符号或计量单位造成歧义，则不应省略。

示例：$-36℃ ～ -8℃$　400—429 页　100—150kg　12 500 ～20 000 元

9 亿～16 亿（不写为 9 ～16 亿元）　13 万元～17 万元（不写为 13 ～17 万元）

15% ～30%（不写为 15 ～30%）　$4.3 × 10^6 ～ 5.7 × 10^6$（不写为 $4.3 ～ 5.7 × 10^6$）

5.1.4　年月日

年月日的表达顺序应按照口语中年月日的自然顺序书写。

示例1：2008 年 8 月 8 日　1997 年 7 月 1 日

"年""月"可按照 GB/T 7408—2005 的 5.2.1.1 中的扩展格式，用"-"替代，但年月日不完整时不能替代。

示例2：2008 - 8 - 8　1997 - 7 - 1　8 月 8 日（不写为 8 - 8）　2008 年 8 月（不写为 2008 - 8）

四位数字表示的年份不应简写为两位数字。

示例3："1990 年"不写为"90 年"

月和日是一位数时，可在数字前补"0"。

示例 4：2008 – 08 – 08　1997 – 07 – 01

5.1.5　时、分、秒

计时方式既可采用 12 小时制，也可采用 24 小时计时制。

示例 1：11 时 40 分（上午 11 时 40 分）　21 时 12 分 36 秒（晚上 9 时 12 分 36 秒）

时分秒的表达顺序应按照口语中时、分、秒的自然顺序书写。

示例 2：15 时 40 分　14 时 12 分 36 秒

"时""分"也可按照 GB/T 7408—2005 的 5.3.1.1 和 5.3.1.2 中的扩展格式，用"："替代。

示例 3：3：15:40　14:12:36

5.1.6　含有月日的专名

含有月日的专名采用阿拉伯数字表示时，应采用间隔号"·"将月、日分开，并在数字前后加引号。

示例："3·15"消费者权益日

5.1.7　书写格式

5.1.7.1　字体

出版物中的阿拉伯数字，一般应使用正体二分字身，即占半个汉字位置。

示例：234　57.236

5.1.7.2　换行

一个用阿拉伯数字书写的数值应该在同一行中，避免被断开。

5.1.7.3　竖排文本中的数字方向

竖排文字中的阿拉伯数字按顺时针方向转 90 度。旋转后要保证同一个词语单位的文字方向相同。

示例：

示例一：

雪花牌 BCD 188 型号家用电冰箱容量是一百八十八升，功率为一百二十五瓦，市场售价两千零五十元，返修率仅为百分之零点一五。

示例二：

海军 J12 号打捞救生船在太平洋上航行了八十三天，于一九九〇年六月六日零时三十分返回基地。

5.2　汉字数字的使用

5.2.1　概数

两个数字连用表示概数时，两数之间不用顿号"、"隔开。

示例：二三米　一两个小时　三五天　一二十个　四十五六岁

5.2.2　年份

年份简写后的数字可以理解为概数时，一般不简写。

示例："一九七八年"不写为"七八年"

5.2.3　含有月日的专名

含有月日的专名采用汉字数字表示时，如果涉及一月、十一月、十二月，应用间隔号"·"将表示月和日的数字隔开，涉及其他月份时，不用间隔号。

示例："一·二八"事变　"一二·九"运动　五一国际劳动节

5.2.4　大写汉字数字

——大写汉字数字的书写形式

零、壹、贰、叁、肆、伍、陆、柒、捌、玖、拾、佰、仟、万、亿

——大写汉字数字的试用场合

法律文书和财务票据上，应采用大写汉字数字形式记数。

示例：3,504 元（叁仟伍佰零肆圆）39,148 元（叁万玖仟壹佰肆拾捌圆）

5.2.5　"零"和"〇"

阿拉伯数字"0"有"零"和"〇"两种汉字书写形式。一个数字用作计量时，其中"0"的汉字书写形式为"零"，用作编号时，"0"的汉字书写形式为"〇"。

示例："3052（个）"的汉字数字形式为"三千零五十二"（不写为"三千〇五十二"）

"95.06"的汉字数字形式为"九十五点零六"（不写为"九十五点〇六"）

"公元2012（年）"的汉字数字形式为"二〇一二"（不写为"二零一二"）

5.3　阿拉伯数字与汉字数字同时使用

如果一个数值很大，数值中的"万""亿"单位可以采用汉字数字，其余部分采用阿拉伯数字。

示例1：我国 1982 年人口普查人数为 10 亿零817 万5 288 人

除上面情况之外的一般数值，不能同时采用阿拉伯数字与汉字数字。

示例 2： 108 可以写作"一百〇八"，但不应写作"1 百零 8""一百 08"

4 000 可以写作"四千"，但不应写作"4 千"